Anna Merzinger

Sprache untersuchen im 3. und 4. Schuljahr

Oldenbourg

Oldenbourg PRAXIS Bibliothek 245

Bibliografische Information Der Deutschen Nationalbibliothek
Die Deutsche Nationalbibliothek verzeichnet diese Publikation in der Deutschen Nationalbibliografie; detaillierte bibliografische Daten sind im Internet über <http://dnb.d-nb.de> abrufbar.

Das Papier ist aus chlorfrei gebleichtem Zellstoff hergestellt, ist säurefrei und recyclingfähig.

Alle enthaltenen Arbeitsblätter für die Hand der Kinder sind auf dem Stand der Rechtschreibung 2006.

1. Auflage 2003 R06
Druck 14 13 12 11 10
Die letzte Zahl bezeichnet das Jahr des Drucks.

Umschlagkonzept: Mendell & Oberer, München
Umschlaggestaltung und -illustration: Lutz Siebert-Wendt, München
Lektorat: Stefanie Fischer
Moderation: Silvia Regelein, Nürnberg
Herstellung: Fredi Grosser
Zeichnungen: Kristina Klotz, München
Satz: Greipel-Offset, Haag/Obb.
Druck und Bindung: Schneider Druck GmbH, Rothenburg ob der Tauber

ISBN 978-3-637-96065-7

Inhalt

Vorwort

Die Grammatikbausteine dieses Buches wollen Ihnen helfen, die Kinder zum bewussten Umgang mit dem Zeichensystem Sprache zu motivieren, für die sprachliche Vielfalt auf der Ebene des Wortes und des Satzes zu sensibilisieren sowie zum Anwenden fachspezifischer Arbeitsweisen zu befähigen. Die einzelnen Themen basieren auf den grammatischen Lerninhalten der Grundschullehrpläne und lassen sich gemäß den Lernvoraussetzungen der Kinder variabel bearbeiten.

Jeder Grammatikbaustein wird in kindgemäße, lebensnahe Sprachsituationen eingebettet, wobei insbesondere Bezüge zu anderen Lernbereichen des Deutschunterrichtes und zum Sachunterricht hergestellt werden. So können die Kinder ihr Sprachhandeln in realen Sinnzusammenhängen erproben, einüben und auch bewusster reflektieren. Die Sprachwerkstatt am Ende jedes Grammatikbausteines regt zum Experimentieren mit Sprache an. Aber auch die Figuren „Nina" und ihr außerirdischer Freund „Miro" motivieren die Kinder, kreativ und lustbetont mit Sprache umzugehen.

Bei jedem Thema werden zunächst verschiedene Sprachsituationen kurz vorgestellt. Dabei wird neben realitätsnahen Situationen stets eine Episode der Rahmenhandlung „Nina und ihr außerirdischer Freund Miro" umrissen. Daran schließen sich ausführlichere Unterrichtsanregungen zu einer Situation an sowie Kopiervorlagen für differenzierendes und abwechslungsreiches Üben. Freiwillige Zusatzaufgaben sind mit einem Sternsymbol gekennzeichnet, zusätzliche Übungsaufgaben mit einem Computersymbol. Spracherkenntnisse werden von „Miro" zu Grammatikregeln zusammengefasst. In der Sprachwerkstatt finden sich Anregungen zu vertiefenden Übungen in der Freiarbeit oder beim sprachlichen Stationentraining. (Es empfiehlt sich bei den **Kopiervorlagen** eine **Vergrößerung auf ca. 150 %** – entspricht in etwa DIN A4.)

Die Grammatikbausteine wollen dazu beitragen, das sprachliche Repertoire der Kinder allmählich zu erweitern, das sichere und bewusste Anwenden von Sprache in verschiedenen schulischen und außerschulischen Bereichen zu fördern sowie die Freude am experimentellen Umgang mit Sprache anzubahnen.

Anna Merzinger

1. Sprache als Zeichensystem

1.1 Gesprochene und geschriebene Sprache vergleichen

Mimik, Gestik, Intonation und Aufforderungen

Verschiedene Sprachsituationen

Wir machen Werbung
Die Kinder werben für ein selbst hergestelltes Produkt (z. B. Öl aus Sonnenblumenkernen, Zuckerrübensirup, Papier, Bastelarbeiten für einen Basar der Schule, gesunde Durstlöscher usw.) sowohl in der Klassen- oder Schülerzeitung, als auch in einem Werbespot, der mit einer Videokamera oder einem Kassettenrekorder aufgezeichnet wird. Dabei erarbeiten und vergleichen die Kinder die unterschiedlichen Anforderungen, die die jeweiligen Medien an die geschriebene und gesprochene Sprache stellen.

Selina lernt Nein sagen
Im Rahmen der Suchtprävention erproben die Kinder sprachliche Möglichkeiten, die sie durch bewussten Einsatz der Mimik, Gestik und Intonation verstärken, um Suchtmittel wie Tabak, Alkohol o.Ä. abzulehnen. Besonders effektiv werden diese Lernerfahrungen durch eine begleitende Videoaufzeichnung unterstützt.

Aufruf zum Umweltschutz
Im Rahmen der Unterrichtssequenz, in der die Bedeutung des Waldes oder des Wassers als natürliche Lebensgrundlage erarbeitet wird, verfassen die Kinder einen kurzen Aufruf, der die Notwendigkeit des Schutzes eines konkreten Waldes oder Gewässers in der Schulumgebung unterstreicht. Diesen Aufruf veröffentlichen sie in der Schülerzeitung oder präsentieren ihn als Plakat. Bei einer Schulveranstaltung oder beim Besuch des Bürgermeisters tragen einzelne Kinder den Aufruf vor, wobei sich im Vorfeld das begleitende Training mit der Videokamera oder mit einem Kassettenrekorder empfiehlt. Anschließend vergleichen die Kinder, welche unterschiedlichen Anforderungen die gesprochene und die geschriebene Sprache an die Akteure stellen.

Kurzreferate

Die Kinder halten im Rahmen der vertieften Auseinandersetzung mit Themen aus dem Sachunterricht zu ihren individuellen Wissensgebieten oder Hobbys Kurzreferate. Dabei achten sie insbesondere auf die Intonation sowie den Einsatz von Mimik und Gestik. Neben Beobachtungsaufträgen für die Klasse ist der Einsatz einer Videokamera günstig.

Streit schlichten

Die Kinder erleben in Rollenspielen, welche Auswirkungen Intonation, Mimik und Gestik sowohl auf die Eskalation als auch auf das Lösen von Konflikten haben. Das Üben mit der Videokamera und dem Kassettenrekorder unterstützen diese Lernerfahrungen nachhaltig.

Bühne frei

Kinder spielen kurze Lesestücke (z. B. Witze) oder selbst verfasste Texte. Dabei achten sie auf den bewussten Einsatz von Mimik, Gestik und Intonation.

Besuch aus dem All:
Nina lernt ihren außerirdischen Freund Miro kennen

Die eingerahmten Textteile kennzeichnen die Rahmengeschichte.

> Ninas Papa ist Erfinder. In seinem alten Gartenhaus erfindet er die verrücktesten Maschinen. Als ihr Vater für längere Zeit auf einen Kongress verreist, schleicht sich Nina eines Abends wieder einmal heimlich in das Gartenhaus. Gelangweilt spielt sie an einigen Maschinen herum. Plötzlich erscheint auf einem der Bildschirme ein merkwürdiges Flugobjekt. Wenig später hört Nina ein Kratzen an der Tür. Erschrocken überlegt sie einen Augenblick, wer sich an der Tür zu schaffen machen könnte. Ist es ihre Mutter, die ihr verboten hat, allein ins Gartenhaus zu gehen? Oder ist es Pascal, ein Freund aus der Nachbarschaft, dem sie schon einmal die Maschinen ihres Vaters gezeigt hat? Als Nina endlich den Mut hat, die Tür zu öffnen, stockt ihr der Atem. Im Dunkel des Gartens blinkt unentwegt das kleine Flugobjekt, das sie eben noch auf dem Monitor gesehen hat. Und vor ihr steht ein merkwürdiges Wesen, das sie mit großen, leuchtenden Augen anstarrt. Nina weicht zurück. Das fremde Wesen folgt ihr in die Hütte. „Wwwas, ich meine, wwwer bist du?“, stottert Nina. Das außerirdische Wesen lässt Nina nicht aus den Augen. Jede Bewegung verfolgt es genau.

Die Kinder stellen die Gefühle der Angst von Nina mit entsprechender Mimik und Gestik dar. Sie überlegen, was Nina den außerirdischen Besucher fragen

könnte und sprechen Fragesätze wie zum Beispiel: „Wer bist du? – Was willst du? – Wie heißt du? – Kannst du mich verstehen?" Dabei erproben sie verschiedene Möglichkeiten der Intonation.
Unterstützt werden diese Übungen von Video- oder Tonbandaufzeichnungen, die gemeinsam reflektiert werden. Dabei beurteilen die Kinder, inwieweit Intonation, Mimik und Gestik die gespielten Szenen besonders verdeutlichen.

> Endlich – Nina kommt es endlos vor – klappt das fremde Wesen eine Art Laptop auf und beginnt zu arbeiten. Nach einer Weile zeigt es Nina den Monitor.
>
> Hallo!
> Das ein Sprachcomputer.
> Von einem fernen Planeten.
> Signale empfangen.
> Mehr über deinen Planeten,
> deine Sprache lernen.
> Ich Miro.
>
> Langsam legt sich Ninas Nervosität. Als das fremde Wesen sie immer noch unentwegt anstarrt und ihr den Laptop unter die Nase hält, begreift Nina allmählich, was sie tun soll. Sie vervollständigt die Sätze und drückt schließlich die Ok-Taste. Sofort beginnt das Wesen zu sprechen. Es wiederholt die Sätze, die Nina geschrieben hat.
> Nina will noch viel von Miro wissen. Immer wieder gibt sie Fragen in den Sprachcomputer ein. Allmählich können sich Nina und Miro sogar ein wenig unterhalten. Plötzlich hört Nina ihre Mutter rufen und erschrickt. Sie hat die Zeit völlig vergessen. Miro versteht schnell. Er bewegt einen Knopf auf einem Apparat, der wie eine Armbanduhr aussieht. Sofort bewegt sich das kleine Raumschiff ins Innere des Gartenhauses. Nina ist erleichtert. Sie setzt Miro ihre Kappe auf und schließt hastig die Tür hinter sich. Miro soll erst einmal ganz allein ihr Geheimnis bleiben.

Die Kinder bilden aus dem Text des Außerirdischen vollständige Sätze. Sie schreiben in Gruppenarbeit ein Gespräch auf, das Nina und Miro führen könnten. Anschließend erproben sie verschiedene Möglichkeiten der Intonation beim Vortrag und achten besonders auf ihre Mimik und Gestik.

Folienbilder zur Rahmenhandlung

Folie 1: Nina und ihr Vater

Folie 2: Das alte Gartenhaus

Folie 3: Miro und das Flugobjekt

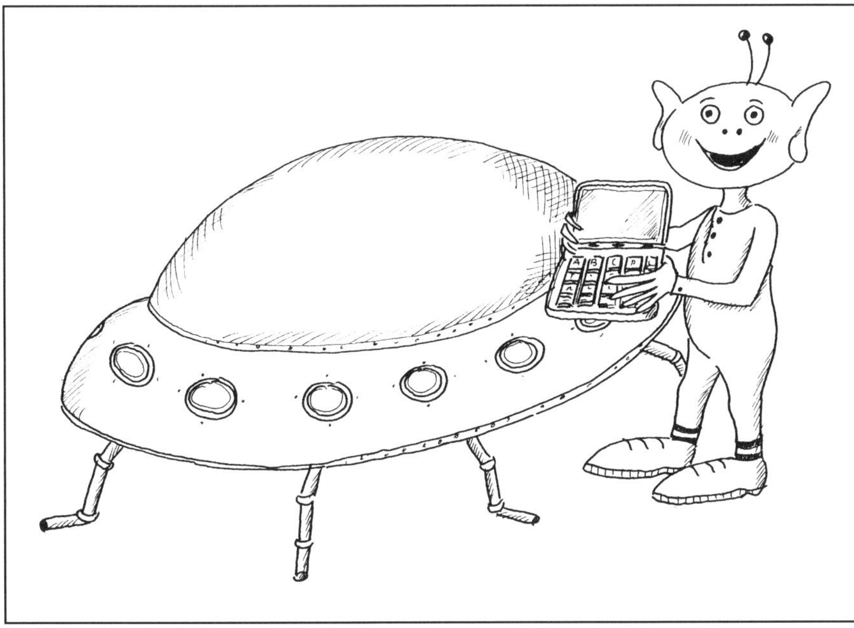

Unterrichtsanregungen: Selina lernt Nein sagen

Medien/Lernhilfen

Lehrerin: Folienbilder 4,5 (S. 12), leere Sprechblasen (S. 14), eventuell Videokamera
Kinder: Arbeitsblatt 1 (S. 13)
Für jede Gruppe: ein Kassettenrekorder, eine leere Folie und ein wasserlöslicher Folienstift

Lernziele

Die Kinder sollen erkennen, dass

- sie einer sprachlichen Botschaft durch bewusste Intonation Nachdruck verleihen können.
- der bewusste Einsatz von Mimik und Gestik den Inhalt einer sprachlichen Botschaft unterstützt.
- eine schriftliche Nachricht auf Intonation, Mimik und Gestik verzichten muss.

Die Kinder sollen

- Sätze formulieren, in denen sie den Konsum von Zigaretten eindeutig ablehnen.

- bewusst den Einsatz von Mimik, Gestik und Intonation üben.
- gezielt den Einsatz von Mimik, Gestik und Intonation in Rollenspielen beobachten und beurteilen.
- erfahren, dass sich durch Veränderungen in der Mimik, Gestik und Intonation auch die Wirksamkeit einer gesprochenen Botschaft verändern kann.
- gestalterische Möglichkeiten erproben, um einer schriftlichen Botschaft Nachdruck zu verleihen.

Verbindungen zu anderen Lernbereichen und Fächern
Deutsch: Texte vorbereiten, schreiben und überarbeiten – Miteinander sprechen und miteinander umgehen – Verständlich und ausdrucksvoll sprechen
Sachunterricht: Mein Körper (Suchtprävention)

Unterrichtsverlauf

Einstieg
Lehrererzählung: Wenn die Schule aus ist, hat es Selina eigentlich nie eilig. Meistens bummelt sie noch lange in der Schule oder auf dem Heimweg herum.
Die Kinder suchen nach Gründen für Selinas Verhalten.
Lehrererzählung: Selinas Mutter kommt erst gegen vier Uhr von der Arbeit heim. Deshalb hat es Selina nie eilig, nach Hause zu kommen. Dort wartet niemand auf sie, dem sie etwas von der Schule erzählen könnte. Wenn ihre Mutter dann endlich heim kommt, ist sie meistens recht müde und ziemlich genervt, weil sie noch so viel zu tun hat. Dann hat Selina wieder kaum eine Chance, ihrer Mutter etwas in Ruhe zu erzählen. Deshalb ist sie heute recht froh, dass sie nach der Schule von Anja und Jonas angesprochen wird. Die beiden gehen schon in die fünfte Klasse und wissen einfach immer, was oder wer gerade „in“ ist.
Die Lehrerin zeigt die Sprechblase mit der Einladung zur Skaterbahn (Folie 4, S. 12).
Lehrererzählung: Das lässt sich Selina nicht zweimal sagen. Zu Hause packt sie schnell ihr Skateboard und läuft zum Treffpunkt. Anja, Jonas und ihre Clique sind schon dort. Selina ist begeistert. Endlich gehört sie auch zu den Großen. Da kommt Jonas auf sie zu.
Die Lehrerin zeigt das Folienbild, auf dem Selina Zigaretten angeboten werden (Folie 5, S. 12).
Im Partnergespräch überlegen die Kinder, wie sich Selina in dieser Situation wohl fühlt und verhalten wird.

Zielangabe
Wir wollen Selina helfen, in dieser Situation Nein zu sagen.
Tafelanschrift: Selina sagt Nein.

Erarbeitung
Die Kinder formulieren in Gruppenarbeit Sätze, die Selina sagen könnte und schreiben sie in leere Sprechblasen (S. 14), die an der Tafel gesammelt werden.
Die Sätze werden von der Lehrerin bewusst möglichst ohne Betonung vorgelesen.
➔ Erkenntnis 1: Wenn Selina so spricht, wird das kaum jemand überzeugen.
Die Kinder überlegen in ihren Gruppen, welche Wörter besonders betont werden müssen und kennzeichnen diese farbig. Sie sprechen die Sätze wiederholt auf Tonband, um so die Wirkung besser kontrollieren und beurteilen zu können.
Anschließend tragen die Kinder jeder Gruppe ihre Sätze betont vor und geben einander dazu Rückmeldungen.
Die Lehrerin spricht jetzt einen der Sätze zwar betont, sieht aber bewusst nach unten und lässt die Schultern fallen.
➔ Erkenntnis 2: Wenn Selina so da steht, wird sie niemand ernst nehmen.
Anschließend probieren die Kinder in den Gruppen verschiedene Körperhaltungen aus und sprechen ihre Sätze erneut dazu. Sie spielen sich ihre Lösungen gegenseitig vor und teilen einander mit, wie sie sich während des Sprechens fühlten. Eventuell geben sie einander auch Tipps zum Verbessern ihrer Körperhaltung.

Zusammenfassung
Lehrerin: Wir können jetzt Selina Tipps geben, wie sie mit Anjas Clique reden soll.
Die Kinder formulieren Tipps in Gruppenarbeit, die anschließend an der Tafel gesammelt werden, z. B.: Beginne deinen Satz mit Ich.
Betone die Wörter, die dir wichtig sind.
Schaue deinen Gesprächspartner an.
Steh aufrecht da.

Übung
Die Kinder üben das Gespräch zwischen Selina und Anja als Rollenspiel in der Gruppe ein und spielen es der Klasse vor. Die Klasse teilt den Spielern mit, inwieweit sie die Tipps von der Tafel umsetzen konnten. Wenn die Rollenspiele mit einer Videokamera aufgezeichnet werden, erhalten die am Rollenspiel beteiligten Kinder eine unmittelbare Rückmeldung.

Ausweitung

Lehrererzählung: Selina hat gelernt, Nein zu sagen, wenn sie etwas nicht will. Sie schließt sich der Arbeitsgruppe „Schülerzeitung“ an ihrer Schule an und schreibt einen Artikel gegen das Rauchen.

Die Kinder formulieren in Gruppen kurze Zeitungsartikel gegen das Rauchen und schreiben diese auf Folie. Anschließend präsentieren sie ihre Ergebnisse am Overheadprojektor.

Lehrerin: Ihr könnt in eurem Zeitungsartikel nicht durch Blickkontakt, eine aufrechte Körperhaltung oder die Betonung wichtiger Wörter überzeugen. Aber ihr habt Möglichkeiten, euren Text so zu gestalten, dass möglichst viele Kinder auf euren Artikel aufmerksam werden.

Die Kinder probieren verschiedene Gestaltungsmöglichkeiten (z. B. unterstreichen, Großbuchstaben, bewusste Anordnung von Wörtern, Fettdruck usw.) auf der Folie in Gruppen aus und stellen sie vor.

Gelungene Ergebnisse werden mit dem Computer geschrieben und ausgestellt.

Zusatzaufgabe: Schreibe deinen Zeitungsartikel mit dem Computer. Mit den Icons **F**, *K* und <u>U</u> kannst du wichtige Wörter hervorheben.

Sicherung: Arbeitsblatt 1 (S. 13)

Folie 4

Folie 5

Name ______________________________ Arbeitsblatt 1

Selina lernt Nein sagen

1. Anja bietet Selina Zigaretten an. Selina will aber nicht rauchen. Schreibe in die Sprechblase, was sie sagen könnte.

Ich ______________________________

2. Welche Wörter willst du betonen? Unterstreiche sie in der Sprechblase farbig und lies laut vor.

   Jonas reicht Selina eine Bierdose. Selina will aber kein Bier trinken. Schreibe auf, was sie sagen könnte, und unterstreiche die wichtigen Wörter. Sprich deinen Text laut.

3. Schreibe für die Schülerzeitung einen Artikel gegen das Rauchen. Hebe die wichtigen Wörter im Text hervor und arbeite auf dem Block.

Wenn du etwas sagst, dann ...

sprich laut und deutlich.
sprich langsam.
betone die wichtigen Wörter.
beginne deine Sätze mit „Ich“.
schau deinen Gesprächspartner an.
stell dich beim Sprechen aufrecht hin.

Wenn du etwas schreibst, dann ...

unterstreiche wichtige Wörter.
schreibe wichtige Wörter farbig.
schreibe wichtige Wörter in Großbuchstaben.
markiere wichtige Wörter mit einem dicken Stift.
schreibe wichtige Wörter allein auf die Zeile.

Leere Sprechblasen für die Gruppenarbeit

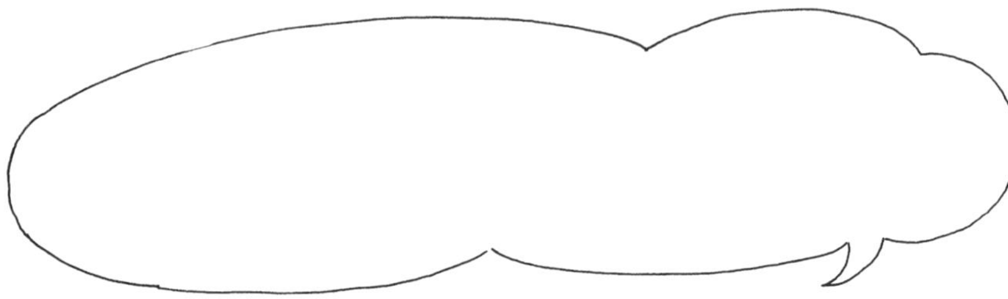

Aufforderungen

Verschiedene Sprachsituationen

So ein Müll
Die Lehrerin erzählt, dass die Kinder beim Basteln im Klassenzimmer oder während einer Wanderung ihre Abfälle liegen gelassen haben. Sie werden mit Nachdruck zur Beseitigung des Mülls aufgefordert.

Pascals Hund hat nur Unsinn im Kopf
Pascal hat einen jungen Hund bekommen, der in der Wohnung für große Unordnung sorgt. Die Kinder formulieren Befehle mit Nachdruck, die Pascal seinem Hund geben könnte.

Immer muss ich aufräumen
Die Lehrerin erzählt, dass Julia zunächst freundlich von ihrer Mutter gebeten wird, ihr Zimmer aufzuräumen. Als Julia aber nicht reagiert, wird die Mutter ziemlich ärgerlich. Die Kinder spielen die Konfliktsituation nach und erkennen den Unterschied zwischen Wunschsätzen und Aufforderungen mit Nachdruck.

Immer Ärger mit ...
Die Lehrerin wählt eine den Kindern vertraute Konfliktsituation im schulischen oder familiären Umfeld aus, z. B.: Schwätzen oder unaufgefordertes Sprechen im Unterricht – regelwidriges Verhalten im Sportunterricht – Prügelei auf dem Pausenhof – Quengeleien beim Einkauf mit den Eltern – Trödeln bei den Hausaufgaben. Eine Beispielsgeschichte (die Lehrerin wählt einen Namen, der in der aktuellen Klassensituation nicht vorkommt) wird erzählt. Die Kinder spielen die Konfliktsituation nach und lernen, zwischen freundlichen Bitten und Aufforderungen mit Nachdruck zu unterscheiden.

So ein Lärm

Beim Sachthema „Sinnesleistungen – das Ohr“ erörtern die Kinder die schädlichen Auswirkungen von Lärm. Auf einem Plakat stellen sie Aufforderungen zum Lärmschutz zusammen. In Rollenspielen stellen sie Konfliktsituationen zum Thema Lärm dar und üben, gezielte Aufforderungen zu formulieren.

Rücksichtslos im Straßenverkehr

Die Lehrerin erzählt vom rücksichtslosen Verhalten eines Radfahrers im Straßenverkehr. Die Kinder analysieren das Fehlverhalten. Sie übernehmen die Rolle eines Verkehrspolizisten und formulieren Aufforderungen.

Besuch aus dem All: Miro untersucht seine neue Umgebung

Zum Glück ist am nächsten Tag Samstag und Nina muss nicht in die Schule. Ninas Mutter will in die Stadt fahren, um Einkäufe zu machen. Auf dem Rückweg plant sie noch einen Besuch bei Tante Lisa. Eigentlich würde Nina gern mitfahren. Nur heute geht das wirklich nicht. Sie kann Miro unmöglich allein lassen. Deshalb erklärt sie ihrer Mutter, dass sie heute ganz viele Hausaufgaben machen muss, ihr Zimmer gründlich aufräumen möchte und außerdem mit Pascal und Julia verabredet ist. Als Mutter endlich das Haus verlässt, ist Nina erleichtert.
Sofort rennt sie zum Gartenhaus. Ist Miro noch da? Hat sie gestern alles nur geträumt? Nina spürt, wie ihr Herz klopft, als sie die Tür vorsichtig einen Spalt weit öffnet. Leise schleicht sie sich hinein. Im Halbdunkel des Gartenhauses leuchten sie zwei große Augen an. „Hallo, Miro!“, flüstert Nina. „Hallo! Wörter!“, antwortet Miro und hält Nina die CD-ROM eines Wörterbuches unter die Nase. „Toll, Miro!“, staunt Nina und nimmt Miro bei der Hand.
Wenig später stehen beide in der Küche. Als Miro die Küchengeräte sieht, will er sie sofort ausprobieren. Doch Nina hält ihn zurück. Miro könnte sich verletzen oder ein Chaos anrichten. Deshalb soll er die Geräte zunächst einmal lieber nicht anfassen. Sie will ihm zeigen, wie alles funktioniert. Schnell gibt sie ihre Bitten in den Sprachcomputer ein und spricht sie Miro laut vor.

Aufträge für die Gruppe:

1. Formuliert mit den Wörtern freundliche Aufforderungen.
2. Macht am Ende jeder Aufforderung einen Punkt.
3. Spielt die Szene in der Gruppe.

Mixer	Brotmaschine	Toaster	Mikrowelle
Elektroherd	Spülmaschine	Kaffeemaschine	Staubsauger

Stell bitte den Mixer wieder hin.

Plötzlich läutet im Wohnzimmer das Telefon. Ninas Freundin Julia ist am Apparat. Bald schon hat Nina Miro völlig vergessen. Der geht jetzt allein auf Entdeckungsreise. Zuerst öffnet er die Küchenschränke und untersucht die Lebensmittel und das Geschirr. Nachdem er alles wirr auf dem Boden verstreut hat, erforscht er das nächste Zimmer. Hier gibt es viele interessante Dinge: einen Computer, einen CD-Player, ein Aquarium mit Goldfischen, einen Fotoapparat, ein Radio, ein Bücherregal, eine Schultasche ... Miro nimmt alles ganz genau unter die Lupe. Bald hat er ein richtiges Chaos angerichtet. Als Nina nach einer Viertelstunde die Tür öffnet, ist ihre gute Laune blitzartig verschwunden. „Kommst du sofort her? Habe ich dir nicht gesagt, du sollst nichts anrühren?“, schreit sie Miro an. Miro merkt sofort, dass Nina furchtbar sauer ist. Ihre Aufforderungen klingen jetzt gar nicht mehr so nett wie vorhin. Weil Nina in ihrer Wut so schnell spricht, kann Miro nichts verstehen. Deshalb gibt sie ihre Befehle in den Sprachcomputer ein.

Aufträge für die Gruppe:

1. Schreibt Ninas Aufforderungen auf.
2. Macht nach jeder Aufforderung ein Ausrufezeichen.
3. Spielt die Szene nach. Macht mit eurer Stimme deutlich, dass ihr die Aufforderungen sehr ernst meint.

Dreh sofort das Radio aus!

Nina hat für heute genug. Sie geht mit Miro ins Gartenhaus zurück. Kurz darauf hört sie, wie ihre Mutter das Auto in die Garage fährt. Noch einmal Glück gehabt, denkt Nina. Dann schärft sie Miro ein, dass er unbedingt im Gartenhaus bleiben soll und läuft schnell ins Haus. Mutter hat bereits das Chaos in der Küche und in Ninas Zimmer entdeckt und reagiert ziemlich sauer. „Was soll das schon wieder heißen, Nina? Kaum bin ich einmal weg, geht hier die Post ab.“

Aufträge für die Gruppe:

1. Mutter fordert Nina auf, das Chaos sofort zu beseitigen. Formuliert die Aufforderungen. Vergesst das Ausrufezeichen nicht.
2. Spielt die Szene.

Räum sofort das Geschirr in den Schrank!

Miro hat an diesem Tag etwas Neues über die Sprache der Menschen gelernt. Er tippt seine Erkenntnisse sofort in den Sprachcomputer ein:

Wenn die Menschen erreichen wollen, dass jemand etwas tut, fordern sie ihn dazu auf. Diese Aufforderungen klingen recht unterschiedlich.

Die Menschen können ganz freundlich auffordern. Dann verwenden sie sogar manchmal das Wort „bitte“. Am Ende der Aufforderung steht ein Punkt. Ihre Stimme klingt freundlich und ruhig.
Wollen die Menschen etwas aber unbedingt und sofort erreichen, dann steht am Ende ihrer Aufforderung ein Ausrufezeichen. Ihre Stimme klingt ziemlich ernst, manchmal sogar ärgerlich.

Unterrichtsanregungen: Der Wald ist kein Müllplatz

Medien/Lernhilfen

Lehrerin: Folienbilder 6, 7, 8 (S. 21/22), zwei Bilder (freundliche/ärgerliche Lehrerin) S. 22, Kinder: Papier für ein Plakat, Arbeitsblatt 2 (S. 23)

Lernziele

Die Kinder sollen wissen, dass

- nach Aufforderungen ohne Nachdruck ein Punkt steht.
- nachdrückliche Aufforderungen mit einem Ausrufezeichen gekennzeichnet werden.
- gelegentlich auch eine Frage zu einem Verhalten auffordert.

Die Kinder sollen

- Aufforderungssätze betont sprechen können.
- anhand der Intonation erkennen, ob es sich um eine nachdrückliche Aufforderung handelt.
- Aufforderungssätze formulieren können.
- die Satzzeichen Punkt, Ausrufezeichen und Fragezeichen richtig verwenden können.

Verbindung zu anderen Lernbereichen und Fächern

Deutsch: Verständlich und ausdrucksvoll sprechen, Texte verfassen
Sachunterricht: Bedeutung des Waldes, Abfallentsorgung

Unterrichtsverlauf

Einstieg
Lehrererzählung: Ninas Klasse will den Wald erkunden. Jede Gruppe hat bereits Arbeits- und Beobachtungsaufträge für diesen Unterrichtsgang erhalten. Damit die Kinder bei ihrer Arbeit dem Wald nicht schaden und seine Bewohner nicht stören, überlegen sie sich vorher Verhaltensregeln.

Zielangabe
Wir wollen gemeinsam Regeln für das richtige Verhalten im Wald formulieren.
Tafelanschrift: Verhaltensregeln für Waldfreunde

Erarbeitung
Die Kinder notieren in Gruppenarbeit, wie sie sich im Wald verhalten sollen.
Jede Gruppe trägt ihre Ergebnisse vor.
Lehrerin: Ninas Lehrerin, Frau Weiß, fordert die Kinder noch einmal zum richtigen Verhalten im Wald auf, bevor alle den Wald betreten. Sie sagt: „Lasst bitte euren Abfall im Wald nicht liegen."
Dieser Aufforderungssatz wird ohne Satzzeichen an die Tafel geschrieben.
Lehrerin: Stell dir vor, du bist Ninas Lehrerin. Fordere die Klasse zu richtigem Verhalten auf.
Die Kinder formulieren die Regeln als Aufforderungssätze, die an der Tafel zunächst ohne Satzzeichen festgehalten werden.
Mögliche Tafelanschrift 1: Lasst bitte euren Abfall im Wald nicht liegen
Brecht keine Äste ab
Lasst die Pilze stehen
Unterhaltet euch bitte leise
Ritzt nichts in die Baumrinde
Die Kinder lesen die Aufforderungen laut vor.
Die Lehrerin deutet auf das Satzende hin (stummer Impuls), sofern die Kinder das fehlende Satzzeichen nicht bemerken. Die Punkte werden an der Tafel farbig geschrieben.
➔ Erkenntnis 1: Die Aufforderungen sind Sätze. Am Ende eines Satzes steht ein Punkt.
Lehrerin: Diese Sätze sind besondere Sätze. Sie haben alle etwas gemeinsam. Jeder Satz fordert uns auf, etwas zu tun oder nicht zu tun.
➔ Erkenntnis 2: Sätze, die uns auffordern, etwas zu tun, heißen Aufforderungssätze.
Lehrerin: Wenn du jemanden besonders freundlich zu etwas aufforderst, verwendest du ein bestimmtes Wort dazu.
Das Wort „bitte" wird an der Tafel unterstrichen.

Lehrererzählung: Ninas Klasse ist mit großem Eifer bei der Sache. Nach zwei Stunden machen sie eine Pause im Wald. Sie packen ihren Proviant aus und lassen es sich schmecken. Als Frau Weiß nach einer halben Stunde die Kinder bittet, sich zu versammeln, damit sie aufbrechen können, haben es plötzlich alle sehr eilig. Auf einmal ist Frau Weiß sehr ärgerlich.
Das Folienbild 6 (S. 21) wird sichtbar.
Die Sätze in der Sprechblase werden vorgelesen und als Fragesätze erkannt.
Lehrerin: Die Lehrerin erwartet aber auf ihre Fragen keine Antworten.
Die Kinder erkennen, dass die Lehrerin erreichen will, dass die Kinder herkommen und sich etwas genau anschauen.
➔ Erkenntnis 3: Auch mit einer Frage kann jemand dazu aufgefordert werden, etwas zu tun.
Auch Fragen können Aufforderungen sein.
Die Kinder überlegen Gründe für das Verhalten von Frau Weiß.
Die Lehrerin zeigt das Folienbild 7 (S. 22), auf dem die Abfälle zu sehen sind.
Die Kinder äußern sich dazu.
Das Folienbild 8 (S. 22) mit der leeren Sprechblase wird sichtbar.
Die Kinder formulieren in Partnerarbeit mögliche Aufforderungssätze, die Frau Weiß sprechen könnte.
Neben Tafelanschrift 1 mögliche Tafelanschrift 2:

Hebt gefälligst die Getränkedosen auf.
Räumt sofort die Plastiktüten weg.
Sammelt das Papier ein.

Lehrerin: Das ist Ninas Lehrerin, Frau Weiß. Die Lehrerin zeigt die beiden Bilder (S. 22) von Frau Weiß (freundlicher / ärgerlicher Gesichtsausdruck). Die Kinder ordnen die Bilder den entsprechenden Aufforderungssätzen (mit und ohne Nachdruck) an der Tafel zu.
Sie sprechen die Aufforderungssätze erneut und machen durch entsprechende Betonung den Nachdruck der zuletzt formulierten Aufforderungen deutlich.
Die Lehrerin ergänzt mit Farbkreide jeweils den Punkt zu einem Ausrufezeichen, sobald die Aufforderung mit Nachdruck gesprochen wurde.
➔ Erkenntnis 4: Wenn wir jemanden auffordern, etwas unbedingt und sofort zu tun, setzen wir nach dem Aufforderungssatz ein Ausrufezeichen. Die Wichtigkeit der Aufforderung machen wir auch durch die Betonung deutlich.

Übung

Wiederholtes betontes Sprechen der Aufforderungssätze mit Punkt und Ausrufezeichen am Satzende
Die Lehrerin oder ein Kind trägt betont Aufforderungs- und Fragesätze vor.

Die Kinder entscheiden, welches Satzzeichen am Satzende steht (eventuell Satzzeichen notieren lassen).
Arbeitsblatt 2 (S. 23)

Ausweitung
Die Kinder gestalten je nach Schulsituation ein Regelplakat mit Aufforderungssätzen zur Ordnung im Klassenzimmer, in der Garderobe oder auf dem Pausenhof. Mit Ausrufezeichen machen sie die Dringlichkeit der Aufforderungssätze deutlich.

Auftragskarte 1

Auch im Klassenzimmer sieht es nach dem Basteln schlimm aus.
Aber keiner fühlt sich für die Ordnung zuständig.
Fordere die Kinder auf, dringend ihr Klassenzimmer aufzuräumen.

Auftragskarte 2

Gestaltet ein Plakat für das Klassenzimmer oder den Pausenhof. Macht mit Aufforderungssätzen auf wichtige Verhaltensregeln aufmerksam.

Folienbild 6

Kommt ihr jetzt endlich her?

Wollt ihr euch das gefälligst mal anschauen?

Folienbild 7

Folienbild 8

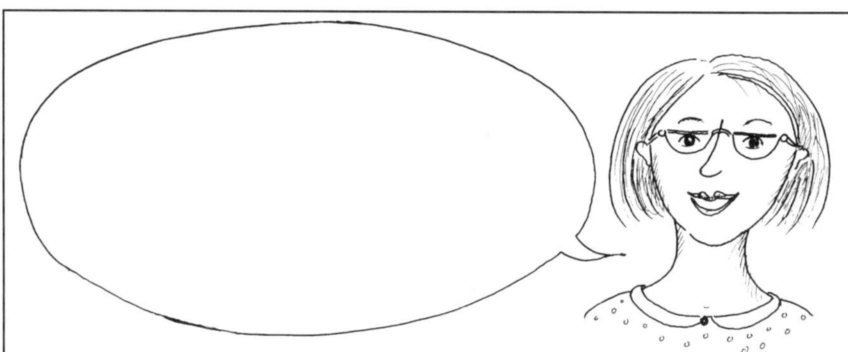

Bilder von der Lehrerin Frau Weiß

Name ______________________________	Arbeitsblatt 2

Der Wald ist kein Müllplatz

1. Die Lehrerin erinnert die Kinder freundlich an die Verhaltensregeln im Wald. Schreibe Aufforderungssätze auf und setze die richtigen Satzzeichen.

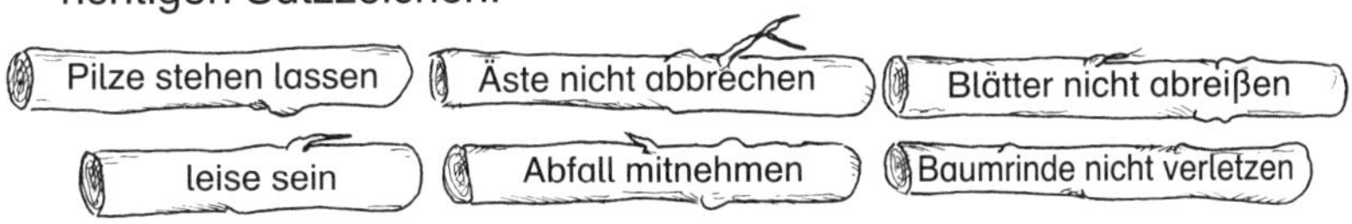

____

____

____

____

____

____

____

2. Die Kinder lassen ihre Abfälle nach der Pause im Wald einfach liegen. Die Aufforderungen der Lehrerin klingen jetzt sehr streng. Sprich die Sätze betont und setze die passenden Satzzeichen (? oder !) ein.

Sammelt gefälligst das Papier auf ___
Kommt ihr jetzt endlich her ___
Wisst ihr nicht mehr, wo die Dosen hinkommen ___
Steckt sofort die Plastiktüten in den Rucksack ___
Lasst die Flaschen ja nicht auf dem Boden liegen ___
Habt ihr denn den Abfalleimer nicht gesehen ___

> Mit einem Aufforderungssatz wollen wir erreichen, dass jemand etwas tut.
> Nach einem Aufforderungssatz steht ein Punkt.
> Am Ende einer dringenden Aufforderung steht ein Ausrufezeichen.
> Auch eine Frage kann manchmal zu einer Tätigkeit auffordern.

Sprachwerkstatt

Würfelspiel „Ich kann Nein sagen“

Vorbereitung: Auf dem Spielfeld werden zehn beliebige Felder (jedes vierte oder fünfte Feld) rot eingefärbt.

Spielregel

1. Die Ereigniskarten liegen verdeckt auf einem Stapel.
2. Würfelt reihum. Wer eine Sechs würfelt, verlässt das Startfeld.
3. Wenn du auf ein rotes Feld kommst, hebst du eine Ereigniskarte ab und versuchst, in einigen Sätzen überzeugend Nein zu sagen. Deine Körperhaltung und die Betonung wichtiger Wörter helfen dir dabei.
4. Die Mitspieler entscheiden, ob du überzeugend warst. Sie müssen ihre Entscheidung begründen.
5. Wenn du deine Mitspieler überzeugen konntest, darfst du nochmals würfeln. Ansonsten musst du fünf Felder zurückgehen.
6. Die Ereigniskarte legst du unter den Stapel.
7. Wer als Erster das Zielfeld mit einer passenden Zahl erreicht, hat gewonnen.

Ereigniskarten

Deine Freunde bieten dir eine Zigarette an. Du willst aber nicht rauchen.	Auf einer Party wird Alkohol getrunken. Du willst aber nicht davon probieren.
Marius ist ein Außenseiter. Deine Freunde ärgern ihn oft. Du willst nicht mehr mitmachen.	Für deine Freunde ist es eine Mutprobe, im Kaufhaus etwas zu stehlen. Du weigerst dich, mitzumachen.
Das Springen von einer Mauer gilt als besonders mutig. Weil es sehr gefährlich ist, machst du nicht mit.	Die alte Frau Müller aus der Nachbarschaft ist gehbehindert. Die Kinder läuten oft grundlos bei ihr. Du findest das nicht in Ordnung.
Deine Freunde spielen mit dem Feuerzeug und zünden immer wieder Papierfetzen an. Du weigerst dich mitzumachen.	Ein älterer Junge bietet dir Tabletten an und verspricht: „Du fühlst dich super, wenn du die Tabletten schluckst.“ Du weigerst dich.
Du wirst im Schwimmbad aufgefordert, vom 10-Meter-Brett zu springen. Du fühlst dich aber noch nicht sicher. Einige fangen an, dich auszulachen, als du zögerst.	Alina wird immer gehänselt, weil sie einen Jungen besonders mag. Als du nicht mitmachen willst, sagen alle, dass du auch verliebt bist. Du sagst trotzdem Nein.

Spielfeld

Trainiere die Betonung

Spielregel (für drei Spieler)

1. Der erste Mitspieler zieht einen Satzstreifen und legt ein bis höchstens drei kleine Steine unter einzelne Wörter. Dann reicht er den Satz weiter.
2. Der zweite Mitspieler liest den Satz vor und betont besonders die Wörter, unter denen die Steine liegen. Gelingt ihm das, legt er die Steine unter andere Wörter und gibt den Satzstreifen an den nächsten Mitspieler weiter. Gelingt ihm die richtige Betonung nicht, darf er die Lage der Steine nicht verändern.
3. Wenn alle Mitspieler an der Reihe waren, wird ein neuer Satzstreifen gezogen.

Frau Müller aus der Nachbarschaft geht jeden Tag zum Einkaufen.
Die Katze von Herrn Gruber jagt oft die Vögel im Garten.
Im Urlaub hat es jeden Tag am Nachmittag sehr heftig geregnet.
Weil wir auf der Autobahn lange im Stau standen, kamen wir zu spät.
Weil wir heute keine Hausaufgabe haben, gehe ich sofort ins Schwimmbad.
Hast du heute Nachmittag etwas Zeit für mich?
Hast du auch gestern Abend im Fernsehen den Krimi gesehen?
Gehst du mit mir am Wochenende ins Kino oder in die Eisdiele?
Gefällt dir die rote Hose von Julia auch so gut wie meine neue Hose?
Kommst du morgen auch am Nachmittag auf den Abenteuerspielplatz?
Hilfst du mir bitte bei den schweren Rechenaufgaben?
Hör sofort auf, mich mit der Wasserpistole nass zu spritzen!
Pass endlich auf, wenn ich dir diese Aufgabe erkläre!
Gieß bitte die Blumen noch, bevor du heute nach Hause gehst.
Geh vor dem Abendessen mit dem Hund noch etwas spazieren.

Stöpselkarten „Aufforderungssätze“

Zur Selbstkontrolle werden die richtigen Lösungen auf der Rückseite mit einem farbigen Lochverstärker gekennzeichnet.

Ausrufezeichen oder Punkt	!	.
Zieh bitte die schmutzigen Schuhe aus	○	○
Trödle gefälligst bei den Hausaufgaben nicht so herum	○	○
Räum sofort den Müll weg	○	○
Decke den Tisch für drei Personen	○	○
Hilf deiner Schwester beim Aufräumen	○	○
Komm jetzt endlich zum Essen	○	○
Hol mir bitte die Gartenschere aus dem Schuppen	○	○
Spiel heute mit deiner Schwester zu Hause im Garten	○	○
Bleib heute unbedingt zu Hause	○	○
Gib Julian endlich den Stift zurück	○	○

Ausrufezeichen, Fragezeichen oder Punkt	!	?	.
Kommst du jetzt endlich ins Haus	○	○	○
Hörst du mir auch einmal zu	○	○	○
Lauf bitte nicht so schnell	○	○	○
Hör endlich mit dem Lärm auf	○	○	○
Geh sofort in dein Zimmer	○	○	○
Beantworte alle Fragen auf dem Arbeitsblatt schriftlich	○	○	○
Kannst du denn nicht aufpassen, wo du hintrittst	○	○	○
Schreib unbedingt deutlicher	○	○	○
Bist du jetzt endlich fertig mit der Hausaufgabe	○	○	○
Lass dir beim Malen ruhig Zeit	○	○	○

Hörtraining mit dem Walkman

Die Lehrerin spricht Aufforderungen auf Kassette. Aufgrund ihrer Intonation wird deutlich, ob ein Fragezeichen, ein Ausrufezeichen oder ein Punkt gesetzt wird. Die Kinder hören die Kassette mit dem Walkman ab und notieren zu jedem Satz das passende Satzzeichen. Ein vorbereitetes Lösungsblatt ermöglicht Selbstkontrolle.

Aufforderungen formulieren

Ein Blanko-Würfel wird mit drei freundlichen und drei ernsten Gesichtern beklebt. Die Karten liegen auf einem Stapel.

Spielregel

1. Hebt reihum eine Karte ab und würfelt einmal.
2. Formuliert mit den Stichpunkten auf der Karte eine Aufforderung. Würfelt ihr ein ernstes Gesicht, müsst ihr eure Aufforderung durch Wortwahl und Betonung besonders dringend machen. Würfelt ihr ein freundliches Gesicht, formuliert ihr eine höfliche Aufforderung.
3. Wer eine passende Aufforderung formuliert, behält seine Karte. Ansonsten wird die Karte unter den Stapel gelegt.
4. Wer zum Schluss die meisten Karten gesammelt hat, ist Sieger.

Papier aufheben	Stift suchen	Hausaufgaben machen
Geschirr abtrocknen	Zimmer aufräumen	Tafel putzen
Radio leiser drehen	zum Essen kommen	Hände waschen
Schuhe ausziehen	Blumen gießen	Fische füttern
Pausenbrot einpacken	Computer ausschalten	ins Bett gehen
Tasche holen	Tisch decken	Zähne putzen

1.2 Bildhafte und sprachliche Darstellungsweisen

Verschiedene Sprachsituationen

Urlaub
Die Lehrerin erzählt eine Beispielgeschichte, in der sich Kinder mit Hilfe von Piktogrammen auf einem Flughafen im Ausland orientieren, wenn sie die Schriftzeichen der fremden Sprache (z. B. griechisch, arabisch) nicht lesen können. Urlaubserfahrungen der Kinder werden in diese Unterrichtseinheit integriert, kurze Texte in Piktogramme „übersetzt" sowie neue Piktogramme erfunden.

Andrej ist noch nicht lange in Deutschland
Andrej kommt aus Kasachstan. Er kennt nur die kyrillische Schrift. Die Kinder aus Ninas Klasse wollen Andrej helfen, dass er sich bald in der Stadt auskennt. Deshalb gestalten sie einen Stadtplan mit Piktogrammen.

Eine Klassenordnung aus Piktogrammen
Die Kinder formulieren Regeln, die in ihrer Klasse gelten sollen. Diese Regeln werden in Piktogramme „übersetzt", damit die Klassenordnung möglichst schnell und von allen Kindern gelesen werden kann.

Zeichen im Verkehr
Im Verkehrsunterricht werden Verkehrszeichen in Sprache „übersetzt" sowie Bildzeichen für Gefahrenstellen und verkehrsberuhigte Zonen gestaltet, in denen besondere gegenseitige Rücksichtnahme aller Verkehrsteilnehmer gefordert ist. Dabei werden insbesondere beliebte Fortbewegungsmittel der Kinder (Inliner, Skateboard, Roller usw.) einbezogen.

Schatzkarte
Einzelne Gruppen einer Klasse (oder auch klassenübergreifend) vergraben in einem vorher vereinbarten, landschaftlich möglichst abwechslungsreichen Gebiet einen kleinen Schatz. Um einer anderen Gruppe das Auffinden des Schatzes zu ermöglichen, gestaltet jede Gruppe eine Schatzkarte, in der sowohl gebräuchliche, als auch erfundene Kartenzeichen die Orientierung erleichtern. Zusätzlich fertigt jede Schatzsuchergruppe zu einer fremden Schatzkarte eine Lagebeschreibung an.

Wir schreiben eine Einladung zum Klassenfest mit dem Computer
Bei einem konkreten Schreibanlass wie beim Gestalten einer Einladung lernen die Kinder wichtige bildhafte Icons (z. B. speichern, ausschneiden, kopieren, einfügen, fett, kursiv, unterstreichen usw.) am Computer kennen. Um allen Kindern die Arbeit mit dem Computer zu erleichtern, erstellen sie eine Liste mit den wichtigsten bildhaften Icons und formulieren dazu kurze Erklärungen.

Besuch aus dem All:
Alles klar – Zeichen für eine schnelle Verständigung

Es regnet den ganzen Sonntagvormittag. Als sich das Wetter auch am Nachmittag nicht bessert, macht es sich Ninas Mutter mit einem Stapel Zeitschriften auf der Couch im Wohnzimmer gemütlich. Unterdessen schleicht sich Nina unbemerkt zu Miro ins Gartenhaus. Weil die Verständigung mit dem Sprachcomputer ziemlich mühsam und recht langsam ist, hat sich Nina etwas ausgedacht. Sie malt Zeichen, scannt sie in den Sprachcomputer ein, verbindet jedes Zeichen mit einer kurzen Erklärung und speichert alles auf der Festplatte ab. Wenn sie Miro künftig ganz schnell etwas mitteilen will , dann ruft sie die Zeichen einfach von der Festplatte des Sprachcomputers ab.

Denkt euch Zeichen zu den kurzen Botschaften aus.

Hast du Hunger?			
Hast du Durst?			
Komm mit ins Haus.			
Ich bin allein.			
Geh zurück ins Gartenhaus.			
Fass das nicht an.			
Ich komme morgen wieder.			
am Abend		am Morgen	
Gut gemacht!		Erkläre bitte.	
Entschuldigung!		Versteck dich.	

Schreibt euch gegenseitig mit den erfundenen Zeichen kurze Mitteilungen.

Unterrichtsanregungen: Andrej lebt noch nicht lange in Deutschland

Medien/Lernhilfen

Lehrerin: Folienbilder 9 bis 15 (S. 33 – 34), zwei Tonbandaufzeichnungen (Julias Wegbeschreibung – Ninas Lösung)
Kinder: Arbeitsblatt 3 (S. 35)
Für jede Gruppe: eine leere Folie und einen wasserlöslichen Folienstift

Lernziele

Die Kinder sollen

- wissen, dass in Kasachstan kyrillische Schriftzeichen verwendet werden.
- Beispiele kyrillischer Schrift mit unseren Schriftzeichen vergleichen.
- erkennen, dass Menschen in allen Sprachen Zeichen verwenden, um sich zu verständigen.
- erkennen, dass sich Menschen, die verschiedene Sprachen und Schriftzeichen verwenden, mit Hilfe von Bildern oder bildhaften Zeichen rasch verständigen können.
- bildhafte Zeichen erklären können.
- selbst bildhafte Zeichen erfinden.

Verbindungen zu anderen Fächern

Sachunterricht: Zusammenleben in der Schule (3. Schuljahr) / Wir in der Welt – die Welt bei uns (4. Schuljahr)

Unterrichtsverlauf

Einstieg

Folienbild 9 (S. 33) mit dem Bild von Andrej
Lehrererzählung: Andrej ist neu in Ninas Klasse. Er kommt aus Kasachstan. Er spricht bereits etwas Deutsch. In Kasachstan besuchte er drei Jahre lang die Schule. Dort hat er die kyrillische Schrift gelernt.
Folienbild 10 (S. 33) mit kyrillischem Schriftbeispiel
Die Kinder vergleichen die fremden Schriftzeichen mit ihrer Schrift, stellen Gemeinsamkeiten und Unterschiede fest.
Lehrerin: Die Kinder in Ninas Klasse wollen Andrej helfen, dass er sich bald in seiner neuen Umgebung wohl fühlt. In der Pause sprechen sie mit ihm.
Die Kinder stellen Vermutungen zum Gespräch an.
Folienbild 11 (S. 34) mit Sprechblasen, auf denen die Kinder Andrej zu verschiedenen Treffpunkten einladen.

Problemstellung
Lehrerin: Andrej zuckt mit den Schultern. Er hat nur eine Frage.
Die Kinder vermuten.
Folienbild 12 (S. 34) mit der Frage „Wo ist das?“

Erarbeitung
Lehrerin: Die Kinder in Ninas Klasse suchen nach Möglichkeiten, Andrej den Weg zu den verschiedenen Treffpunkten zu erklären. Das ist Julias Idee.
Die Kinder hören eine Tonbandaufzeichnung mit Julias Wegbeschreibung: „Also der Weg zur Eisdiele ist ganz einfach. Du kannst sie überhaupt nicht verfehlen. Hinter der Schule biegst du rechts ab, gehst dann bei der Fußgängerampel über die Straße, biegst beim Krankenhaus links ab. Nach etwa hundert Metern siehst du bereits das Hallenbad. Gleich gegenüber ist die Eisdiele. Wenn du zum Minigolfplatz willst, musst du ...“
Lehrerin: Überlege, wie Julias Wegbeschreibung wohl bei Andrej ankommt.
Nach den Vermutungen zeigt die Lehrerin das Folienbild 13 (S. 34), auf dem Andrej sein mangelndes Verstehen zum Ausdruck bringt.
➔ Erkenntnis 1: Menschen, die verschiedene Sprachen sprechen, verwenden verschiedene gesprochene Wörter als sprachliche Zeichen.
Lehrerin: Pascal hat eine andere Idee.
Die Kinder betrachten das Folienbild 14 (S. 34) mit einer Lageskizze und Wörtern. Sie vermuten, welches Problem Andrej jetzt hat.
Die Lehrerin zeigt das Folienbild 15 (S. 34), das verdeutlicht, dass Andrej die Schriftzeichen nicht entschlüsseln kann.
➔ Erkenntnis 2: In verschiedenen Sprachen sind auch die Zeichen für die geschriebenen Wörter verschieden.
Lehrerin: Da kommt Nina auf eine Idee.
Die Kinder überlegen in Partnerarbeit, wie Nina Andrej helfen könnte.
Anschließend hören sie eine Tonbandaufzeichnung, in der Nina ihre Lösung verrät: „Also wir ersetzen einfach die Wörter in Pascals Plan durch Bilder, die man in jeder Sprache versteht. Dann hat Andrej einen Stadtplan mit allen wichtigen Treffs. So findet er mühelos und schnell überall hin.“
Auftrag für die Gruppenarbeit: Findet zu allen Wörtern des Lageplans Zeichen, die Andrej ohne weitere Erklärung sofort verstehen kann.
Während der Gruppenarbeit ist das Folienbild 14 (S. 34) sichtbar.
Die Gruppen präsentieren ihre Ergebnisse und beurteilen die Brauchbarkeit der gefundenen Zeichen: Kann Andrej dieses Zeichen ohne weitere Erklärung verstehen?
➔ Erkenntnis 3: Menschen, die verschiedene Sprachen sprechen, können sich mit Bildern oder bildhaften Zeichen rasch verständigen.

Übung
Arbeitsblatt 3 (S. 35)

Ausweitung

- Die Kinder erarbeiten zum Stadtplan ihres Schulortes bildhafte Zeichen zu den wichtigsten Gebäuden und Treffpunkten. Diese Pläne werden an ausländische Kinder der Schule verteilt.
- Die Kinder gestalten einen Lageplan zu ihrer Schule und zeichnen mit Bildzeichen die wichtigsten Räume (z. B. Rektorat, Sekretariat, Bücherei, Computerraum, Musikraum, Werkstatt des Hausmeisters, Schulküche, Werkraum usw.) ein. Zusätzlich gestalten sie für diese Räume Türschilder mit den entsprechenden Bildzeichen und hängen sie auf.

Folienbild 9: „Andrej“

Folienbild 10: Kyrillische Schrift

Уважаемые друзя,

Мы рады приветствовать Вас и представить Вашему вниманию наш каталог "***Русская коллекция***".

Позади лето, летний отдых впереди уютные длинные зимние вечера, рождественские и новогодние праздники. В нашем каталоге Вы встретите множество новинок, которые совсем недавно вышли в России. Книга, хороший фильм или концерт это и прекрасный подарок и возможность провести вечер в кругу сёмьи или друзей за чашкой чая под любимую музыку, или от души посмеяться, с любимыми нами артистами кино.

Folienbild 11: Einladungen zu den Treffpunkten der Kinder

Komm doch mit ins Schwimmbad.

Wir treffen uns heute in der Eisdiele.

Willst du mit uns Minigolf spielen?

Gehst du mit uns ins Kino?

In der Teestube ist immer etwas los.

Treffen wir uns auf dem Abenteuerspielplatz?

Folienbild 12

Wo ist das?

Folienbild 13

Ich verstehe nicht.

Folienbild 14: Lageplan mit Wörtern

Folienbild 15

Was heißt das?

Name ______________________________	Arbeitsblatt 3

Andrej kennt sich aus

1. Nina und ihre Freunde wollen Andrej helfen, dass er sich in seiner neuen Umgebung auskennt. Deshalb malen sie für ihn einen Lageplan mit Bildzeichen. Andrej weiß, was diese Bildzeichen bedeuten. Du auch? Schreibe auf.

		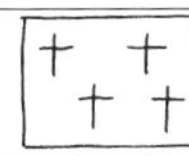	

2. Zu diesen Wörtern müssen sich Nina und ihre Freunde noch Bildzeichen ausdenken. Welche Zeichen schlägst du vor?

	Hallenbad		Spielplatz
	Schule		Minigolfplatz
	Krankenhaus		Fußballplatz

3. Damit Andrej die Klassenordnung versteht, überlegen sich die Kinder Bildzeichen für die Klassenämter.

	Klassenbücherei		Tafel putzen
	Garderobenplatz aufräumen		Hefte und Arbeitsblätter austeilen
	Klassenbriefkasten leeren		Blumen pflegen

Sucht auf dem Computer nach Bildzeichen. Klickt das Icon „Einfügen“ an. Sucht dann unter „Sonderzeichen“ weiter.

> Wenn wir uns verständigen,
> verwenden wir beim Sprechen und Schreiben Zeichen.
> Bilder oder bildhafte Zeichen helfen uns, wenn wir eine Sprache nicht verstehen oder wenn wir uns schnell verständigen müssen.

Domino „Bildzeichen“

START	Kirche	Hallenbad	Schloss
Burgruine	Friedhof	Kranken-haus	Gasthaus
Freibad	Post	Zeltplatz	Berg-werk ENDE

Schnappspiel „Bildzeichen“

Die Bildzeichen werden auf einem Tisch verteilt. Fünf bis sechs Kinder stehen um den Tisch herum und legen die Hände auf den Rücken. Der Spielleiter ruft die Bedeutung eines Bildzeichens. Wer die Karte zuerst „schnappt“, behält sie. Gelegentlich ruft der Spielleiter auch Wörter, die nicht auf dem Tisch als Bildzeichen zu finden sind. Wenn dann einer der Spieler trotzdem „zuschnappt“, muss er eine Bildkarte, die er bereits besitzt, wieder zurücklegen. Sieger ist, wer zum Schluss die meisten Bildkarten gesammelt hat.

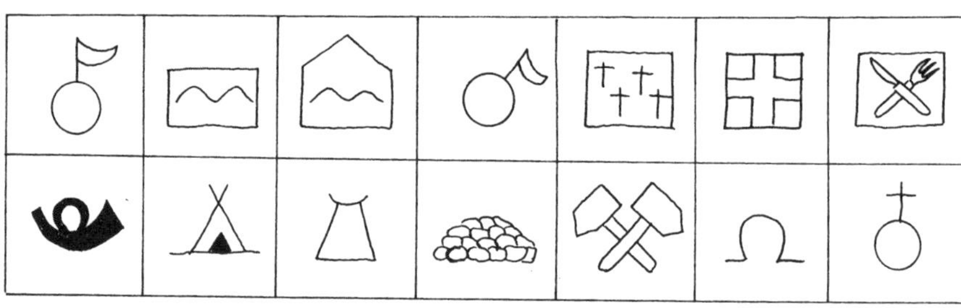

(Schloss, Freibad, Hallenbad, Ruine, Friedhof, Krankenhaus, Gasthaus, Post, Zeltplatz, Aussichtsturm, Steinbruch, Bergwerk, Höhle, Kirche)

Wettbewerb: Das beste Zeichen der Woche

Jede Woche wird für einen Begriff oder einen Satz ein Bildzeichen gesucht. Die Kinder sammeln ihre Ideen auf einem Plakat, das im Klassenzimmer ausgestellt wird. Am Ende der Woche wählen sie den besten Entwurf aus. Dieses Bildzeichen wird in das Klassenbuch „Überall Zeichen“ aufgenommen.

Würfelspiel „Wer ist zuerst beim Schatz?“

Vorbereitung des Spielplanes: 15 Felder ohne Bildzeichen werden rot angemalt. Die Ereigniskarten liegen verdeckt auf einem Stapel.

Spielregel

1. Würfelt reihum. Wer eine Sechs würfelt, verlässt das Starthaus.
2. Wer auf ein rotes Feld kommt, nimmt die oberste Ereigniskarte vom Stapel und setzt seine Spielfigur auf das genannte Feld. Die Ereigniskarte wird wieder unter den Stapel geschoben.
3. Das Zielfeld mit dem Schatz kannst du nur betreten, wenn du die passende Zahl würfelst.

Ereigniskarten

Geh zum Schloss.	Geh ins Freibad.	Geh ins Hallenbad.
Geh zur Burgruine.	Geh zum Friedhof.	Du musst ins Krankenhaus. Zweimal aussetzen.
Du machst eine Pause im Gasthaus. Einmal aussetzen.	Du musst zur Post.	Du machst Urlaub auf dem Zeltplatz. Einmal aussetzen.
Du steigst auf den Aussichtsturm.	Du suchst den Schatz im Steinbruch.	Du gehst ins Bergwerk.
Geh in die Höhle.	Geh zur Kirche.	Du gehst zum Parkplatz. Einmal aussetzen.
Du wartest an der Bushaltestelle auf den Bus. Einmal aussetzen.	Du machst Urlaub auf dem Campingplatz. Einmal aussetzen.	

Spielfeld

1.3 Sprachliche Symbolsysteme

Verschiedene Sprachsituationen

Lisa ist blind
Beim Sachthema „Sinnesleistungen – Menschen mit Sehbeeinträchtigungen“ lernen die Kinder das Symbolsystem der Blindenschrift kennen.

Fabian kann nicht hören
Die Kinder lernen beim Sachthema „Menschen mit Hörbeeinträchtigungen“ die Gebärdensprache kennen, mit der sich Gehörlose verständigen können.

Hebräisch – die Sprache der Juden
In Verbindung mit dem Religionsunterricht, in dem die Kinder mehr über die jüdische Religion und Kultur erfahren, setzen sich die Kinder im Deutschunterricht mit dem hebräischen Symbolsystem auseinander und versuchen Schriftbeispiele nachzugestalten (z. B. für Plakate).

So schreiben die Menschen in anderen Ländern
Beim Sachthema „Wir in der Welt – die Welt bei uns“ sammeln die Kinder bei ausländischen Mitschülern, Kulturvereinen usw. Schriftbeispiele anderer sprachlicher Symbolsysteme (z. B. kyrillisch, griechisch, hebräisch, chinesisch). Die Kinder lassen sich bestimmte Wörter und Sätze in den verschiedenen Schriften aufschreiben. Ein Vergleich der verschiedenen sprachlichen Symbolsysteme schließt sich an. Für Plakate werden Wörter in verschiedenen Schriften gestaltet.

Streng geheim – Wir erfinden unsere eigene Schrift
Die Kinder erfinden und entschlüsseln Geheimschriften. Sie schreiben einander Geheimbotschaften, vorzugsweise mit dem Computer (verschiedene Schriften wie z. B. Animals, Geographic Symbols, Symbol).

**Besuch aus dem All:
Botschaften von einem fremden Planeten**

Als Nina am Montag von der Schule nach Hause kommt, kann sie es kaum erwarten, ihren Freund Miro im Gartenhaus zu besuchen. Der ist gerade sehr beschäftigt. Er hat nämlich eine Botschaft von Bekannten eines Nachbarplaneten bekommen. Miro hatte schon lange keinen Kontakt mehr mit seinen außerirdischen Freunden. Weil sie ein ganz anderes Schriftsystem besitzen, hat er große Mühe, ihre Nachricht zu entschlüsseln. Nina versucht ihm zu helfen. Beide brüten den ganzen Nachmittag über den merkwürdigen Zeichen. Endlich haben sie es geschafft.

A	B	C	D	E	F	G	H	I	J	K	L	M
α	β	χ	δ	ε	φ	γ	η	ι	φ	κ	λ	μ
N	O	P	Q	R	S	T	U	V	W	X	Y	Z
ν	ο	π	θ	ρ	σ	τ	υ	ϖ	ω	ξ	ψ	ζ

Hier die Botschaft aus dem All:

ηαλλο μιρο

____

ωιρ ηαβεν υνσ λανγε νιχητ μεηρ γεσεηεν

____

ωο στεχκστ δυ ζυρ ζειτ

____

μελδε διχη ενδλιχη ωιεδερ βει υνσ

____

βεσυχηε υνσ φαλλσ δυ ζυφαελλιγ ιν δερ ναεηε βιστ

____

Miro möchte seinen außerirdischen Freunden antworten. Überlegt euch, was er seinen Freunden schreiben könnte. Schreibt es in der fremden Schrift auf. Können eure Freunde die Botschaft entschlüsseln?

____

____

____

____

____

____

____

____

Unterrichtsanregungen: Lisa ist blind

Medien/Lernhilfen

Lehrerin: Folienbild 16 „Lisa“ (S. 42)
Kinder: Blindenschrift-Alphabet (erhältlich über das Bildungszentrum für Blinde und Sehbehinderte, Nürnberg bzw. Blindenschrift-Verlag und -Druckerei GmbH „Pauline von Mallinckrodt“, Andreasstraße 20, 33098 Paderborn), S. 43, Papierstreifen mit Blindenschrift (S. 42)

Lernziele

Die Kinder sollen

- erfahren, dass die Blindenschrift für Blinde eine Möglichkeit ist, miteinander schriftlich zu kommunizieren.
- die Blindenschrift als neues sprachliches Symbolsystem kennen lernen.
- Nachrichten in der Blindenschrift lesen und schreiben können.

Verbindungen zu anderen Fächern

Sachunterricht: Sinnesleistungen – Menschen mit Sehbehinderungen begegnen

Unterrichtsverlauf

Einstieg
Die Kinder erhalten Papierstreifen mit Blindenschrift (S. 42).
Sie vermuten, worum es sich hierbei handeln könnte.

Zielangabe
Wir werden heute mehr über die Blindenschrift erfahren. Ihr werdet bald die Nachricht auf dem Papierstreifen lesen können.

Erarbeitung
Die Lehrerin zeigt das Folienbild 16 von Lisa (S. 42).
Lehrererzählung: Das ist Lisa. Vor einigen Jahren konnte Lisa noch ein wenig sehen. Ein Bildschirmlesegerät, das die Schrift stark vergrößerte, half ihr damals, eine Geschichte zu lesen. Inzwischen ist sie durch eine Augenkrankheit völlig blind geworden. Als Lisa nichts mehr sehen konnte, musste sie eine völlig neue Schrift lernen. Die Blindenschrift besteht aus ganz anderen Zeichen, die Lisa ertastet. Wenn sie einer blinden Freundin etwas schreiben möchte, benützt sie eine besondere Schreibmaschine, die die Zeichen der Blindenschrift in das Papier stanzt. Besonders froh ist Lisa, seit sie einen Computer mit den Zeichen der Blindenschrift auf der Tastatur hat.

Aussprache
Die Kinder erhalten das Alphabet in Blindenschrift (S. 43).
Die Nachricht auf dem Papierstreifen wird entschlüsselt.
In Partnerarbeit schreiben und entschlüsseln die Kinder zunächst Wörter, später kurze Nachrichten in Blindenschrift.
➔ Erkenntnis: Die Blindenschrift ist ein völlig anderes Zeichensystem als unsere Schrift. Mit der Blindenschrift können sich blinde Menschen schriftlich verständigen.

Ausweitung
Besuch einer Blindenschule bzw. Kontaktaufnahme mit blinden Menschen

Folienbild 16 „Lisa“

Papierstreifen mit Satz in Blindenschrift
Text: Wer blind ist, muss eine neue Schrift lernen.

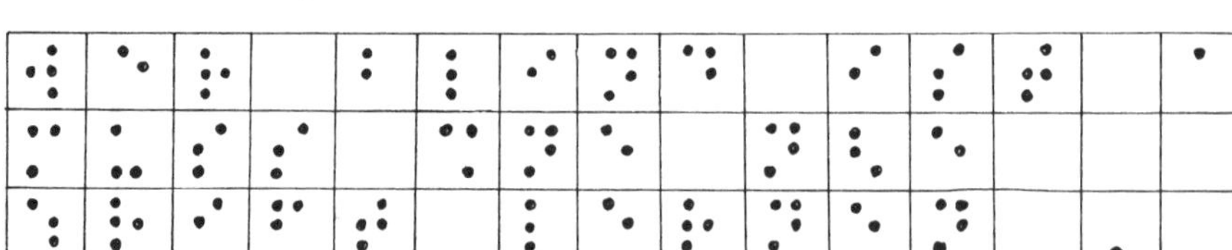

Blindenschrift

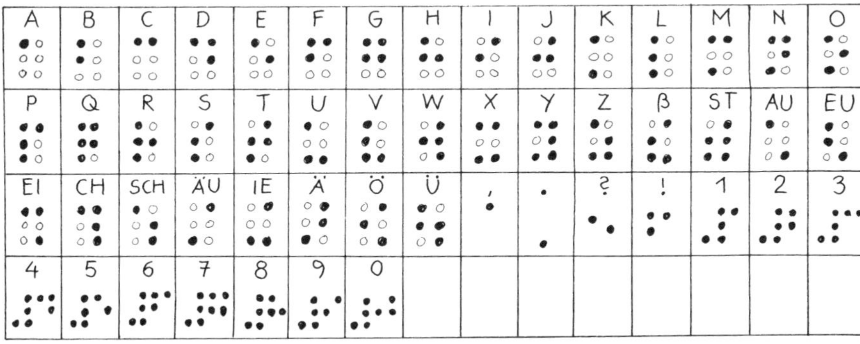

Sprachwerkstatt

Geheime Botschaften

Die Kinder erfinden zu den Buchstaben des Alphabets neue Zeichen, die sie in einer Liste festhalten. Die neuen Zeichen kleben sie aus Moosgummi spiegelverkehrt auf die Unterseite von Holzwürfeln. Die Oberseite der Würfel beschriften sie mit den entsprechenden Buchstaben. So können sie sich schnell geheime Botschaften stempeln, die sie mit Hilfe der Symbolliste wieder entschlüsseln.

2. Sprachliche Vielfalt auf der Ebene des Wortes

2.1 Abstrakta

Verschiedene Sprachsituationen

Montagsmaler
Die Kinder erraten Namenwörter, die der Spielleiter an die Tafel zeichnet. Zunächst werden Bilder von konkreten Nomen gemalt, später das Bild eines abstrakten Nomen (z. B. Freude).

Pantomime
Einige Kinder spielen pantomimisch vorher vereinbarte Gefühle wie Freude, Wut und Trauer vor. Die anderen Kinder erraten diese abstrakten Begriffe. Abstrakta werden als Nomen (Großschreibung, Artikel) erkannt.

Umschreibungsrätsel
Die Kinder umschreiben konkrete Namenwörter in Rätselform. Später stellt die Lehrerin zu einem abstrakten Namenwort ein Rätsel. Die Kinder erarbeiten die Unterschiede (nicht anfassen, nicht unbedingt sehen) und die Gemeinsamkeiten (Großschreibung, Artikel) von konkreten und abstrakten Nomen.

ABC-Spiel: Ist Freude denn auch ein Namenwort?
Die Lehrerin erzählt, dass Nina und ihre Freunde ein ABC-Spiel machen, bei dem sie möglichst viele Namenwörter aufschreiben müssen. Plötzlich kommt es zum Streit, als Nina behauptet, Freude ist auch ein Namenwort.

Ärger auf dem Pausenhof
Die Lehrerin erzählt, dass Simon Julian in der Pause neckt. Er nimmt ihm die Mütze weg. Julian packt Simon deshalb am Jackenkragen. Simons Jacke zerreißt und Simon stürzt. Als sein Bein blutet, droht er Julian mit einem Stein. Die Kinder werden dazu veranlasst, sich in die Streitenden einzufühlen. Sie versprachlichen Gefühle wie Wut, Ärger, Schmerz und Angst und versuchen, diese Begriffe bildlich und pantomimisch darzustellen. Die abstrakten Nomen werden mit den konkreten Nomen aus der Konfliktsituation (Mütze, Jacke, Bein, Stein) verglichen. Gemeinsamkeiten und Unterschiede werden erarbeitet.

Geburtstagsfeier

Die Lehrerin erzählt, dass Nina Geburtstag hat. Sie zeigt Gegenstände und Bilder (z. B. Paket, Kuchen, Oma, Blumen). Die Dinge und Personen werden benannt und als Namenwörter erkannt. Anschließend beschreiben die Kinder Ninas Gefühle während der Geburtstagsfeier. Ein Vergleich der abstrakten Gefühle (Neugier, Spannung, Freude usw.) mit den konkreten Nomen schließt sich an.

Schullandheim

Stimmungen und Gefühle vor, während und nach eines Aufenthaltes im Schullandheim werden benannt und in Beziehung zu konkreten Nomen (Koffer, Bus, Speisesaal usw.) gesetzt.

Besuch aus dem All:
Ein schwarzer Dienstag für Nina

Heute geht bei Nina in der Schule wirklich alles schief. Als sie am Mittag nach Hause kommt, liegt nur ein Zettel von Mutti auf dem Küchentisch:

Hallo Nina,
ich musste noch schnell zu Oma fahren.
Bitte wärm dir das Essen in der Mikrowelle.
Bis später, mein Schatz!
Tschüss,
Mutti

Das hätte sich Nina ja denken können. Wenn sie Mutti dringend zum Reden braucht, ist sie mal wieder nicht da. Und in der Mikrowelle steht nur Kartoffelsuppe. Die mag Nina sowieso nicht. Julia kann sie auch nicht anrufen. Mit der hat sie sich heute in der Schule fürchterlich gestritten. Da bleibt also nur Miro. Der sitzt wie immer am Computer. Als er Nina sieht, strahlt er sie mit seinen großen, leuchtenden Augen an. „Hallo, Miro!“, fängt Nina an. „Heute muss ich unbedingt mit dir reden.“ Nina setzt sich an den Sprachcomputer und beginnt:

In der Pause hatte ich Ärger mit Julia.
Das ist meine beste Freundin.
Dann schrieben wir auch noch ein Diktat.
Das war ein Pech.
Auf dem Heimweg kochte ich vor Wut,
weil mir der Bus wegfuhr.
Zum Glück gibt es dich.

Miro stutzt. Dann gibt der folgende Antwort in den Sprachcomputer ein:

Hallo Nina!
Ich habe Probleme beim Übersetzen.
Ich verstehe die Wörter
ÄRGER PECH WUT GLÜCK nicht.
Brauche dringend Wortart.

Nina überlegt kurz. Dann antwortet sie:
Ärger, Pech, Wut, Glück sind Namenwörter.
Miro hat immer noch Schwierigkeiten, die Wörter zu übersetzen. Er bittet Nina:

Brauche Beweise für Wortart.

Überlegt. Welche Beweise für diese Namenwörter passen? Kreuzt an.

- ☐ Den Gegenstand zum Wort kann ich anfassen.
- ☐ Den Gegenstand zum Wort kann ich malen.
- ☐ Das Wort wird groß geschrieben.
- ☐ Das Wort hat einen Begleiter.

Miro könnte die Wörter bestimmt auch besser verstehen, wenn sie ihm Nina vorspielen würde. Versucht es in der Gruppe.

Unterrichtsanregungen: Ist Freude auch ein Namenwort?

Medien/Lernhilfen

Lehrerin: Folienbilder 17, 18, 19 (S. 48)
Kinder: Arbeitsblatt 5 (S. 49)
Für jede Gruppe: Arbeitsblatt 4 (S. 48)

Lernziele

Die Kinder sollen wissen, dass
- alle Nomen groß geschrieben werden.
- alle Nomen einen Artikel haben.
- es auch Nomen für etwas gibt, das man nicht sehen oder anfassen kann.
- man Namenwörter auch Nomen nennt.

Die Kinder sollen Abstrakta als Nomen erkennen und die Beweise für diese Wortart anwenden.

Unterrichtsverlauf

Einstieg

Lehrererzählung: Nina und ihre Freunde machen während der Freiarbeit gerne ein ABC-Spiel. Dabei sagt einer das Alphabet leise auf, bis ein anderer laut „Stopp“ ruft. Zu dem Buchstaben schreiben die Kinder in drei Minuten möglichst viele Namenwörter auf. Dann liest jeder seine Namenwörter vor

und die anderen überprüfen, ob es sich tatsächlich um Namenwörter handelt. Wer die meisten Namenwörter gefunden hat, ist Sieger. Für jeden Fehler wird ein Punkt abgezogen.
Folienbild 17 (S. 48) wird sichtbar. Die Kinder schreiben drei Minuten lang Namenwörter auf, die mit F beginnen.

Erarbeitung
Lehrerin: Ihr sollt überprüfen, ob jeder nur Namenwörter aufgeschrieben hat. Überlegt deshalb in der Gruppe, wie ihr beweisen könnt, dass ein Wort ein Namenwort ist.
Die Beweise der Kinder werden an der Tafel gesammelt.

Mögliche Tafelanschrift:

Beweise für Namenwörter

anfassen	sehen	malen	groß schreiben	Name für Menschen	Name für Tiere	Name für Pflanzen	Name für Dinge	Begleiter

Die Kinder überprüfen in Partnerarbeit ihre aufgeschriebenen Wörter und ermitteln die Zahl der Namenwörter. Werden dabei abstrakte Nomen genannt, die anhand der Tafelanschrift noch nicht zugeordnet werden können, werden diese von der Lehrerin gesammelt und später an passender Stelle im Unterrichtsverlauf erneut aufgegriffen.
Lehrerin: Als Nina ihre Namenwörter vorliest, kommt es zum Streit.
Folienbild 18 (S. 48) wird sichtbar.

Problemstellung
Nina will beweisen, dass Freude auch ein Namenwort ist.
Die Kinder überlegen in Gruppen, welche Beweise für das Wort Freude gültig sind.
Diese Beweise werden in der Tafelanschrift hervorgehoben (z. B. durch Farbpunkte).
Lehrerin: Ninas Freundin Julia ist noch nicht ganz überzeugt.
Folienbild 19 (S. 48) wird sichtbar.
Die Kinder überlegen in Gruppenarbeit, wie sie das Wort Freude sichtbar machen können.
Die Gruppenergebnisse (Bilder, Pantomime) werden vorgestellt.
➔ Erkenntnis 1: Es gibt auch Namenwörter, die man aus einem Bild erst herausfinden muss. Diese Namenwörter kann man besser sichtbar machen, indem man sie spielt.
Die Tafelanschrift wird durch die Spalte „spielen“ ergänzt.

Jede Gruppe erhält das Arbeitsblatt 4 (siehe unten) und entscheidet durch Ankreuzen für jedes Wort, welche Beweise möglich sind.
Lehrerin: Es gibt Beweise, die ihr für jedes Namenwort angekreuzt habt.
➔ Erkenntnis 2: Alle Namenwörter schreibt man groß. Alle Namenwörter haben einen Begleiter.
Lehrerin: Für das Wort Namenwort gibt es noch eine andere Bezeichnung.
➔ Erkenntnis 3: Namenwörter heißen auch Nomen.

Übung
Arbeitsblatt 5 (S. 49)

Folienbild 17

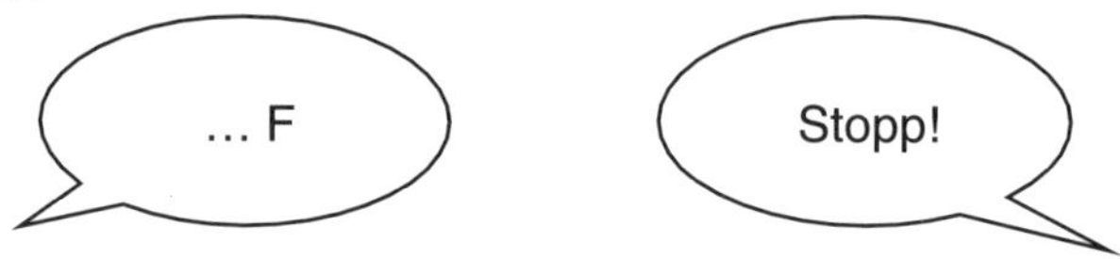

Folienbild 18

Folienbild 19

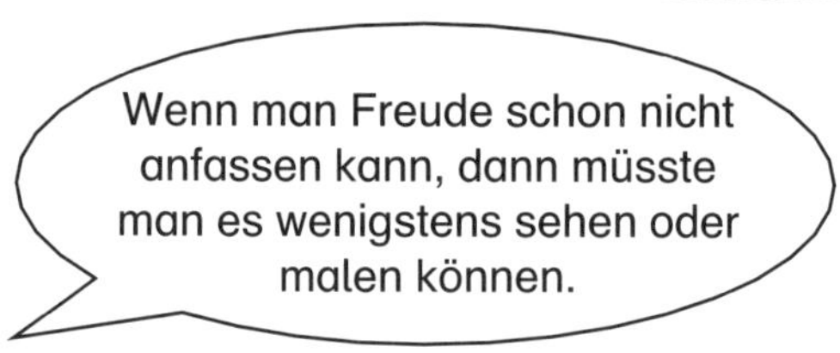

Arbeitsblatt 4 (für die Gruppenarbeit)

Wort	an-fassen	sehen	malen	spielen	Name für Menschen	Name für Tiere	Name für Pflanzen	Name für Dinge	groß schrei-ben	Be-gleiter
Affe										
Rose										
Oma										
Tisch										
Lärm										
Angst										
Sommer										
Fleiß										

Name ______________________________	Arbeitsblatt 5

Das Namenwörter-ABC-Spiel

Nina und ihre Freunde haben zum Buchstaben G viele Wörter aufgeschrieben. Jedes Namenwort zählt einen Punkt.

1. Unterstreiche alle Namenwörter. Dann weißt du, wer diese Runde gewonnen hat.

Nina	Pascal	Julia
GANS GESTERN GEMÜSE GLÜCK GOLD GEBEN	GABI GIRAFFE GAST GELB GAS	GABEL GELD GARTEN GURKE GLAUBE
___ Punkte	___ Punkte	___ Punkte

2. Ordne die Namenwörter (13) richtig ein. Setze den Begleiter davor.

Namenwörter für etwas, das man anfassen kann	Namenwörter für etwas, das man nicht anfassen kann
die Gans,	

Schreibe zu jeweils einem Namenwort aus jeder Spalte ein Rätsel auf.

Malt oder spielt die Namenwörter, die etwas bezeichnen, das man nicht anfassen kann. Lasst Andere die Begriffe raten.

Es gibt Namenwörter für etwas,
das man nicht sehen oder anfassen kann.
Diese Namenwörter kann man oft in einem Bild darstellen oder spielen.
Alle Namenwörter schreiben wir groß.
Vor jedes Namenwort können wir einen Begleiter setzen.
Namenwörter heißen auch Nomen.

Sprachwerkstatt

Gegensatzpaare

Die Karten werden umgedreht. Reihum decken die Kinder jeweils zwei Karten auf. Wer ein Gegensatzpaar aufdeckt, behält es. Wer die meisten Karten sammelt, ist Sieger.

Glück	Angst	Freude	Fleiß	Hitze
Pech	Mut	Trauer	Faulheit	Kälte
Sommer	Liebe	Stille	Arbeit	Frieden
Winter	Hass	Lärm	Pause	Krieg

Schnappspiel „Wer kennt das passende Namenwort?“

Die Karten mit den Rätseln liegen verdeckt auf einem Stapel. Die Karten mit den Namenwörtern liegen sichtbar im Kreis. Reihum hebt jeder Mitspieler eine Rätselkarte ab und legt sie aufgedeckt in die Mitte. Wer zuerst die Karte mit dem passenden Namenwort schnappt, darf die Karte behalten. Bei falscher Zuordnung wird die Rätselkarte unter den Stapel geschoben. Wer die meisten Karten gesammelt hat, ist Sieger. Gleiche Farbpunkte auf der Rückseite der Rätsel- und Namenwortkarten ermöglichen Selbstkontrolle.

Rätselkarten

Ich habe gerade einen Euro gefunden. So ein !	Simon klettert auf einen hohen Baum. Er hat große .
Bei der gehen wir sofort ins Schwimmbad.	Heute haben wir keine Hausaufgaben. So eine !
Wenn es blitzt und donnert, verstecke ich mich immer unter der Bettdecke. Ich habe große .	Lisa hat noch immer ihre Hausaufgaben nicht gemacht. So eine !
Wegen der habe ich die dicke Jacke angezogen.	Fabian hat für Oma eingekauft. Mutter lobt seinen .
Ich habe meinen Bus verpasst. So ein !	Sven lacht Pascal aus. Der kocht vor .

Namenwortkarten

Glück	Mut
Hitze	Freude
Angst	Faulheit
Kälte	Fleiß
Pech	Wut

Stöpselkarten „Namenwörter"

WINTER	KALT	TRAURIG	FREUDE
○	○	○	○
BALD	PAUSE	TANZEN	GLÜCK
○	○	○	○
HITZE	WUT	WEINEN	PECH
○	○	○	○
IDEE	LUSTIG	PREIS	TEUER
○	○	○	○

TINA KAUFTE SICH DREI LOSE.
○ ○ ○ ○ ○
ALS SIE EINEN RIESIGEN BÄREN GEWANN,
○ ○ ○ ○ ○ ○
KONNTE SIE IHR GLÜCK KAUM FASSEN.
○ ○ ○ ○ ○ ○
STOLZ UND VOLLER FREUDE TRUG SIE
○ ○ ○ ○ ○ ○
DAS STOFFTIER IN IHR ZIMMER.
○ ○ ○ ○ ○
DORT SETZTE SIE ES AUF IHR BETT.
○ ○ ○ ○ ○ ○ ○
IN DIESER NACHT HATTE SIE EINEN LUSTIGEN
○ ○ ○ ○ ○ ○ ○
TRAUM VON IHREM BÄREN.
○ ○ ○ ○

Pantomime „Abstrakte Namenwörter"
Ein Mitspieler sucht sich eine Karte mit einem abstrakten Namenwort aus und spielt diesen Begriff ohne Worte vor. Wer den Begriff zuerst errät, sucht sich einen neuen Begriff aus, den er vorspielt.

Wut	Trauer	Ratlosigkeit	Freude
Angst	Liebe	Hass	Stolz
Neugier	Müdigkeit	Schmerz	Hitze
Kälte	Tapferkeit		

Montagsmaler mit abstrakten Nomen
Die Kinder zeichnen Bilder zu abstrakten Begriffen und schreiben die Nomen jeweils auf die Rückseite der Bilder. Die Bilder werden im Kreis ausgelegt. Wer einen Begriff errät, erhält einen Punkt.

2.2 Pronomen

Verschiedene Sprachsituationen

Geschichten in Dialogform schreiben
Die Kinder wollen ein Märchen oder eine andere Geschichte als Puppen-, Schatten- oder Personenspiel aufführen. Dazu werden wichtige Stellen der Geschichtenvorlage in Dialogform formuliert. Der bewusste Gebrauch der Pronomen wird geübt.

Darstellung einer Geschichte in Form eines Comic-Strips
Eine Geschichte wird in mehreren Bildern mit Sprechblasen gezeichnet. Beim Formulieren der Dialoge wird auf das bewusste Verwenden von Pronomen geachtet. Alternativ dazu werden Sprechblasendialoge zu einzelnen Bildern formuliert, auf denen mehrere Personen oder Tiere zu sehen sind.

Überarbeiten von Geschichtenentwürfen
Geschichtenentwürfe werden im Hinblick auf das Wiederholen von Satzgegenständen überarbeitet. Das Ersetzen der Nomen durch die Pronomen wird gezielt geübt, sofern dadurch Zweideutigkeiten vermieden werden.

Ninas Anzeigenseite für die Klassenzeitung
Im Rahmen einer Lehrererzählung lernen die Kinder den situativen Gebrauch von Nomen und Pronomen kennen. Beim Formulieren von Anzeigen erfahren

sie, dass es üblich ist, auf Pronomen zu verzichten. An diese Unterrichtseinheit könnte sich die tatsächliche Durchführung eines Zeitungsprojektes anschließen.

Beschreibungsrätsel

Die Kinder schreiben Rätsel zu Dingen, Pflanzen oder Tieren und ersetzen die zu erratenden Nomen durch Pronomen. Verbindungen mit dem Fachbereich Texte verfassen sowie mit dem Sachunterricht (z. B. Rätsel zum Thema Wald) bieten sich an.

Besuch aus dem All: Miro lernt Ninas Freunde kennen

Nina kann ihr Geheimnis im Gartenhaus nicht länger für sich behalten. Deshalb vertraut sie sich ihren besten Freunden Pascal und Julia an. Gleich nach der Schule treffen sie sich bei Nina im Garten. Nina will Miro zunächst allein auf diese Begegnung vorbereiten.

„Hallo, Miro. Ich möchte dir heute meine besten Freunde vorstellen. Ist das okay?“, beginnt Nina das Gespräch.

Als Miro Nina freundlich zunickt, holt sie Julia und Pascal herein.

„Das ist Pascal. Er ist schon ganz neugierig auf deinen Computer. Das ist Julia. Sie konnte es kaum erwarten, dich zu sehen. Sie sind beide meine besten Freunde.“

Miro lächelt Ninas erstaunten Freunden zu und winkt sie zu sich an den Sprachcomputer. Im nächsten Augenblick erscheint auf dem Bildschirm Miros Antwort:

Miro ist froh.
Nina, Pascal und Julia sind Freunde.
Miro zeigt Pascal gern den Computer.
Miro erzählt Julia gern etwas über Miros Volk.
Miro freut sich, wenn Nina, Julia und Pascal oft kommen.

Da fängt Julia zu kichern an. „Miro drückt sich aber etwas merkwürdig aus“, meint sie schließlich.

Miro, der die Sprache der Menschen immer besser lernen möchte, bittet Julia um Hilfe:

Miro bittet Julia.
Wie kann Miro das besser sagen?

Natürlich helfen ihm Julia, Pascal und Nina gern. Miro lernt an diesem Nachmittag etwas Wichtiges über die Fürwörter, die manche Wörter ersetzen können.

Auftrag:
Sicher hättet ihr euch auch anders ausgedrückt als Miro.

1. Unterstreicht die Wörter in Miros Rede, die ihr durch Fürwörter ersetzen würdet.
2. Schreibt die überarbeiteten Sätze auf.

____

____

____

____

____

____

____

____

Unterrichtsanrechnungen: Nina schreibt für die Klassenzeitung

Medien/Lernhilfen

Lehrerin: Folienbild 20 (S. 56), Folienbild 21 mit Folienstreifen (S. 57), Folienbild 22 und 23 (S. 57)
Kinder: Arbeitsblatt 6 (S. 58)
Für jede Gruppe: Rätselblatt (S. 57)

Lernziele

Die Kinder sollen wissen, dass

- Namenwörter durch Fürwörter ersetzt werden können.
- Fürwörter auch Pronomen heißen.
- Pronomen häufig im Dialog verwendet werden.
- Nomen dann verwendet werden, wenn durch die Verwendung von Pronomen der Sinn nicht eindeutig hervorgeht.
- dass Pronomen im Telegrammstil wie beispielsweise beim Abfassen von Anzeigen auch weggelassen werden.

Verbindungen zu anderen Fachbereichen

Deutsch: Texte verfassen

Unterrichtsverlauf

Einstieg
Lehrerin: Nina arbeitet in der Arbeitsgemeinschaft Klassenzeitung mit.
Hier ist sie für die Anzeigenseite verantwortlich.
Die Kinder berichten von eigenen Erfahrungen mit Klassen- oder Kinderzeitschriften. Dabei wird insbesondere erörtert, welche Informationen auf Anzeigenseiten zu finden sind.

Erarbeitung
Lehrerin: Für die neue Ausgabe der Zeitung fragt Nina ihre Mitschüler in der Pause, ob sie etwas zum Tauschen, Verschenken und Verkaufen haben oder irgendetwas kaufen möchten.
Folienbild 20 (S. 56)
Lehrerin: Nina notiert sich die Anzeigenwünsche ihrer Mitschüler. Um nichts Falsches aufzuschreiben, wiederholt sie nochmals die Wünsche.
Folienbild 21 (S. 57)
Die Kinder ergänzen die Sätze. Die Lehrerin legt die entsprechenden Folienstreifen in die Sprechblase.
Lehrerin: Nina musste sich natürlich zu jeder Anzeige noch etwas Wichtiges notieren.
Die Kinder erkennen, dass sich Nina unbedingt die Namen der Kinder notieren musste, um später jede Anzeige einem Adressaten eindeutig zuordnen zu können.
Lehrerin: In der nächsten Redaktionssitzung der Klassenzeitung legt Nina die Anzeigenwünsche ihrer Mitschüler vor.
Folienbild 22 (S. 57)
Die Kinder vergleichen die Sätze aus den Dialogen (Folienbilder 20 und 21) mit den Sätzen des Notizzettels von Nina (Folienbild 22).
➔ Erkenntnis 1: Wenn sich die Gesprächspartner kennen, genügen die Wörter „ich, du, wir, ihr", um mündlich ausgetauschte Informationen eindeutig zuzuordnen. Werden Informationen schriftlich festgehalten, sorgen die Namen der Personen für eine eindeutige Zuordnung.
Die Namen sowie die Fürwörter werden unterstrichen.
Die Kinder wiederholen, dass Namen von Menschen Namenwörter oder Nomen heißen.
➔ Erkenntnis 2: Namenwörter (Nomen) können durch die Wörter ich, du, ihr, wir ersetzt werden. Diese Wörter heißen Fürwörter, weil sie den Platz für die Namenwörter einnehmen. Fürwörter heißen auch Pronomen.
Lehrerin: In der Redaktionssitzung überlegen Nina und ihre Freunde, wie sie die Anzeigen am besten formulieren, dass sie von möglichst vielen Kindern gelesen werden.

Die Kinder überlegen in Partner- oder Gruppenarbeit, welche Wörter in den Anzeigen am wichtigsten sind.

➔ Erkenntnis 3: Wichtig sind die gesuchten oder angebotenen Objekte sowie die Aussage, ob etwas gesucht oder angeboten wird.

Die Kinder versuchen in Gruppenarbeit möglichst kurze Anzeigentexte zu verfassen.

Nach dem Sammeln der Ideen wird in Folienbild 23 (S. 57) ein Anzeigenbeispiel von Nina näher untersucht. Die Kinder vergleichen die Anzeige mit den Aussagesätzen des Notizzettels (Folienbild 22) und erkennen, dass im unvollständigen Satz der Anzeige das Fürwort fehlt.

Die Kinder formulieren weitere Anzeigen analog zum Folienbeispiel.

Ausweitung/Übung

Lehrerin: Eric ist im Zeitungsteam für die Seite Unterhaltung zuständig. Weil die Kinder im Sachunterricht gerade das Thema Wald behandeln, hat er sich dazu einige Rätsel ausgedacht. Jede Gruppe erhält ein Rätselblatt (S. 57).

Die Kinder lösen die Rätsel.

Sie erkennen, dass anstelle der Tier- und Pflanzennamen die Fürwörter „er, sie, es, sie“ stehen, und unterstreichen sie.

➔ Erkenntnis 4: Die Fürwörter für die Namenwörter heißen ich, du, er, sie, es, wir, ihr, sie.

Die Kinder formulieren weitere Rätsel und verwenden dabei die passenden Fürwörter anstelle der gesuchten Namenwörter.

Arbeitsblatt 6 (S. 58)

Folienbild 20

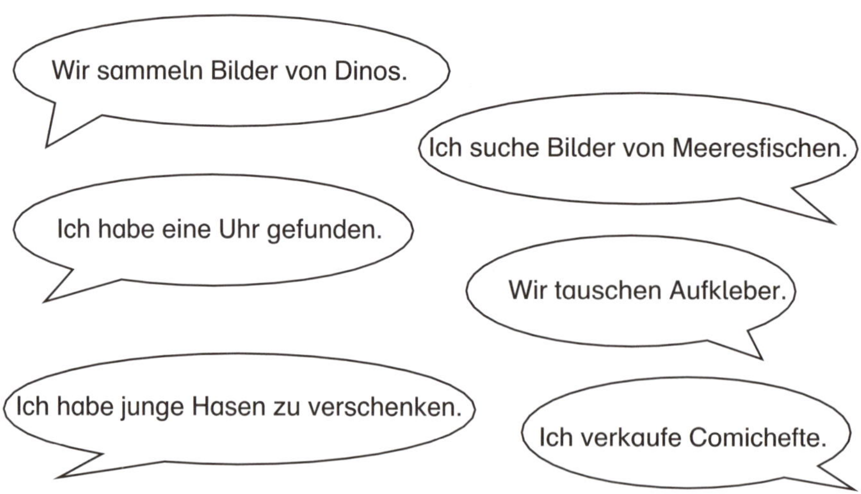

Folienbild 21

Ihr sammelt Bilder von Dinos.
__________________ Bilder von Meeresfischen.
________________eine Uhr gefunden.
____________________Aufkleber.
________________ junge Hasen zu verschenken.
________________Comichefte.

Du suchst
Du hast
Ihr tauscht
Du hast
Du verkaufst

Folienbild 22

Julia und Marc sammeln Bilder von Dinos.
Yvonne sucht Bilder von Meeresfischen.
Nela hat eine Uhr gefunden.
Ali und Fabian tauschen Aufkleber.
Stefan hat junge Hasen zu verschenken.
Selina verkauft Comichefte.

Folienbild 23

Sammeln Bilder von Dinos.
(Julia und Marc)

Rätselblatt für die Gruppenarbeit

Allerlei Waldrätsel

Er steht auf einem Bein. Er trägt eine rote Kappe mit weißen Punkten. Er ist für Menschen giftig.	Sie wird erst in der Nacht munter. Den Tag verbringt sie in hohlen Bäumen oder dunklen Höhlen. Auf ihren nächtlichen Raubzügen erbeutet sie allerlei Insekten.
Es hüpft geschickt von Ast zu Ast. Flink klettert es die Baumstämme hoch. Es ernährt sich von Samen und Früchten.	Erst sind sie klein und grün. Wenn sie im Spätsommer reif werden, sind sie dunkelblau. Sie wachsen an niedrigen Sträuchern. Die Menschen sammeln und essen sie gern.

Name ______________________________	Arbeitsblatt 6

Unsere Klassenzeitung

1. Für die neue Ausgabe der Klassenzeitung verteilen die Kinder aus dem Zeitungsteam die Aufgaben. Unterstreiche die Fürwörter farbig.

Wir überlegen uns Tierrätsel.

Ich schreibe einen Bericht über den letzten Klassenausflug.

Du könntest Witze sammeln.

Sie könnte ihr Haustier vorstellen.

Er schreibt das Rezept für die Heidelbeermilch auf.

Sie zeichnen eine lustige Bildergeschichte.

Ihr befragt Kinder zum Thema Pausenbrot.

2. Damit keiner seinen Auftrag vergisst, notieren die Kinder ihre Aufgaben an der Pinnwand. Diese Kinder gehören zum Zeitungsteam:

Eric, Nina, Svenja, Marc, Anja, Sinan, Fabian, Tom, Lena, Stefan, Lisa

Schreibe ihre Aufgaben ins Heft.
Sinan schreibt einen Bericht über …

Ersetze die Namen der Kinder in den Sätzen von Nr. 2 durch Fürwörter. Schreibe die Sätze ins Heft.

3. Bei den Tierrätseln fehlen die Fürwörter. Ergänze.

___ hat einen langen Rüssel und ist grau.	___ hat Streifen auf dem Fell und kann schnell laufen.
___ schleicht sich leise an und fängt Mäuse.	___ klettern geschickt auf Bäume und lieben Bananen.
___ hat vier bunte Flügel.	___ ist grün und hat ein großes Maul mit vielen spitzen Zähnen.

Macht eure eigene Klassenzeitung.

Namenwörter (Nomen) können durch Fürwörter ersetzt werden.
Die Fürwörter (Pronomen) heißen ich, du, er, sie, es, wir, ihr, sie.

Fürwörter-Schieber

Die Kinder legen den Streifen mit den Fürwörtern an jeden unvollständigen Satz an und probieren aus, welche Fürwörter grammatikalisch richtige Sätze ergeben.

Ich
Du
Er
Sie
Es
Wir
Ihr
Sie

geht langsam über die Straße.
lachst laut über den Witz.
besuche am Nachmittag meine Freundin.
gebt den anderen Kindern den Ball.
beantworten alle Fragen richtig.
lest die Bastelanleitung genau durch.
sucht die Armbanduhr im Gras.
malen die Ostereier bunt an.
pflanze im Schulbeet Salat.
warten schon eine halbe Stunde auf den Bus.
tanzt vor Freude im Zimmer herum.
stellt viele Fragen.
beobachtest die Hasen am Waldrand.
fahrt mit dem Zug in den Zoo.
zeichnet ein großes Bild zur Geschichte.
schreibe ein Rätsel.
kochen eine leckere Gemüsesuppe.
geht heute ins Schwimmbad.
suchst Pilze im Wald.
blitzt und donnert fürchterlich.
kriecht über den Waldboden.
graben ein tiefes Loch.
verstecke ein Geschenk im Schrank.

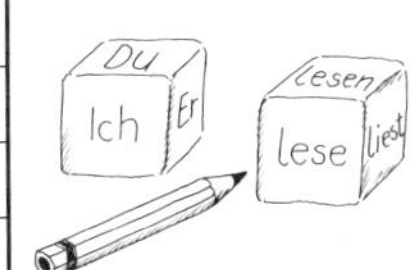

Würfelspiel „Fürwörter"

Ein Blankowürfel wird mit den Fürwörtern „ich, du, er, wir, ihr, sie" beschriftet. Ein weiterer Würfel wird mit den Grundformen von Zeitwörtern beschriftet. Reihum würfelt jeder Spieler jeweils einmal mit jedem Würfel und bildet die passende Form des Zeitwortes.

Bilder mit Sprechblasen

Witzige Bilder (z. B. aus Zeitschriften) werden laminiert. Die Kinder schreiben auf leere Sprechblasen Dialoge, in denen Fürwörter verwendet werden. Diese Sprechblasen werden mit einem Klebeband auf den Bildern fixiert und können immer wieder durch neue Sprechblasendialoge ersetzt werden.

Namenwörter durch Fürwörter ersetzen

Vorbereitung:

Die Sätze werden zerschnitten. Auf die Rückseite der mit einem ☆ gekennzeichneten Karten werden in Rot die Fürwörter geschrieben.

Durchführung:

Die Kinder setzen zunächst die schwarz beschrifteten Wortkarten zu sinnvollen Sätzen zusammen. Die Nummerierung hilft ihnen dabei. Anschließend drehen sie die mit einem ☆ gekennzeichneten Karten um, die sie durch Fürwörter ersetzen wollen. Durch wiederholtes Lesen überprüfen sie, ob die Sätze durch Ersetzen mit den Fürwörtern eindeutig bleiben.

Nina und Mike (1) ☆	laufen (1)	zur Wiese. (1)
Dort (2)	wartet (2)	bereits (2)
Fabian (2) ☆	auf (2)	die Kinder. (2) ☆
Fabian (3) ☆	hat (3)	einen Fußball (3)
dabei. (3)	Sofort (4)	passen (4)
sich (4)	Nina (4) ☆	und (4)
Fabian (4) ☆	den Ball zu. (4)	Nina und Fabian (5) ☆
laufen (5)	mit dem Ball (5)	über die ganze Wiese. (5)
Da (6)	ärgert sich (6)	Mike. (6) ☆
Mike (7) ☆	läuft wütend (7)	nach Hause. (7)
Dort (8)	trifft (8)	Mike (8) ☆
seine Schwester (8) ☆	Tina. (8) ☆	Tina (9) ☆
will (9)	Mike (9) ☆	trösten. (9)
Aber (10)	Mike (10) ☆	läuft (10)
schnell (10)	in sein Zimmer. (10)	Mike (11) ☆
holt (11)	das Meerschweinchen (11) ☆	Lilli (11) ☆
aus dem Käfig. (11)	Mike (12) ☆	spielt (12)
mit (12)	Lilli (12) ☆	eine Weile. (12)
Lilli (13) ☆	ist (13)	sehr lieb. (13)
Schließlich (14)	beruhigt sich (14)	Mike (14) ☆
wieder (14)	und (14)	schreibt (14)
das Erlebnis (14)	in sein Tagebuch. (14)	

2.3 Zeitformen

1. Vergangenheit

Verschiedene Sprachsituationen

Berichte für die Klassen- oder Schülerzeitung
Die Kinder verfassen zu aktuellen Ereignissen aus dem Schulleben Berichte für die Klassen- oder Schülerzeitung.

Wie es früher war
Die Kinder bearbeiten ein heimatgeschichtliches Thema im Sachunterricht. Sie besuchen ein Heimatmuseum oder befragen Zeitzeugen nach den Lebens- und Arbeitsbedingungen vergangener Zeiten. Daraus entsteht eine Sammlung heimatgeschichtlicher Berichte in der 1. Vergangenheit, die zu einem Klassenbuch („Wie es früher war") zusammengefasst werden.

Märchen und Sagen
Bekannte Märchen und Sagen werden in der 1. Vergangenheit nacherzählt. Außerdem werden die Kinder dazu angeregt, Märchen zu erfinden und eine eigene Märchensammlung anzulegen.

Mein Wochenbuch
Die Kinder schreiben eine Woche lang jeden Morgen einige Sätze zum vergangenen Tag auf.

Mein Wochenende
Die Kinder schreiben jeden Montagmorgen in ein besonderes Heft ihre Erlebnisse vom Wochenende auf.

Besuch aus dem All: Mit Miro in die Vergangenheit reisen

Nina hat sich in der Schulbücherei ein Buch über die Zeit der Ritter ausgeliehen. Sie will nämlich in der Schule ein Referat über das Leben der Ritter halten. Als am Nachmittag ihre Freunde Julia und Pascal kommen, zeigt ihnen Nina das interessante Buch. „In der Zeit möchte ich auch gelebt haben. Ich wäre vielleicht der Knappe eines berühmten Ritters gewesen", schwärmt Pascal. „Und wir wären bestimmt die schönsten Burgfräulein weit und breit gewesen", fantasiert Julia. „Ja, auf so einer Burg in der Zeit der Ritter und edlen Frauen hätte ich auch gern einmal eine Weile gelebt. Dann könnte ich darüber bestimmt viel spannender in der Schule erzählen. Aber vielleicht kann uns Miro helfen. Seit einigen Tagen bastelt er an einer merkwürdigen Maschine im Gartenhaus herum", meint Nina. Das lassen sich Julia und Pascal nicht zweimal sagen. Sofort machen sich die drei Kinder auf den Weg zu Miro. Der sitzt gerade in einer sonderbaren Maschine. Sie sieht wie eine große Kapsel aus. Miro winkt die Kinder zu sich heran. Nina zeigt ihm das Buch von den Rittern und sagt: „Wenn wir wenigstens einen Nachmittag in diese Zeit reisen könnten. Das wäre toll." Miro lässt mit seiner Antwort nicht lange auf sich warten. Die Kinder lesen auf dem Bildschirm:

Ich habe gerade das Zeitprogramm
auf dieser Maschine installiert.
Eine Reise in die Zeit der Ritter ist kein Problem.
Wenn ihr wollt, kann es sofort losgehen.

Und ob die Kinder wollen. Sie müssen sich nur noch anschnallen und schon beginnt die Reise in die Zeit der Ritter und fahrenden Sänger. Zunächst werden sie fürchterlich durchgeschüttelt. Sie haben das Gefühl, sich mit rasender Geschwindigkeit zu bewegen. Nach einigen Minuten verringert sich die Geschwindigkeit der Maschine wieder, bis diese schließlich zum Anhalten kommt. Auf einem Display lesen die Kinder:

Ich wünsche einen angenehmen Aufenthalt.
Ich erwarte euch in zwei Stunden wieder hier.
Viel Spaß bei den Rittern.

Als sie aus der Zeitmaschine aussteigen, trauen sie kaum ihren Augen. Sie stehen vor einer mächtigen Burg. Dort herrscht lebhaftes Treiben. Viele Leute, einfach oder prunkvoll gekleidet, gehen durch das stattliche Burgtor ein und aus. Nina, Julia und Pascal werden in dem Gedränge kaum beachtet. So gelangen sie unbehelligt in den Burghof. Auf einmal zupft Pascal ein Junge am T-Shirt und flüstert: „He, wer seid denn ihr? Wo kommt ihr denn her? Und was tragt ihr für merkwürdige Kleider?" „Nun, das ist eine lange Geschichte, für die wir jetzt keine Zeit haben, weil wir nur auf der Durchreise sind. Wir kommen nämlich von sehr weit her", antwortet Pascal. „Könntest du uns nicht die Burg zeigen und uns etwas über das Leben hier erzählen?", bittet

Nina. Der fremde Junge nickt. „Ich bin einverstanden. Ich bin übrigens Heinrich, der Knappe." „Also das sind Nina und Pascal und ich bin Julia", stellt Julia sich und ihre Freunde vor. „Sehr angenehm", erwidert Heinrich und macht eine höfliche Verbeugung. Dann zeigt er ihnen den Stall mit den Pferden der Ritter, erklärt ihnen seine Aufgaben als Knappe und führt sie schließlich in den Rittersaal. Dort wird gerade alles für das große Fest nach dem Turnier geschmückt. Die prächtig gekleidete Burgherrin und ihre schöne Tochter, das Burgfräulein Kunigunde, geben die letzten Anweisungen und bemerken in der allgemeinen Betriebsamkeit die Kinder zum Glück überhaupt nicht. Später dürfen Nina, Julia und Pascal sogar Kleider anprobieren. „Schade, dass wir keinen Fotoapparat dabei haben. Zu Hause glaubt uns das keiner", stellt Julia fest. Die Kinder stellen Heinrich noch viele Fragen zum Leben auf der Burg, bis Nina erschrocken auf ihre Uhr schaut und zum Aufbruch drängt. Die Kinder bedanken sich freundlich bei Heinrich und verabschieden sich eilig. Miro wartet bereits ungeduldig auf die Kinder. Die Rückfahrt mit der Zeitmaschine ist ebenso rasant wie die Hinreise. Als sie im Gartenhaus ankommen, ist es Abend, höchste Zeit für Julia und Pascal, nach Hause zu gehen. „Unser Ausflug bleibt aber streng geheim", ruft Nina ihren Freunden hinterher. „Ist doch klar. Das glaubt uns sowieso niemand", erwidert Pascal.

Nina ist sich sicher. Sie wird ein tolles Referat über die Ritterzeit halten. Damit sie bis morgen nichts vergisst, schreibt sie sich schnell noch einige Stichpunkte zu ihrem abenteuerlichen Ausflug auf.

streichelte die Turnierpferde

besichtigte glänzende Rüstungen

beobachtete die schöne Burgherrin

probierte ein prächtiges Kleid an

naschte von den erlesenen Speisen in der Burgküche

hörte einem fahrenden Sänger zu

Auftrag
Erzählt in ganzen Sätzen.
Unterstreicht die Zeitwörter in der 1. Vergangenheit farbig.

Unterrichtsanregungen: Das Sportfest

Medien/Lernhilfen

Lehrerin: Tonbandaufnahme (Geräusche von einem Sportfest), Wortkarten mit den Verben (S. 66)
Kinder: Arbeitsblatt 7 (S. 67)
Für jede Gruppe: Sprechblasen mit Stichpunkten (S. 68), leere Folie, wasserlöslicher Folienstift

Lernziele

Die Kinder sollen wissen, dass
- man an Verben erkennen kann, wann etwas geschieht.
- Verben in der Gegenwart anzeigen, dass jetzt gerade etwas geschieht.
- Wörter wie heute, jetzt usw. ein zusätzlicher Hinweis auf die Gegenwart sind.
- Verben in der 1. Vergangenheit anzeigen, dass etwas schon länger vorbei ist.
- Wörter wie früher, damals, einmal, gestern, letzte Woche usw. auf die Vergangenheit hindeuten.
- in schriftlichen Berichten die 1. Vergangenheit verwendet wird.

Die Kinder sollen regelmäßige und unregelmäßige Verbformen in der 1. Vergangenheit bilden können.

Unterrichtsverlauf

Einstieg
Tonbandaufnahme von einem Sportfest
Lehrerin: An Ninas Schule findet ein großes Sportfest statt.
Die Kinder berichten von eigenen Erlebnissen auf Sportfesten.

Erarbeitung
Lehrerin: Damit die Zuschauer wissen, welche Wettkämpfe gerade ausgetragen werden und welche Leistungen gerade erzielt werden, übernehmen einige Kinder aus Ninas Klasse eine wichtige Aufgabe.
Die Kinder vermuten, dass einige Lautsprecher die aktuellen Sportereignisse durchsagen.
Die Gruppen erhalten Sprechblasen mit Stichpunkten (S. 68) für eine Ansage.
Sie formulieren Ansagen auf einer leeren Folie und tragen sie vor.
Mögliche Ergebnisse der Gruppenarbeit (auf Folienstücken):

> Die Kinder der Grundschule veranstalten heute ein Sportfest.
> Mirco Winter ist der beste Läufer der dritten Klasse. Er braucht nur 7,6 Sekunden.
> Anja Klein aus der vierten Klasse siegt beim Weitsprung mit 4,23 Metern.
> Beim Sackhüpfen gewinnt jetzt knapp die Klasse 3a.
> Stefan Winkler wirft 32 Meter weit.

Die Kinder unterstreichen in jedem Satz das Verb.
Lehrerin: Die Kinder aus Ninas Klasse berichten von den Ereignissen genau dann, wenn sie passieren. Sie erzählen das, was sie im Augenblick beobachten. In zwei Sätzen (Hindeuten auf die entsprechenden Sätze) gibt es ein Wort, das zusätzlich anzeigt, dass die Kinder von etwas berichten, das augenblicklich geschieht.
Die Wörter „heute" und „jetzt" werden unterstrichen.
➔ Erkenntnis 1: Die Tunwörter (Verben) zeigen an, dass etwas jetzt geschieht. Diese Tunwörter (Verben) stehen in der Gegenwart. Wörter wie „heute" und „jetzt" sind auch Hinweise auf die Gegenwart.
Lehrerin: Eine Woche später beschließen die Kinder aus Ninas Zeitungsteam, dass sie für die nächste Ausgabe ihrer Zeitung einen Bericht über das Sportfest veröffentlichen wollen. So sieht der Bericht für die Zeitung aus:
Die Tafelanschrift wird sichtbar.

> Die Kinder der Grundschule veranstalteten letzte Woche ein Sportfest.
> Mirco Winter war der beste Läufer der dritten Klasse. Er brauchte nur 7,6 Sekunden.

Anja Klein aus der vierten Klasse siegte beim Weitsprung mit 4,23 Metern.
Beim Sackhüpfen gewann damals knapp die Klasse 3a.
Stefan Winkler warf 32 Meter weit.

Die Kinder unterstreichen die Verben in der Tafelanschrift.

Lehrerin: Der Bericht der Kinder hat sich verändert.
Die Kinder vergleichen den Folientext mit dem Tafeltext. Sie nennen und unterstreichen die veränderten Verben.
Lehrerin: Auch die Wörter „heute" und „jetzt" findet ihr nicht mehr.
Die Kinder nennen und unterstreichen die Wörter „letzte Woche" und „damals".
Lehrerin: Es gibt auch einen Grund dafür, dass sich die Tunwörter (Verben) und die Wörter „heute" und „jetzt" verändert haben.
➔ Erkenntnis 2: Wenn etwas bereits vergangen ist, zeigen das die Tunwörter (Verben) an. Die Tunwörter (Verben) stehen in der Vergangenheit. Diese Vergangenheitsform nennt man 1. Vergangenheit. Wörter wie „letzte Woche" und „damals" weisen auch auf die 1. Vergangenheit hin.
Die Wortkarten mit den Verben in der Gegenwart und in der Vergangenheit werden nochmals nebeneinander gestellt. In Partnerarbeit überlegen die Kinder, wie die Vergangenheitsform der Verben gebildet wird.

veranstalten	veranstalteten
braucht	brauchte
siegt	siegte
gewinnt	gewann
wirft	warf
ist	war

➔ Erkenntnis 3: Bei einigen Tunwörtern (Verben) wird die Vergangenheitsform immer nach der gleichen Regel gebildet. Es gibt aber Tunwörter (Verben), bei denen es keine erkennbare Regel gibt.

Übung
Arbeitsblatt 7

Name ______________________________	Arbeitsblatt 7

Das große Sportfest

1. Die Kinder berichten vom Sportfest ihrer Schule. Unterstreiche die Tunwörter (Verben) in den Sprechblasen.

Alina Stock gewinnt den 50-Meter-Lauf.

Beim Weitsprung siegt Mike Busch.

Die Läufer der Klasse 3a treffen kurz vor den Kindern der Klasse 3b ein.

Sven Weiß läuft als Erster über die Ziellinie.

Ina Müller wirft den Schlagball am weitesten.

Die Zuschauer verfolgen gespannt die Wettkämpfe.

2. Eine Woche später erscheint in der Schülerzeitung ein Artikel über das Sportfest. Schreibe die Sätze von Nr. 1 in der 1. Vergangenheit. Arbeite im Heft.

Die Lösungswörter in der Geheimschrift helfen dir.

nnaweg etgeis nefart feil fraw netglofrev

3. Setze die Tunwörter (Verben) in der richtigen Zeitform ein.

siegen   starten   erhalten   gewinnen   laufen

Jetzt ______________ die Läufer der Klasse 3b.

Marc Schmidt __________________ letzte Woche das Tennisturnier.

Am vergangenen Dienstag ______________________ die Klasse 3b beim Fußballspielen.

Gestern ________________ die Kinder der dritten Klassen um die Wette.

Alle erfolgreichen Sportler _______________ heute ihre Urkunden.

☆ Berichtet über Ereignisse an eurer Schule in der Vergangenheit. Stellt eine Klassenzeitung her.

Am Tunwort (Verb) erkenne ich, wann sich etwas ereignet.
Tunwörter (Verben) in der Gegenwart erzählen von jetzt.
Tunwörter (Verben) in der 1. Vergangenheit erzählen von früher.

Sprechblasen für die Gruppenarbeit

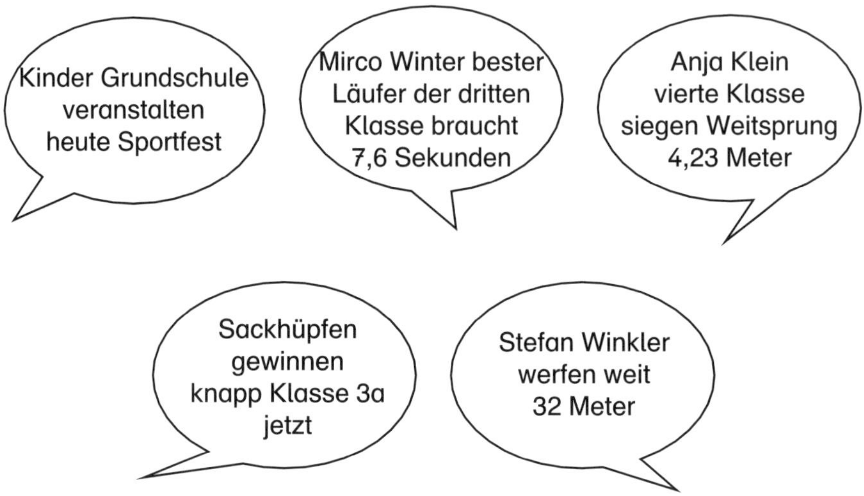

2. Vergangenheit

Verschiedene Sprachsituationen

Tagesabschluss: Unser Schultag im Rückblick
Die Kinder schreiben auf, was ihnen heute besonders in der Schule gefallen hat und was sie gelernt haben.

Mein Traum
Die Kinder haben am Morgen Gelegenheit, die Träume der letzten Nacht aufzuschreiben oder im Morgenkreis zu erzählen. Die gesammelten Traumtexte werden zu einem Traumbuch zusammengefasst.

Auf dem Schulweg
Die Kinder schreiben auf, wenn sie am Morgen auf dem Weg zur Schule etwas Besonderes (im Verkehr, mit Freunden, mit Tieren usw.) erlebt haben. Im Morgenkreis werden diese Berichte aus der nahen Vergangenheit vorgetragen.

Projektberichte
Wird in der Klasse ein Projekt durchgeführt, berichten die verschiedenen Gruppen regelmäßig über ihre täglichen Aktivitäten.

Abschluss der freien Arbeit

Nach einer Freiarbeitsphase berichten die Kinder über ihre Aktivitäten.

Zeugen gesucht

Die Kinder berichten von einem unmittelbar vorangegangenen Streit oder Unfall (beispielsweise in der Pause).

Besuch aus dem All: Miro ist verschwunden

> Heute kommt Nina gut gelaunt aus der Schule nach Hause. Ihr Referat über die Zeit der Ritter war ein großer Erfolg. Die Lehrerin, Frau Braun, und die anderen Kinder waren ganz begeistert, weil Nina so spannend von dieser Zeit berichtet hat. Nina kann es kaum erwarten, Miro davon zu erzählen. Doch als sie ins Gartenhaus kommt, ist Miro verschwunden.
> Wo steckt er nur? Hoffentlich ist ihm mit seiner neuen Zeitmaschine nichts zugestoßen. Er wird doch nicht alleine auf Entdeckungsreise in die Stadt gegangen sein? Solche und ähnliche Fragen gehen Nina durch den Kopf, während sie nach Miro im Garten und im Haus sucht. Je länger sie sucht, desto düsterer werden ihre Gedanken. Zum Schluss malt sie sich schon aus, Miro könnte einen Unfall gehabt haben. Als Nina schließlich wieder ins Gartenhaus zurückkehrt, ist sie bereits ziemlich durcheinander. Aber was ist das? Miro sitzt seelenruhig am Computer und gibt gerade irgendwelche merkwürdigen Daten ein.
> „Hast du mir aber einen Schreck eingejagt, Miro. Wo hast du nur so lange gesteckt?", beginnt Nina die Unterhaltung.

Miro lächelt sie wie immer mit seinen großen leuchtenden Augen an. Weil er merkt, dass Nina sehr aufgeregt ist, antwortet er gleich auf dem Sprachcomputer.

> Hallo, Nina!
> Heute war ich unterwegs.
> Ich habe viel erlebt.

Auf einmal erscheinen auf dem Bildschirm nur noch Satzfetzen. Nina braucht eine Weile, bis sie Miros Nachricht versteht.

zuerst im Garten gewesen	vor den Leuten hinter den Büschen versteckt	ins Haus geschlichen

deinen langen Mantel mit der Kapuze angezogen	in den Park gegangen	Vögel beobachtet
vor großem Hund erschrocken	schnell nach Hause gelaufen	seit 30 Minuten auf dich gewartet

Auftrag:

1. Schreibt in ganzen Sätzen auf, was Miro Nina erzählt.

Zuerst bin ich im Garten gewesen...

2. Auch Nina hat an diesem Tag viel erlebt. Überlegt in der Gruppe, was sie Miro wohl alles berichtet. Schreibt es in der 2. Vergangenheit auf.
3. Spielt das Gespräch zwischen Nina und Miro.

Unterrichtsanregungen: Pech im Sportunterricht

Medien/Lernhilfen

Lehrerin: Folienbild 24 (Sportunfall) S. 72, Folienbild 25 (Unfallbericht Jana), S. 72), Folienbild 26 (Sprechblase Pascal) S. 73, Folienbild 27 (Unfallbericht der Lehrerin), S. 73
Kinder: Arbeitsblatt 8 (S. 74)
Für jede Gruppe: Umschlag mit Stichpunkten zum Unfallhergang (S. 73)

Lernziele

Die Kinder sollen wissen, dass
- Ereignisse, die gerade erst vorbei sind, in der 2. Vergangenheit stehen.
- Ereignisse, die schon länger zurückliegen, in der 1. Vergangenheit stehen.

Die Kinder sollen
- den Unfallhergang in der richtigen Reihenfolge erzählen.
- Verben in die 2. Vergangenheit setzen.
- zwischen der 1. und der 2. Vergangenheit unterscheiden.

Verbindungen zu anderen Fächern

Sportunterricht: Sicherheitserziehung

Unterrichtsverlauf

Einstieg
Die Lehrerin zeigt das Folienbild 24 „Sportunfall" (S. 72).
Die Kinder äußern sich spontan zum Bild.
Lehrerin: Das ist Jana. Sie ist während des Sportunterrichts mit Pascal beim Laufen zusammengestoßen. Nachdem beide Kinder Eisbeutel zur Kühlung erhalten haben und sich etwas beruhigt haben, fragt die Lehrerin die Kinder: Wie ist das gerade passiert?
Die Frage wird an die Tafel geschrieben.

Erarbeitung
Lehrerin: Jana erzählt, wie alles passiert ist.
Die Gruppen erhalten einen Briefumschlag, der auf Papierstreifen Stichpunkte zum Unfallhergang enthält (S. 73). Die Gruppen sollen Sätze in der richtigen Reihenfolge formulieren.
Die Gruppenergebnisse werden vorgetragen.
Die Lehrerin zeigt auf dem Folienbild 25 (S. 72), was Jana zum Unfall erzählt.
Lehrerin: Die Tunwörter in jedem Satz sagen dir, was der Reihe nach passiert ist.
Die Verben werden unterstrichen.
Lehrerin: Zu jedem Tunwort gehört noch ein zweites Wort.
Unterstreichen der Formen von „haben" und „sein".
➔ Erkenntnis 1: Die Verben bestehen in jedem Satz aus zwei Wörtern: eine Form von „haben" + Zeitwort oder eine Form von „sein" + Zeitwort.
Lehrerin: Der Sportunfall ist noch nicht lange her. Jana und Pascal spüren sehr deutlich, was eben passiert ist. Wenn etwas gerade erst passiert ist und noch nicht lange vergangen ist, steht es in der 2. Vergangenheit.
➔ Erkenntnis 2: Tunwörter in der 2. Vergangenheit werden mit einer Form von haben oder sein gebildet. Die 2. Vergangenheit macht deutlich, dass etwas noch nicht lange vorbei ist.
Lehrerin: Als Jana und Pascal nach Hause kommen, erzählen sie gleich, was heute in der Schule passiert ist. Weil es heute erst passiert ist, sprechen sie in der 2. Vergangenheit. Das erzählt Pascal:
Die Lehrerin zeigt das Folienbild 26 (S. 73) mit der Sprechblase. Die Kinder bilden die Verbformen in der 2. Vergangenheit, die auf der Folie eingetragen werden.
Lehrerin: Pascals Mutter schaut sich seine Lippe und die Zähne genauer an. Sie sieht, dass ein kleines Stückchen vom Schneidezahn fehlt. Deshalb muss Pascal noch am selben Nachmittag zum Zahnarzt. Am nächsten Tag muss Pascals Lehrerin einen Unfallbericht schreiben. Der sieht so aus:

Die Lehrerin zeigt das Folienbild 27 (S. 73) mit dem Unfallbericht der Lehrerin.
Die Kinder lesen den Bericht vor.
Die Verben werden unterstrichen.
Lehrerin: Diese Tunwörter stehen auch in der Vergangenheit.
Die Kinder erkennen, dass es sich um die 1. Vergangenheit handelt.
Lehrerin: Du kannst dir sicher denken, warum der Unfallbericht der Lehrerin nicht mehr in der 2. Vergangenheit steht.
Die Kinder erkennen, dass inzwischen mehr Zeit vergangen ist.
➔ Erkenntnis 3: Wenn etwas schon länger vergangen ist, steht es in der 1. Vergangenheit.

Übung
Arbeitsblatt 8 (S. 74)

Folienbild 24: „Sportunfall“

Folienbild 25: „Unfallschilderung von Jana“

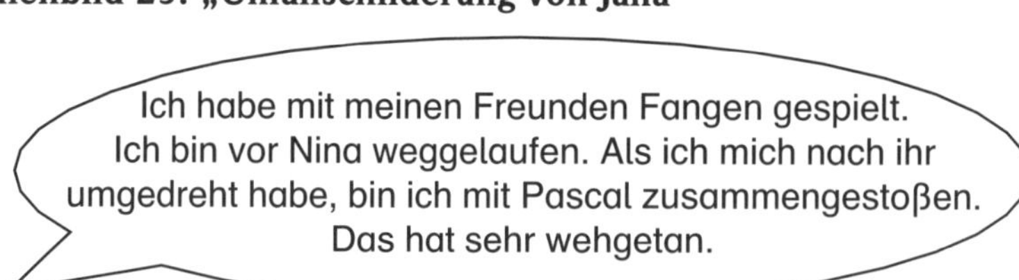

Folienbild 26: Sprechblase von Pascal

Heute _____ mir im Sportunterricht etwas ____________.

Wir ________ Fangen _________________ .

Da _____ Jana und ich ______________________________.

Unsere Lehrerin ___ uns gleich Eisbeutel __________ .

Ich _______ auch an der Lippe etwas ______________ .

zusammenstoßen	geben	passieren	spielen
bluten			

Folienbild 27: Unfallbericht der Lehrerin

Unfallanzeige

Unfall am 22. Januar 2002

Der Schüler Pascal Nagler spielte um 12.30 Uhr mit seinen Klassenkameraden in der Turnhalle Fangen. Dabei stieß er mit einer Mitschülerin zusammen. Er verletzte sich an der Lippe und am Schneidezahn.

Stichpunkte für die Gruppenarbeit

habe Fangen gespielt
bin weggelaufen
habe mich umgedreht
bin zusammengestoßen
hat sehr wehgetan

Name ______________________________	Arbeitsblatt 8

Pech auf dem Fußballplatz

1. Nina und ihre Freunde spielen am Nachmittag Fußball. Sabrina hat Pech. Sie kommt mit einem blutenden Knie nach Hause und erzählt:

> Wir ______________ Fußball ______________.
> Auf einmal ______ ich __________________ und
> __________________________.
> Mein Knie ______ sofort ______________.
> Es ______ sehr ________________.
> Ich _____ gleich nach Hause ______________.

Setze die Tunwörter (Verben) in die 2. Vergangenheit.

stolpern | wehtun | rennen | hinfallen | spielen | bluten

Auch Nina erzählt ihrer Mutter gleich von Sabrinas Pech. Schreibe ins Heft. Verwende die 2. Vergangenheit.

2. Eine Woche später schreibt Sabrina ihr Erlebnis ins Geschichtenbuch der Klasse. Setze die Sätze von Nr. 1 in die 1. Vergangenheit.

Letzte Woche ____

____

____

____

____

____

Legt in der Klasse ein Geschichtenbuch an. Schreibt wichtige Ereignisse auf. Schreibt in der 1. Vergangenheit.

> Ereignisse, die gerade erst vergangen sind, stehen in der 2. Vergangenheit.
> Die 2. Vergangenheit wird aus dem Tunwort (Verb) und
> einer Form von „haben“ oder „sein“ gebildet.
> Ereignisse, die schon länger vergangen sind, stehen in der 1. Vergangenheit.

Über die Zukunft sprechen

Verschiedene Sprachsituationen

Leben in der Zukunft
Die Kinder überlegen, wie Menschen in hundert Jahren ihr Leben in verschiedenen Bereichen wie Einkaufen, Wohnen, Schule, Spielen gestalten werden. Aus den Ideen der Kinder entstehen Geschichtenbücher in der Zukunftsform.

Wenn ich erwachsen bin ...
Die Kinder entwerfen persönliche Zukunftspläne.

Wir machen Pläne
Am Ende einer Schulwoche oder am letzten Schultag vor den Ferien entwickeln die Kinder Pläne für die Freizeit. Auf den bewussten Gebrauch der Zukunft wird geachtet.

Wettervorhersagen
Werden im Sachunterricht Wetterbeobachtungen gemacht, erhalten die Kinder den Auftrag, Wettervorhersagen aus Tageszeitungen, Radio und Fernsehen zu sammeln und in der Zukunftsform zu formulieren.

Besuch aus dem All: Miro hat Heimweh

Als Nina an einem verregneten Samstagmorgen das Gartenhaus betritt, kauert Miro in einer dunklen Ecke. Seine Augen leuchten heute überhaupt nicht. Seine Antennen lässt Miro lustlos hängen. Auf seinem Gesicht haben sich merkwürdige schwarze Punkte gebildet. Besorgt streichelt Nina Miro über den Kopf und flüstert: „Hey Miro, bist du krank? Fehlt dir irgendetwas?“ Miro sieht Nina noch trauriger an und deutet auf den Sprachcomputer. Nina stellt den Computer gleich neben Miro auf den Boden. Dieser beginnt sofort eine Nachricht zu schreiben.

Hallo, Nina!
Mir fehlt mein Heimatplanet. Ich habe großes Heimweh.
Ich habe so lange nichts mehr von meinen Freunden gehört.
Ich vermisse die Landschaft und die Lebewesen
auf meinem Planeten.
Wenn ich erst wieder zu Hause bin, dann werde ich ...

An dieser Stelle seufzt Miro tief und lange. Dann erscheinen auf dem Bildschirm nur noch Traumblasen mit Wortfetzen.

zu den Vulkanen gehen

in den warmen Quellen baden

mit meinen Freunden im Felsenlabyrinth spielen

die Fischlebewesen in der blauen Grotte besuchen

mit meinen Eltern leckere Kristalle essen

in den Krater der schönen Träume steigen

Aufträge für die Gruppe

Nina kann sich Miros Zuhause gut vorstellen.
Wisst ihr auch, was Miro Nina erzählen möchte?
Schreibt es in der Zukunftsform auf.
Vielleicht habt ihr auch Lust, Bilder dazu zu malen.

Zuerst werde ich ______________________________

Unterrichtsanregungen: Ninas Pläne für das Wochenende

Medien/Lernhilfen

Lehrerin: Tonbandaufnahme „Pause“, Folienbild 28 (Pläne für das Wochenende) S. 78
Kinder: Arbeitsblatt 9 (S. 79)
Für jede Partnergruppe: Umschlag mit Wortstreifen und leeren Sprechblasen, S. 78/80

Lernziele

Die Kinder sollen

- Pläne für ein Wochenende formulieren können.
- wissen, dass man oft die Zeitform Zukunft verwendet, wenn etwas erst geschehen wird.
- wissen, dass die Zukunft aus einer Form von werden und dem Verb in der Grundform gebildet wird.
- Verben in die Zeitform Zukunft setzen.
- erkennen, wenn Sätze in der Zukunft stehen.
- wissen, dass Zeitangaben auf Zukünftiges hinweisen können.

Unterrichtsverlauf

Einstieg
Die Kinder hören eine Tonbandaufnahme mit Pausengeräuschen und der Äußerung Ninas „Das wird ein schönes Wochenende“.
Die Kinder machen im Partnergespräch Pläne für ein schönes Wochenende und äußern sich anschließend dazu.

Erarbeitung
Lehrerin: Das sind Ninas Pläne für das nächste Wochenende.
Das Folienbild 28 (S. 78) wird schrittweise sichtbar.
Die Kinder lesen die Sprechblasentexte.
Die Verben werden unterstrichen.
Lehrerin: Oft gehört zum Tunwort noch ein zweites Wort.
Die Kinder erkennen, dass die Wörter werde, wirst, wird, werdet, werden zum Verb gehören und unterstreichen diese Wörter auch.
Lehrerin: Die Tunwörter haben alle etwas gemeinsam.
Die Kinder erkennen, dass die Verben in der Grundform stehen (eventuell auf die Verbendungen hindeuten).
Lehrerin: Nina erzählt nicht von etwas, das sie bereits erlebt hat oder gerade erlebt.

Die Kinder erkennen, dass Nina von der Zukunft spricht.
Lehrerin: In den Sätzen deuten noch andere Wörter darauf hin, dass Nina von der Zukunft spricht.
Die Kinder erkennen, dass die Zeitangaben im Textbeispiel Nr. 1 auf Arbeitsblatt 9 „morgen, am Nachmittag, am Sonntag" auf die Zukunft hinweisen.
Die Zeitangaben werden in einer anderen Farbe unterstrichen.

Übung
Lehrerin: Ninas Freundin Julia hat auch schon Pläne für das Wochenende gemacht.
Jeweils zwei Kinder erhalten in einem Umschlag leere Sprechblasen sowie Wortstreifen mit Verben und Zeitangaben. Sie formulieren in Partnerarbeit Sätze in der Zeitform Zukunft, schreiben sie in die leeren Sprechblasen und lesen sie dann vor.

Arbeitsblatt 9 (S. 79)

Folienbild 28: Pläne für das Wochenende

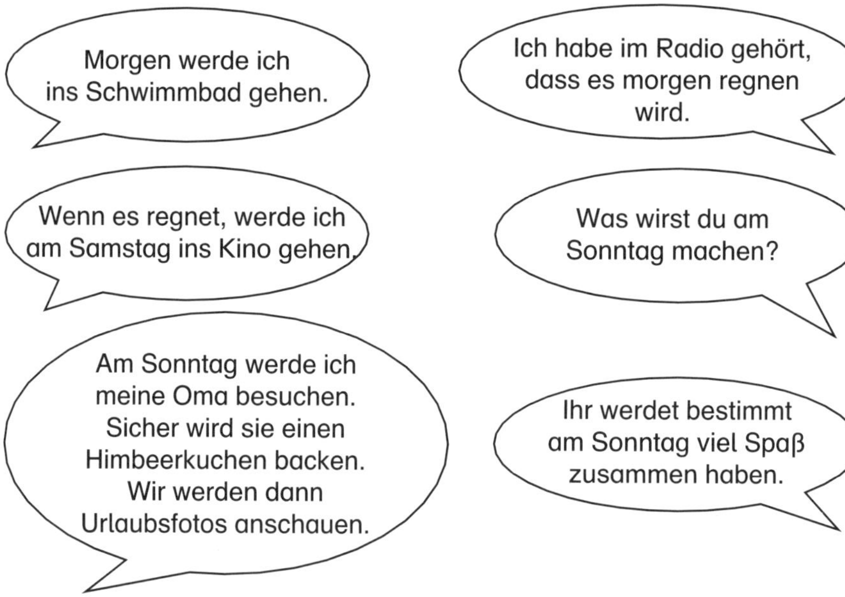

Wortstreifen und leere Sprechblase für die Partnerarbeit

ein Picknick machen	im Garten arbeiten	mein neues Computerspiel machen	bei Jana übernachten
am Samstag	am Sonntag	morgen	am nächsten Tag

Name ______________________________ Arbeitsblatt 9

Ein schönes Wochenende

1. Pascal erzählt am Freitag im Morgenkreis:

Heute Morgen bin ich schon ganz früh aufgewacht, weil ich mich so auf das Wochenende freue. Ich werde nämlich morgen zuerst mit dem Zug zu meinem Onkel fahren. Am Nachmittag werden wir dann gemeinsam in den Zoo gehen. Bei Regen werden wir uns die Dinosaurier im Naturkundemuseum ansehen. Gestern habe ich übrigens noch einmal mit meinem Onkel telefoniert. Am Sonntag werden wir Minigolf spielen. Am Abend werde ich dann wieder alleine nach Hause fahren.

Unterstreiche alle Sätze, die in der Zukunft stehen.

2. Auch die anderen Kinder machen Pläne für das Wochenende. Bilde Sätze. Verwende die Zukunftsform.

mit dem Rad fahren – eine Wanderung machen – reiten – ins Kino gehen – bei meiner Freundin übernachten – ein Computerspiel kaufen

Ich ______________________________

Wir ______________________________

Sie ______________________________

Du ______________________________

Ihr ______________________________

Er ______________________________

Nicole hat am Wochenende viel erlebt. Das schreibt sie am Montag in ihr Geschichtenbuch:

Am Samstag besuchte ich meine Freundin. Wir gingen ins Schwimmbad. Am Abend machten wir ein Lagerfeuer. Am Sonntag spielten wir Minigolf.

Am Freitag vorher erzählte Nicole ihren Freunden von ihren Plänen für das Wochenende. Schreibe die Sätze in der Zukunft auf.

Erzähle von deinen Plänen für das Wochenende. Schreibe die Sätze in der Zukunft.

Wenn etwas erst geschehen wird, verwende ich die Zeitform Zukunft: werden (werde, wirst, wird, werdet) + Tunwort (Verb) in der Grundform.

Sprechblase mehrmals kopieren

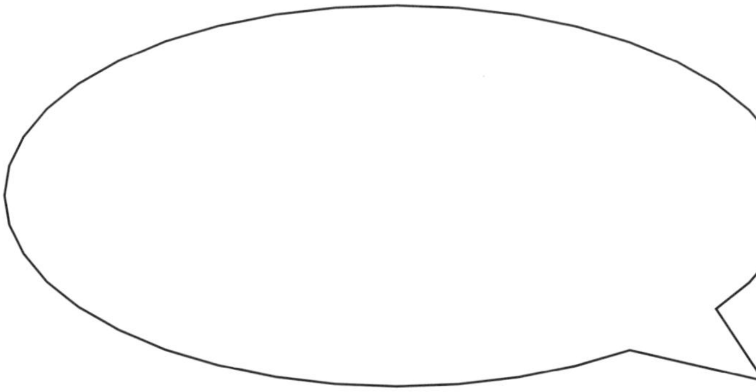

Sprachwerkstatt

Bewegungsspiel „Zeitformen"
Für die Zeitformen *Gegenwart, 1. Vergangenheit, 2. Vergangenheit* und *Zukunft* werden bestimmte Bewegungsformen vereinbart. Der Spielleiter formuliert Sätze in den verschiedenen Zeitformen. Die Spieler reagieren darauf mit den entsprechenden Bewegungen.

Angelspiel „Zeitformen"
Fische aus Pappe werden mit Verben in verschiedenen Zeitformen beschriftet. Jeder Fisch wird mit einer Prospektklammer versehen. Die Fische befinden sich in einem als Aquarium verzierten Karton. Die Kinder angeln mit kleinen Magneten die Fische aus dem Karton. Wird die Zeitform richtig bestimmt, darf der Fisch behalten werden. Ansonsten wird er ins Aquarium zurückgeworfen. Sieger ist, wer die meisten Fische gefangen hat.

Würfelspiel „Zeitformen"
Ein Blankowürfel wird mit den Zeitformen *Gegenwart, 1. Vergangenheit, 2. Vergangenheit* und *Zukunft* beschriftet. Die beiden freien Seiten werden mit einem Joker ☆ versehen. Auf einen weiteren Würfel werden die Pronomen *ich, du, er, wir, ihr, sie* geschrieben. Der Stapel mit den Verben liegt verdeckt in der Mitte. Jeder Spieler würfelt mit jedem Würfel einmal und hebt die jeweils oberste Wortkarte ab. Kann er die korrekte Zeitform mit dem Pronomen bilden, erhält er einen Punkt und schiebt die Wortkarte wieder unter den Stapel. Würfelt er einen Joker ☆, wählt er selbst die Zeitform. Gewonnen hat, wer die meisten Punkte erzielt.

Wortkarten

ärgern	aufräumen	backen	beginnen	beißen
beobachten	biegen	blicken	bohren	entdecken
drücken	empfinden	erlauben	erleben	erzählen
frieren	fühlen	gewinnen	gießen	grüßen
kennen	klettern	kriechen	messen	reißen
rennen	riechen	schieben	schütteln	schließen

Würfelspiel „Wahrsager" zur Zeitform Zukunft

Vorbereitung des Spielplanes: 15 beliebige Felder (jedes dritte oder vierte Feld) werden rot angemalt. Die Ereigniskarten liegen verdeckt auf einem Stapel.

Spielregel

1. Würfelt reihum. Wer eine Sechs würfelt, verlässt das Startfeld.
2. Wer auf ein rotes Feld kommt, nimmt die oberste Ereigniskarte vom Stapel. Er überlegt sich zum Ereignis eine Antwort auf die Frage „Was wird geschehen?". Findet der Mitspieler eine passende Antwort in der Zukunft, darf er noch einmal würfeln. Ansonsten muss er einmal aussetzen. Die Ereigniskarte wird wieder unter den Stapel geschoben.
3. Das Zielfeld kann nur der Mitspieler betreten, der eine passende Zahl würfelt.

Ereigniskarten

Julian hat verschlafen.	Jenny hat ihre Hausaufgaben vergessen.	Antonia geht mit ihrem Hund im Park spazieren.
Daniel hat seinen Geldbeutel verloren.	Christina verlässt das Haus ohne Regenschirm.	Fabian kommt eine Stunde zu spät.

Sarah ist heute ganz allein zu Hause.	Kevin kann die Mathematikaufgabe nicht lösen.	Jana besucht ihre beste Freundin.
Tobias findet einen Geldbeutel.	Lucia hat den Bus verpasst.	Mike hat schon wieder sein Zimmer nicht aufgeräumt.
Milena hört in der Nacht seltsame Geräusche.	Sven hat sein Sparschwein geschlachtet.	Rosita trifft im Kaufhaus ihre Oma.

Klammerkarte „Zeitformen"

Die Kreise unter den vier verschiedenen Zeitformen werden in jeweils anderen Farben ausgemalt. Die Kinder bestimmen für jeden Satz die Zeitform und befestigen am rechten Rand eine Klammer in der entsprechenden Farbe. Selbstkontrolle erfolgt durch Farbstreifen auf der Rückseite der Klammerkarte.

1. Vergangenheit ○ 2. Vergangenheit ○ Gegenwart ○ Zukunft ○	
Peter hat heute verschlafen.	
Simone war gestern im Kino.	
Rebecca wartet auf den Bus.	
Am Nachmittag wird Andreas ins Schwimmbad gehen.	
Tina hat ihren Schlüssel zu Hause vergessen.	
Kevin versteckt sich schnell hinter dem Busch.	
Sabrina hat heute Geburtstag.	
Mike hat lange mit seinem Freund telefoniert.	
Lara schrieb einen Brief an ihre Oma.	
Bist du am Vormittag in der Schule gewesen?	
Tanja ist leider krank.	
Lisa ist vor einer halben Stunde gestürzt.	
Pascal und Martin sind in ihrem Baumhaus.	
Tamara und Sinan werden in die Stadt fahren.	
Die Kinder saßen lange am Lagerfeuer.	
Geduldig beobachtete Peter eine Spinne.	
Wirst du mich morgen besuchen?	
Hast du deiner Mutter etwas vom Ausflug erzählt?	
Werden deine Eltern auch zum Schulfest kommen?	
Laura versprach, pünktlich zu sein.	

START
ZIEL
1
2
3
4
5
6
7
8
9
10
11
12
13
14
15
16
17
18
19
20
21
22
23
24
25
26
27
28
29
30
31
32
33
34
35
36
37
38
39
40
41
42
43
44
45
46
47
48
49
50

Lernschieber „Zeitformen“

wir ☆ zeichnen ☆ 2. Vergangenheit	☆☆☆☆☆☆☆☆☆☆☆☆☆
du ☆ wissen ☆ 1. Vergangenheit	wir haben gezeichnet
ich ☆ wählen ☆ Zukunft	du wusstest
es ☆ wachsen ☆ Gegenwart	ich werde wählen
ihr ☆ frieren ☆ 2. Vergangenheit	es wächst
er ☆ verlieren ☆ 1. Vergangenheit	ihr habt gefroren
ich ☆ vergessen ☆ 1. Vergangenheit	er verlor
wir ☆ sich treffen ☆ Zukunft	ich vergaß
er ☆ verbieten ☆ 1. Vergangenheit	wir werden uns treffen
ich ☆ streiten ☆ 2. Vergangenheit	er verbot
es ☆ sich spiegeln ☆ Gegenwart	ich habe gestritten
wir ☆ schwimmen ☆ 1. Vergangenheit	es spiegelt sich
du ☆ schimpfen ☆ Gegenwart	wir schwammen
ihr ☆ schieben ☆ 2. Vergangenheit	du schimpfst
er ☆ sammeln ☆ Zukunft	ihr habt geschoben
☆☆☆☆☆☆☆☆☆☆☆☆☆☆☆☆☆☆☆☆☆	er wird sammeln

Zuerst wird der Schieber rechts ausgeschnitten und an den grauen Flächen zusammengeklebt. Danach wird die Aufgabenkarte in den Schieber gesteckt. Tipp siehe S. 131

2.4 Vergleichsformen des Adjektivs

Verschiedene Sprachsituationen

Klassenolympiade
Die Kinder legen gemeinsam verschiedene Wettkampfdisziplinen fest und tragen die Wettbewerbe in Gruppen oder als einzelne Teilnehmer aus. Die Ergebnisse werden mit den Vergleichsformen des Adjektivs verglichen und in eine Rangordnung gebracht.

Guinnessbuch der Rekorde
Die Kinder einer Klasse oder einer Schule überlegen sich möglichst ungewöhnliche Leistungsdisziplinen. Auf dem schwarzen Brett fordern sie ihre Mitschüler mit Fragen heraus, um sie zur Teilnahme an den Wettbewerben zu motivieren und sich einem Vergleich zu stellen (z. B. Wer zählt in 5 Minuten weiter als ... ?). Die Ergebnisse werden im klasseneigenen „Guinnessbuch der Rekorde“ festgehalten.

Werbespots
Beim Thema Werbung im Sachunterricht werden die Vergleichsformen des Adjektivs erarbeitet und beim Schreiben eigener Werbespots angewendet.

Lügengeschichten
Die Kinder suchen in Lügengeschichten (z. B. Münchhausen) Vergleichsformen des Adjektivs heraus und verwenden sie als Stilmittel in eigenen Lügengeschichten.

Gegenstandsvergleiche
Die Kinder vergleichen die Eigenschaften ähnlicher Gegenstände (z. B. Muscheln oder Steine).
Alternative: Es werden zwei Kinder (konkret oder bildlich dargestellt) miteinander verglichen.

Besuch aus dem All: Sport auf Miros Planeten

Nina und ihre Freunde Julia und Pascal schauen sich im Fernsehen die Übertragung von Leichtathletikwettkämpfen an. Da fragt Pascal: „Was würde wohl Miro zu diesen tollen Leistungen der Sportler sagen?“ „Wir können ihn ja mal fragen. Mutti kommt erst in ungefähr zwei Stunden von der Arbeit. Ich hole Miro am besten gleich ins Wohnzimmer“, entgegnet Nina und ist auch schon verschwunden. Miro freut sich sehr über die Einladung. So kann er wenigstens wieder etwas Neues über die Menschen erfahren. Sofort klemmt er sich seinen Sprachcomputer unter den Arm und folgt Nina ins Wohnzimmer. Neugierig verfolgt er die Wettkämpfe und hört den Kommentaren seiner irdischen Freunde aufmerksam zu. Schließlich will Julia wissen, ob die Wesen auf Miros Planeten auch solche Leistungen vollbringen können. Folgende Frage gibt sie in den Sprachcomputer ein:

Hallo Miro,
können die Wesen auf deinem Planeten
auch so schnell laufen, so hoch springen und so weit werfen
wie die Menschen?

Miro überlegt einen Augenblick. Dann erscheint auf dem Monitor seine Antwort.

Du möchtest Vergleich zwischen
Menschen und Wesen von meinem Planeten.
Ich vergleiche die Daten.

Gespannt sehen die drei Kinder auf den Bildschirm des Sprachcomputers. Es dauert einige Sekunden und schon können sie Miros Ergebnis lesen.

Meine Freunde zu Hause springen bis zu 10 Meter hoch.
Sie laufen 1000 Meter in 15 Sekunden schnell und
werfen eine Kugel 100 Meter weit.
Ich vergleiche:
Sie springen höher,
laufen schneller und
werfen weiter als Menschen.

Auf einmal beginnen Miros Augen zu glänzen. Er denkt an seine Heimat und gerät ins Schwärmen.

Die besten Sportler auf meinem Planeten
sind die Fischwesen aus der blauen Grotte.
Sie können am längsten unter Wasser bleiben
und am tiefsten tauchen.
Sie bewegen sich am leisesten
und tanzen am schönsten
im blauen Licht der Grotte.

Nina und ihre Freunde versuchen, sich Miros Heimat und vor allem die Fischwesen vorzustellen. „Schade, dass wir Miros Welt nicht sehen können“, meint Nina schließlich etwas nachdenklich. „Ich kann gut verstehen, dass Miro seine Heimat manchmal sehr vermisst.“

Schließlich begleiten die Kinder Miro zurück in das Gartenhaus, denn Ninas Mutter kann jeden Augenblick kommen. Pascal und Julia verabschieden sich bald. Aber Nina bleibt noch lange bei Miro, der ihr viel über die Schönheiten seines Planeten erzählt.

Auftrag

1. Unterstreicht alle Vergleiche.
2. Stellt fest, wann die Wörter *wie* und *als* im Vergleich gebraucht werden.
3. Miro erzählt Nina noch mehr über seinen schönen Planeten. Denkt euch dazu Vergleiche zwischen seiner Heimat und der Erde aus. Schreibt die Vergleiche auf.

Unterrichtsanregungen: Das Guinnessbuch der Klassenrekorde

Medien/Lernhilfen

Lehrerin: Guinnessbuch der Rekorde, Satzstreifen (S. 88 und S. 89), Sprechblasen (S. 88), drei Rechtecke aus Tonpapier (Treppenform S. 89), Wortkarten (S. 90)
Kinder: Arbeitsblatt 10 (S. 91)

Lernziele

Die Kinder sollen wissen, dass

- man mit Adjektiven vergleichen kann.
- die drei Vergleichsformen des Adjektivs Grundstufe, Höherstufe und Höchststufe heißen.
- man bei Vergleichen in der Grundstufe das Wort wie verwendet.
- man bei Vergleichen in der Höherstufe das Wort als verwendet.
- Adjektive in der Höherstufe -er- in der Endung haben.
- Adjektive in der Höchststufe -ste- in der Endung haben.
- bei manchen Adjektiven die Vergleichsformen unregelmäßig gebildet werden.
- sich nicht bei allen Adjektiven sinnvolle Vergleichsformen bilden lassen.

Die Kinder sollen die Vergleichsformen von Adjektiven bilden können.

Unterrichtsverlauf

Einstieg

Die Lehrerin zeigt eine Ausgabe des Guinnessbuchs der Rekorde.
Die Kinder äußern sich frei dazu.
Lehrerin: Nina und ihre Freunde hatten eine lustige Idee für die Klasse.

Die Kinder vermuten.
Tafelanschrift: Das Guinnessbuch der Klassenrekorde
Die Kinder äußern sich zu möglichen Rekorden.

Erarbeitung
Lehrerin: Die Kinder in Ninas Klasse sind begeistert. An der Pinwand sammeln sie zunächst Herausforderungen zu verschiedenen Wettkämpfen.
Die Lehrerin befestigt folgende Satzstreifen an der Tafel:

Wer kann so langsam wie Julia aufstehen?
Wer kann so weit wie Pascal einen Kirschkern spucken?
Wer kann so hoch wie Nina ein Kartenhaus bauen?
Wer kann so schnell wie Fabian bis 100 zählen?
Wer kann so tief wie Ali brummen?

Lehrerin: Die Kinder in Ninas Klasse lesen die Herausforderungen. Du weißt jetzt, welche Kinder sich zum Vergleich stellen.
Die Kinder nennen die Namen der Herausforderer.
Lehrerin: Die Adjektive verraten Genaueres über die geplanten Wettkämpfe.
Die Kinder nennen die Adjektive in den Sätzen und unterstreichen sie farbig.
Lehrerin: Ein kurzes Wort wird für jeden Vergleich zwischen einem Kind und einem Adjektiv gebraucht.
Die Kinder erkennen, dass vor den Namen stets das Wort *wie* steht. Dieses Wort wird in einer anderen Farbe gekennzeichnet.
Lehrerin: Jedes Kind in Ninas Klasse entscheidet sich für einen der Wettkämpfe und übt eine ganze Woche dafür. Endlich ist der Tag der Entscheidung gekommen. Gespannt verfolgen alle die Wettkämpfe. Aufgeregt werden immer wieder Zwischenergebnisse durch die Klasse gerufen.
Die Lehrerin hängt nacheinander folgende Sprechblasen neben die Satzstreifen an die Tafel.

Martin kann langsamer als Julia aufstehen.

Sabrina kann einen Kirschkern weiter als Pascal spucken.

Sven kann ein höheres Kartenhaus als Nina bauen.

Lara kann schneller als Fabian bis 100 zählen.

Murat kann tiefer als Ali brummen.

Die Adjektive werden farbig gekennzeichnet.
Lehrerin: Die Kinder in Ninas Klasse vergleichen die Leistungen der Herausforderer mit den Leistungen anderer Kinder. Es gibt Kinder mit höheren Leistungen. Bei diesen Vergleichen hat sich einiges verändert.
Die Kinder erkennen, dass die Adjektive -er- in der Endung haben (wird eingerahmt) und beim Vergleich das Wort *als* (farbig kennzeichnen) verwendet wird.
Lehrerin: Endlich stehen die Sieger der Wettkämpfe fest und können ins „Guinnessbuch der Klassenrekorde" eingetragen werden.
Die folgenden Satzstreifen werden neben den Sprechblasen an der Tafel befestigt.

Svenja kann am langsamsten aufstehen.
David kann einen Kirschkern am weitesten spucken.
Tamara kann das höchste Kartenhaus bauen.
Tim kann am schnellsten bis 100 zählen.
Lars kann am tiefsten brummen.

Die Adjektive werden wieder unterstrichen und mit den Adjektiven in den Sprechblasen verglichen. Die Kinder erkennen, dass die Adjektive jetzt in der Endung -ste- haben (wird eingerahmt).
Stummer Impuls: Die Lehrerin heftet unter die Vergleiche in der Grundstufe, Höherstufe und Höchststufe jeweils ein Rechteck, das höher wird.

Die Kinder erkennen den Zusammenhang zwischen den Vergleichsformen und den höher werdenden Rechtecken.
Lehrerin: Die Herausforderer auf der ersten Stufe zeigen eine Grundleistung. Auf der nächsten Stufe wird diese Leistung durch höhere Leistungen anderer Kinder überboten. Auf der letzten Stufe befinden sich die Kinder mit den höchsten Leistungen.
Die Begriffe *Grundstufe, Höherstufe, Höchststufe* werden auf die Rechtecke geschrieben.

Zusammenfassung

Die Tafel wird zugeklappt. Ein vorbereiteter Lückentext (eventuell auch auf Folie) erscheint. Die Kinder ergänzen die Lücken.

Mit ______________________________ kannst du vergleichen.

Die drei Vergleichsformen heißen ______________________________,

______________________________ und ______________________________.

Bei Vergleichen in der Grundstufe verwendest du das Wort ______.

Bei Vergleichen in der Höherstufe verwendest du das Wort ______.

Adjektive in der Höherstufe haben _____ in der Endung.

Adjektive in der Höchststufe haben _____ in der Endung.

(Adjektiven, Grundstufe, Höherstufe, Höchststufe, wie, als, -er, -ste-)

Übung

Lehrerin: Bei anderen Wettbewerben in der Klasse vergleichen die Kinder ihre Leistungen mit folgenden Adjektiven:

weit
groß
hoch
gut
falsch
grün

Die Rechtecke mit den Begriffen *Grundstufe, Höherstufe, Höchststufe* werden sichtbar.

Die Wortkarten werden auf der Grundstufe befestigt.

Die Kinder suchen die Vergleichsformen auf der Höherstufe. Folgende Wortkarten werden auf dem Rechteck Höherstufe befestigt:

weiter
größer
höher
besser

Die Kinder erkennen, dass die Steigerungen falscher oder grüner nicht sinnvoll sind. Nach weiteren Beispielen wird gesucht.

Die Kinder bilden für die Adjektive in der Höherstufe Vergleichsformen in der Höchststufe.

Name ________________________________	Arbeitsblatt 10

Klassenrekorde

1. Zu diesen Wettkämpfen fordern die Kinder auf. Ergänze.

Wer kann so ____________________ springen __________ ich?
Wer kann so ____________________ laufen ____________ ich?
Wer kann so ____________________ singen ____________ ich?
Wer kann so ____________________ werfen ____________ ich?
Wer kann so ____________________ gehen _____________ ich?

2. Bald vergleichen sich Kinder mit den Herausforderern von Nr. 1.
   Bilde Sätze in der Vergleichsform der Höherstufe.

Ich kann ______________________ springen ________ du.

____

____

____

____

3. Am Ende stehen die Sieger fest.
   Bilde Sätze in der Vergleichsform der Höchststufe.

Jan kann am ______________________ springen.
Tina ______________________________________
Svenja ____________________________________
Ali _______________________________________
Kevin _____________________________________

Überlegt euch Rekorde in der Klasse. Stellt sie auf der Pinnwand aus oder schreibt ein Guinnessbuch der Klassenrekorde.

Mit *Wiewörtern (Adjektiven)* kann ich *vergleichen.*
Die Vergleichsformen heißen *Grundstufe, Höherstufe* und *Höchststufe.*
Beim Vergleichen in der *Grundstufe* verwende ich das Wort *wie.*
Beim Vergleichen in der *Höherstufe* verwende ich das Wort *als.*

Diese Wortkarten werden auf dem Rechteck *Höchststufe* befestigt:

weitesten
größten
höchsten
besten

Die Kinder erkennen, dass bei einigen Adjektiven die Vergleichsformen auf den drei Stufen nicht regelmäßig gebildet werden (hoch, gut).

Sprachwerkstatt

Du bist der Beste
Die Kinder bilden einen Kreis. Ein Kind sitzt in der Kreismitte und versucht in einer vorher vereinbarten Zeit, möglichst viele Kinder mit Adjektiven in der Höchststufe zu loben.
Beispiel: Du kannst am schnellsten rechnen. Du kannst am saubersten die Tafel wischen usw.
Für jedes Kompliment erhält das Kind in der Mitte eine Perle. Gewonnen hat, wer die meisten Perlen sammeln konnte.

Prahlhans
Die Kinder bilden einen Kreis. Ein Kind steht in der Mitte und spielt den Prahlhans. Die Kinder werfen dem Prahlhans einen Ball zu und rufen dabei ein Adjektiv. Der Prahlhans bildet mit dem Adjektiv einen Vergleich in der Höherstufe.
Beispiel: hoch – Ich kann höher springen als ...
Sobald der Prahlhans einen Fehler beim Bilden der Höherstufe macht oder keine Vergleiche mehr findet, wählt er einen Nachfolger aus.

Marktschreier
Zwei Kinder oder zwei Kleingruppen erhalten einen Gegenstand (oder ein Bild des Gegenstands). Sie preisen ihren Gegenstand abwechselnd an, indem sie Sätze mit Adjektiven in den verschiedenen Vergleichsformen bilden. Bester Marktschreier wird derjenige, der die meisten Sätze formulieren kann.
Zusätzliche Möglichkeit: Die beiden konkurrierenden Marktschreier befinden sich jeweils an den entgegengesetzten Enden des Klassenzimmers. In der Mitte zwischen beiden Marktschreiern steht ein Käufer. Sobald ein Marktschreier einen Satz mit einem Adjektiv in einer Vergleichsform bildet, macht der Käufer einen Schritt in diese Richtung. Bei welchem Marktschreier kommt der Käufer schließlich an?

Tipp: Die zwei Marktschreiergruppen spielen auf einer Overheadfolie gegeneinander. Für jeden passenden Satz wird ein kleiner Stein in die entsprechende Richtung bewegt.

Vergleiche aus der Zündholzschachtel

Eine leere Zündholzschachtel wird mit mehreren Papierstreifen bestückt. Auf jedem Streifen steht ein Adjektiv in den drei Vergleichsformen. Aus der Schachtel ragt jeweils nur das Adjektiv in der Grundstufe. Die Kinder bilden die fehlenden Vergleichsformen und schreiben diese eventuell auf. Anschließend erfolgt die Selbstkontrolle durch Herausziehen des ganzen Streifens.

Domino „Vergleiche auf der Grundstufe“

Start	arm wie …	eine Kirchenmaus	rund wie …
eine Kugel	leicht wie …	eine Feder	schnell wie …
der Wind	schwarz wie …	ein Rabe	ängstlich wie …
ein Hase	langsam wie …	eine Schnecke	hungrig wie …
ein Wolf	schwer wie …	ein Elefant	mutig wie …
ein Löwe	listig wie …	ein Fuchs	stumm wie …
ein Fisch	stolz wie …	ein Pfau	flink wie …
ein Eichhörnchen	träge wie …	ein Faultier	scheu wie …
ein Reh	sauber wie …	ein Waschbär	Ende

Schnappspiel „Vergleiche“

Auf der Vorderseite der Karte steht das Adjektiv in der Grundstufe. Auf der Rückseite steht das Adjektiv in der Höher- und in der Höchststufe. Die Karten liegen mit der Vorderseite nach oben auf einem Stapel in der Kreismitte. Reihum bilden die Mitspieler zur obersten Karte die fehlenden Vergleichsformen des jeweiligen Adjektivs. Die Kontrolle erfolgt durch Umdrehen der Karte. Gelingt dies fehlerfrei, schnappt sich das Kind die Karte. Ansonsten wird die Karte wieder unter den Stapel geschoben. Gewonnen hat, wer zum Schluss die meisten Karten gesammelt hat.

Vorderseite Karten

bequem	deutlich	dreckig	dumm
ehrlich	durstig	fett	fröhlich
glücklich	hart	hungrig	jung
kräftig	kühl	lang	nah
stark	ruhig	scharf	schief

Rückseite Karten

bequemer am bequemsten	deutlicher am deutlichsten	dreckiger am dreckigsten	dümmer am dümmsten
ehrlicher am ehrlichsten	durstiger am durstigsten	fetter am fettesten	fröhlicher am fröhlichsten
glücklicher am glücklichsten	härter am härtesten	hungriger am hungrigsten	jünger am jüngsten
kräftiger am kräftigsten	kühler am kühlsten	länger am längsten	näher am nächsten
stärker am stärksten	ruhiger am ruhigsten	schärfer am schärfsten	schiefer am schiefsten

Kartenspiel „Vergleichsterzett"

Jeder Mitspieler erhält gleich viele Karten. Reihum ziehen die Kinder von einander Karten. Wer ein Terzett, bestehend aus den drei Vergleichsformen eines Adjektivs hat, legt es ab. Gewonnen hat, wer zuerst keine Karten mehr hat.

schrecklich	schrecklicher	am schrecklichsten	schwierig	schwieriger
am schwierigsten	stark	stärker	am stärksten	süß
süßer	am süßesten	tief	tiefer	am tiefsten
wichtig	wichtiger	am wichtigsten	wild	wilder
am wildesten	gut	besser	am besten	hoch
höher	am höchsten	lang	länger	am längsten

Klammerkarte Vergleiche „wie“ oder „als“

Die Kinder befestigen bei jedem Satz die Klammer am passenden Wort (wie / als). Selbstkontrolle erfolgt durch Anbringen von Klebepunkten auf der Rückseite.

Peter springt so weit … Sinan.	als wie
Simon läuft flink … ein Wiesel über den Schulhof.	als wie
Tamara ist mit ihren Hausaufgaben schneller fertig … Nicole.	als wie
Bastian schleicht so leise … ein Indianer in sein Zimmer.	als wie
Lara baut einen höheren Turm … Mike.	als wie
Antonia arbeitet länger im Garten … Julia.	als wie
Fabian klettert genauso geschickt … Miriam auf den Baum.	als wie
Svenja tanzt leicht … eine Feder über die Wiese.	als wie
Carmen wartet geduldiger auf die Oma … ihre Schwester.	als wie
Ali schwimmt ausdauernder … sein Bruder.	als wie
Ninas Hose war so teuer … Rebeccas Kleid.	als wie
Tobias hat eine bessere Laune … Ina.	als wie

Partnerspiel „Vergleichsformen“

Fertigstellung des Lernspiels:
Die beiden Karten werden auf die gegenüberliegenden Seiten eines aus Tonkarton gefalteten Daches geklebt.

Auf jeder Seite des Daches sitzt ein Kind. Abwechselnd liest jeweils ein Kind die fett gedruckte Grundstufe eines Adjektivs vor. Der Partner ergänzt die fehlenden Vergleichsformen und wird vom anderen Kind kontrolliert.

bequem bequemer am bequemsten	**deutlich** deutlicher am deutlichsten	**nah** näher am nächsten	**dick** dicker am dicksten
dünn dünner am dünnsten	**alt** älter am ältesten	**fein** feiner am feinsten	**frisch** frischer am frischesten
groß größer am größten	**heiß** heißer am heißesten	**kalt** kälter am kältesten	**falsch** ________ ________
grün ________ ________	**leise** leiser am leisesten	**lieb** lieber am liebsten	**teuer** teurer am teuersten

kräftig kräftiger am kräftigsten	**gut** besser am besten	**lang** länger am längsten	**stark** stärker am stärksten
tot ________ ________	**reich** reicher am reichsten	**schnell** schneller am schnellsten	**warm** wärmer am wärmsten
weit weiter am weitesten	**richtig** ________ ________	**scharf** schärfer am schärfsten	**tief** tiefer am tiefsten
lustig lustiger am lustigsten	**wichtig** wichtiger am wichtigsten	**arm** ärmer am ärmsten	**stolz** stolzer am stolzesten

2.5 Wortbildungsmöglichkeiten erproben

Vorsilben

Verschiedene Sprachsituationen

Alinas Hund Strolchi
In einer Lehrererzählung wird Alinas Hund vorgestellt, der in seiner Jugend ständig zu Streichen aufgelegt ist und allmählich sein Verhalten bessert. Die Kinder erkennen, dass Vorsilben von Adjektiven und Verben die Bedeutung von Wörtern verändern.

Dominiks Pechtag
Zunächst wird ein normaler Tagesablauf geschildert. Anschließend erzählt die Lehrerin, dass Dominik einen schlimmen Pechtag hatte. Dabei werden die Vorsilben der Verben (z. B. verschlafen, verschlucken, verlaufen, verschreiben, verrechnen, zertrümmern usw.) eingehender betrachtet.

Sportstunde
Die Kinder führen verschiedene Tätigkeiten wie zum Beispiel Matten herräumen, wegräumen, hinlaufen, weglaufen usw. aus, die auf Wortkarten stehen.

Tinas Albtraum
Die Lehrerin erzählt, dass Tina eigentlich fast immer ihre Spielsachen aufräumt, in der Schule die Wörter richtig von der Tafel abschreibt, bei den Hausaufgaben die Aufgaben schnell und richtig ausrechnet und recht beliebt ist, weil sie ihre Mitschüler freundlich anlacht. Eines Nachts hat Tina einen schlimmen Albtraum. Sie hört nicht auf, immer mehr Spielsachen herzuräumen. In der Schule verschreibt sie sich bei jedem Wort. Bei den Hausaufgaben verrechnet sie sich ständig. Schließlich wird sie von allen Kindern ausgelacht.

Unsinnstexte
Die Kinder erkennen anhand eines Unsinnstextes, dass Vorsilben die Bedeutung von Wörtern bestimmen. Anschließend stellen sie die Texte richtig und schreiben für ihre Freunde analoge Unsinnstexte.

Besuch aus dem All: Hilfe, ein Ungeheuer!

Als Nina am Samstagmorgen das Gartenhaus betritt, findet sie Miro zitternd in der Ecke kauern. Besorgt streichelt Nina ihrem außerirdischen Freund über den Kopf. „Armer Miro, was in aller Welt ist nur passiert?", fragt sie ihn immer wieder. Nach einer Weile beruhigt sich Miro allmählich. Nina stellt den Sprachcomputer vor ihn hin. Zunächst bewegen sich Miros Finger nur stockend auf der Tastatur. Schließlich huschen die kleinen Finger aber immer schneller über die Tasten.

Letzte Nacht wollte ich im Garten die Sterne genau aufsehen.
Nur so kann ich meine Position zerrechnen.
Plötzlich sah ich, wie ein riesiges Ungeheuer vor mir antauchte.
Es war am ganzen Körper verhaart.
Es zergrub vor meinen Augen einen Knochen,
sicher von einem Wesen, das es eben
beschluckt hatte.
Ich zusteckte mich zitternd hinter einem Busch.
Wann würde mich die Bestie entgreifen?
Würde sie mich auch ausfetzen?
In letzter Minute konnte ich ins Gartenhaus aufkommen.
Die ganze Nacht konnte ich kein Auge anmachen.
Ich hatte Angst, das Ungeheuer könnte die Tür verbrechen,
meinen Computer auftrümmern und mich verfressen.
Gut, dass du jetzt da bist.

Nina lacht laut auf. Miro blickt sie verständnislos an. Wie kann sie sich nur über ihn so lustig machen? Doch als Nina ihm diese Nachricht schreibt, versteht er rasch, dass die Begegnung mit dem vermeintlichen Ungeheuer eigentlich ganz harmlos war.

Hallo, Miro,
du bist in der Nacht nur dem Bernhardiner Jo von nebenan begegnet.
Der ist zwar riesig, tut aber keiner Fliege etwas zuleide.
Allerdings kann ich verstehen, dass du so vor ihm erschrocken bist.
Bei der Aufregung ist dein Sprachprogramm ganz durcheinander geraten.
Ich helfe dir, das System mit den Vorsilben wieder in Ordnung zu bringen.

Auftrag
Schreibt Miros Erzählung noch einmal. Verwendet sinnvolle Vorsilben.

Unterrichtsanregungen: Alinas Hund Strolchi

Medien/Lernhilfen

Lehrerin: Folienbild 29 „Junger Hund“ (S. 102), Folie 30 „Am Telefon“ (S. 102), Folie 31 „Brief“ (S. 104), Wortkarten (S. 102)
Kinder: Arbeitsblatt 11 (S. 103)

Lernziele

Die Kinder sollen

- Vorsilben von Wörtern erkennen.
- erkennen, dass Vorsilben die Bedeutung von Wörtern verändern.
- mit Vorsilben sinnvolle Wörter bilden können.

Unterrichtsverlauf

Einstieg

Die Lehrerin zeigt das Folienbild 29 von einem jungen Hund (S. 102).
Die Kinder sprechen über ihre Erfahrungen mit jungen Hunden.
Lehrerin: Das ist Alinas Hund. Er ist noch ganz jung. Alina durfte sich diesen Hund bei ihrer Tante Christine aussuchen. Tante Christine züchtet nämlich Hunde. Nach zwei Wochen ruft Tante Christine Alina an. Sie möchte wissen, wie es Alinas Hund geht. Alina erzählt, dass sie ihren Hund Strolchi genannt hat.
Die Kinder vermuten, warum Alinas Hund Strolchi heißt.

Erarbeitung

Die Kinder lesen den Text der Folie 30 („Am Telefon“), S. 102.
Sie unterstreichen das Adjektiv und die Verben, die Strolchis Verhalten beschreiben (unartig, abnehmen, weglaufen, anbellen, verteilt).
Lehrerin: Tante Christine beruhigt Alina. Sie meint: Wenn Strolchi erst einmal älter ist und gelernt hat, sich wie ein braver Hund zu benehmen, wird er euch viel Freude bereiten. Nach einem halben Jahr hat sich tatsächlich Strolchis Verhalten sehr verändert. Alina schickt Tante Christine ein Foto von Strolchi und schreibt dazu diesen Brief (Folie 31, S. 104).
Die Kinder lesen den Brief.
Sie unterstreichen das Adjektiv und die Verben, die Strolchis Verhalten jetzt beschreiben (artig, nimmt, läuft, bellt, teilt).
Lehrerin: Nicht nur das Verhalten von Strolchi hat sich verändert. Auch an den unterstrichenen Wörtern hat sich etwas verändert.

An der Tafel werden folgende Wortkarten sichtbar:

artig	unartig
nehmen	abnehmen
laufen	weglaufen
bellen	anbellen
teilen	verteilen

Die Kinder erkennen die Unterschiede und kreisen die Vorsilben ein.
Lehrerin: Die eingekreisten Wortteile haben einen besonderen Namen.
Die Kinder wiederholen, dass Wortteile Silben heißen.
Lehrerin: Weil die eingekreisten Silben vor den Wörtern stehen, heißen sie Vorsilben. Vorsilben verändern die Bedeutung der Wörter.

Übung
Arbeitsblatt 11 (S. 103)

Folie 29: Junger Hund

Folie 30: Am Telefon

Strolchi kann ziemlich unartig sein.
Oft will er mir Papas Zeitung abnehmen
und damit einfach weglaufen. Jeden muss
er ständig anbellen. Er verteilt sein Futter
im ganzen Haus.

Name ______________________________	Arbeitsblatt 11

Strolchi

1. Alina erzählt ihrer Freundin von Strolchi. Setze die passenden Wörter ein. Kreise die Vorsilben farbig ein.

Strolchi ist oft sehr ________________.
Er will immer mit meinen Schuhen ________________.

Ich warte nur darauf,
dass er mir die Hausschuhe im Garten ________________.

Besonders ärgert mich,
dass er jeden von uns ständig ________________.

Als er gestern allein im Wohnzimmer war,
________________ er sämtliche Kekse.
Besonders ________________ ist es, wenn er
mit seinen ________________ Pfoten auf den Sessel springt.

vergraben | unsauber | weglaufen | zerbröseln | unangenehm | anbellen | unartig

2. Auch in ihrem Tagebuch schildert Alina Strolchis Streiche. Füge die passenden Vorsilben ein.

Am Wochenende ________hielt sich Strolchi ________möglich.
Zuerst _____fetzte er Papas Zeitung. Dann musste er unbedingt
mein Wurstbrot _______knabbern. Schließlich _______suchte er,
auf den Tisch zu klettern. Dabei _________trümmerte er Mamas
Lieblingsvase.

zer | un | an | ver | zer | ver

Finde zu folgenden Verben möglichst viele sinnvolle Vorsilben.
Schreibe die neuen Wörter in dein Heft. Bilde mit jedem Wort einen Satz.

gehen | sprechen | schreiben | laufen | halten | fahren

Vorsilben können die Bedeutung von Wörtern verändern.

Folie 31: Brief

Liebe Tante Christine,

Strolchi ist jetzt sehr artig.
Er nimmt die Zeitung und läuft damit gleich zu Papa. Er bellt nur, wenn ein Fremder kommt. Wenn der Nachbarhund da ist, teilt er sogar sein Futter mit ihm.

Nachsilben

Verschiedene Sprachsituationen

Überarbeiten von Texten

Anhand von kurzen Beispieltexten lernen die Kinder Möglichkeiten kennen, sich durch entsprechende Wortbildungen präzise und treffend auszudrücken (Beispiel: Peter, der voll Misstrauen ist – der misstrauische Peter). Die erworbenen Einsichten werden beim Überarbeiten eigener Texte (zum Beispiel in der Schreibkonferenz) angewandt.

Werbung

Nomen und Adjektive aus Werbesprüchen und Zeitungsanzeigen werden gesammelt und in Hinblick auf Nachsilben untersucht. Anschließend schreiben die Kinder eigene Werbeslogans, beispielsweise zum Thema „Gesunde Ernährung" im Sachunterricht.

Beschreiben von Dingen oder Lebewesen

Die Kinder untersuchen Lexikonartikel in Hinblick auf Wörter mit Nachsilben und fassen zu Gegenständen oder Lebewesen Beschreibungen ab.
Alternative: Die Kinder fassen Beschreibungsrätsel ab und achten dabei auf die Verwendung von Wörtern mit Nachsilben (Beispiel: Es ist am Tag nicht sichtbar ...).

Besuch aus dem All:
Auf meinem Planeten ist vieles anders

Nina kann einfach nicht einschlafen. Sie muss immer wieder an Miro und seinen Planeten denken. Alles, was sie bisher von Miro darüber weiß, hat sie sehr fasziniert. Kurz entschlossen steht Nina auf und schleicht sich zu Miro hinüber ins Gartenhaus. „Der schläft nie“, denkt sich Nina, als sie Miro vor einem Fernrohr sitzen sieht. „Hallo, Miro, du beobachtest schon wieder die Sterne. Was jetzt wohl deine Freunde auf deinem Planeten tun?“, beginnt sie das Gespräch. Miro antwortet ihr gleich.

Hallo, Nina,
kannst du nicht schlafen?
Ich denke viel an meine Heimat.
Ich möchte aber auch mehr über deine Welt wissen.
Erzählst du mir etwas über deinen Planeten?
Dann erzähle ich dir auch etwas über meine Welt.

Nina ist von dieser Idee begeistert. Sie setzt sich zu Miro an den Sprachcomputer. Bald darauf tauschen sie ihre Informationen aus.

Miro	Nina
Wenn wir Durst haben, können wir das Wasser aus unseren Seen und Flüssen trinken.	Wenn wir durstig sind, müssen wir sauberes Wasser kaufen. Wegen der Umweltverschmutzung ist unser Wasser nicht mehr trinkbar.
Wenn wir krank sind, gehen wir zu den klugen Wesen, die im grünen Berg wohnen.	Bei Krankheit gehen wir zum Arzt.
Wenn wir sehr müde und erschöpft sind, erholen wir uns in den blauen Grotten bei leiser Musik.	Bei Müdigkeit und Erschöpfung ist langes Ausschlafen die beste Erholung.
Wenn wir etwas Besonderes erleben wollen, spielen wir Verstecken im Labyrinth des Vergessens.	Ein besonderes Erlebnis für mich ist es, wenn ich mit meinen Freunden auf dem Abenteuerspielplatz bin.
Bei uns unterscheiden sich die Wesen durch Sprachen und Aussehen voneinander.	Auch bei uns sind die Sprachen und das Aussehen der Menschen unterschiedlich.

Auftrag
Nina drückt sich anders aus als Miro. Sie verwendet viele Nomen und Adjektive mit Nachsilben.
Unterstreicht alle Wörter mit Nachsilben.
Kreist die Nachsilben ein.

Bald merkt Miro, dass sich Nina anders ausdrückt. Er versucht, Wörter mit Nachsilben in seinem Sprachprogramm zu installieren.

Wenn wir glückbar sind, leuchten unsere Augen besonders hell. Bei uns ist es jeden Tag sonnlich. Die hohen Berge sind auf dem ganzen Planeten überall gut sichtig. Wenn wir uns treffen, begegnen wir uns immer mit Höflichnis. Bei der Löskeit eines Problems helfen wir alle zusammen. Ein besonderes Ärgerkeit ist es, wenn jemand nicht über die Tugenden der Bescheidenung und Ehrlichheit verfügt.

Auftrag
Miro hat noch einiges durcheinander gebracht. Sicher könnt ihr die Sätze berichtigen.

Unterrichtsanregungen: Wir befragen unsere Mitschüler

Medien/Lernhilfen

Lehrerin: Tonbandaufnahmen „Zeitungsteam" 1 und 2, Folie 32 „Leserumfrage" (S. 109)
Kinder: Arbeitsblatt 12 (S. 110)
Für jede Gruppe: Textblatt (S. 108/109)

Lernziele

Die Kinder sollen
- Nachsilben von Wörtern erkennen.
- verschiedene Nachsilben kennen.
- erkennen, dass Nachsilben die Wortart verändern können.

Verbindungen zu anderen Lernbereichen und Fächern

Sachunterricht: Wünsche und Bedürfnisse – Zusammenleben in der Schule
Deutsch: Für sich und andere schreiben – Gebrauchstexte lesen – sich und andere informieren

Unterrichtsverlauf

Einstieg

Lehrerin: Nina trifft sich am Nachmittag mit ihren Freunden aus dem Schulzeitungsteam. Sie haben ein Problem.
Die Kinder hören die Tonbandaufnahme 1.

Tonbandaufnahme 1: Nina: Beim letzten Mal haben wir deutlich weniger Zeitungen in der Schule verkauft. Simon: Wir müssen uns mal wieder etwas Neues einfallen lassen. Pascal: Ja, schon, aber was? Julia: Was Besonderes, nur was? Mike: Ich hab's. Wie wär es mit einer Befragung unserer Leser? Nina: Genau, wir könnten unsere Leser ...

Die Kinder vermuten im Partner- oder Gruppengespräch, welche Themen in der Leserbefragung wichtig sein könnten.
Abruf der Ergebnisse

Erarbeitung

Lehrerin: Die Kinder vom Zeitungsteam setzen sich an den Computer und schreiben ihre Ideen auf.
Die Gruppen lesen das Textblatt für die Gruppenarbeit (S. 108/109).
Kurze Aussprache
Die Kinder hören die Tonbandaufnahme 2.

Tonbandaufnahme 2: Simon: Das ist doch ganz gut geworden. Mike: Ja, schon, aber ... Nina: Ich meine, die Kinder müssen ganz schön viel lesen, wenn sie alles beantworten wollen. Julia: Denkt mal an die jüngeren Kinder. Pascal: Bestimmt verlieren einige ganz schnell die Lust.

Lehrerin: Sicher wisst ihr, was die Kinder vom Zeitungsteam verbessern wollen.
Die Kinder erkennen, dass die Sätze verkürzt werden sollen.
Lehrerin: Die Kinder vom Zeitungsteam arbeiten eine Woche später wieder an der Leserumfrage. Das kommt dabei heraus.
Punkt 1 der Folie 32 (S. 109) wird sichtbar.
Die Kinder lesen den Textabschnitt vor.

Auftrag für die Gruppe:
Vergleicht damit den Abschnitt auf eurem Textblatt. Wie haben sich die Verben verändert?
Die Kinder erkennen, dass aus den Verben Nomen geworden sind.
Die Nomen *Vorbereitung* und *Haltung* werden unterstrichen.
Analog wird bei den Textabschnitten Nr. 2 bis Nr. 4 vorgegangen. Auf der Folie werden die Nomen unterstrichen.
➔ Erkenntnis 1: Aus Verben oder Adjektiven sind Nomen entstanden.
Die Kinder kreisen jeweils die letzte Silbe der unterstrichenen Nomen ein.
Lehrerin: Die letzte Silbe heißt Nachsilbe.
➔ Erkenntnis 2: Mit den Nachsilben -ung und -nis werden Verben in Nomen umgewandelt. Mit den Nachsilben -keit und -heit werden aus Adjektiven Nomen gebildet.
Der Punkt Nr. 5 der Folie 32 wird sichtbar.
Die Kinder vergleichen den Folientext mit dem Abschnitt ihres Textes aus der Gruppenarbeit.
Sie erkennen, dass aus Verben und Nomen Adjektive geworden sind. Sie kreisen auf der Folie die Nachsilben der Adjektive ein.
➔ Erkenntnis 3: Mit den Nachsilben -ig, -lich und -bar werden aus Verben und Nomen Adjektive gebildet.

Übung
Arbeitsblatt 12

Text für die Gruppenarbeit

Was wir schon lange wissen wollten

1. Tipps gesucht
➔ Du musst dich auf Proben vorbereiten.
➔ Du willst ein Meerschweinchen halten.

2. Was erwartest du von den Kindern in deiner Klasse? Kreuze an.

	wichtig	nicht so wichtig	unwichtig
Sie sollen ehrlich sein.			
Sie sollen klug sein.			
Sie sollen höflich sein.			
Sie sollen pünktlich sein.			
Sie sollen bescheiden sein.			
Sie sollen ihre Sachen ordnen.			
Sie sollen fröhlich sein.			

3. Meckerecke

Was ärgert dich am meisten auf dem Pausenhof?

4. Neue Geschichten gesucht

Schreib uns, wenn du etwas Besonderes mit einem Tier erlebt hast.

5. Wie findest du unsere Geschichten? Kreuze an.

	stimmt	stimmt teilweise	stimmt nicht
Die Geschichten langweilen mich.			
Die Geschichten enthalten viele Witze.			
Die Geschichten sind leicht zu lesen.			
Die Geschichten kann ich nicht glauben.			

Folie 32: Leserumfrage

Was wir schon lange wissen wollten

1. Tipps gesucht
➔ Vorbereitung auf Proben
➔ Haltung von Meerschweinchen

2. Was erwartest du von den Kindern in deiner Klasse? Kreuze an.

	wichtig	nicht so wichtig	unwichtig
Ehrlichkeit			
Klugheit			
Höflichkeit			
Pünktlichkeit			
Bescheidenheit			
Ordnung			
Fröhlichkeit			

3. Meckerecke

Mein größtes Ärgernis auf dem Pausenhof: ______________________

4. Neue Geschichten gesucht

Mein besonderes Tiererlebnis

5. Wie findest du unsere Geschichten? Kreuze an.

	stimmt	stimmt teilweise	stimmt nicht
langweilig			
witzig			
leicht lesbar			
unglaublich			

Name ______________________________ | Arbeitsblatt 12

Was wir schon lange wissen wollten

1. Die Kinder des Zeitungsteams machen eine große Umfrage an der Schule. Das fragen sie:

- Welche Lehrerin macht viele *Witze?*
- Welche Suchmaschine im Internet ist von *Nutzen?*
- Was machst du, wenn du oft etwas *vergisst?*
- Welche Meldung in unserer letzten Zeitung kannst du *nicht glauben?*
- Welcher Ausflug wäre für dich ein *Abenteuer?*

Du kannst dich auch anders ausdrücken. Wandle die *Nomen* und *Verben* in Adjektive um. Kreise die Nachsilben farbig ein.

Welche Lehrerin ist sehr ______________________________

____

____

____

____

____

2. Das Zeitungsteam interessiert auch, was den Kindern in der Klasse wichtig ist.
   Bilde zu den *Adjektiven* und *Verben* die passenden Nomen.
   Kreise die Nachsilben farbig ein.

- Es soll *sauber* sein. ______________________
- Alle sollen die Lernspiele *ordnen.* ______________________
- Alle sollen *pünktlich* sein. ______________________
- Alle sollen *freundlich* sein. ______________________
- Alle sollen *aufmerksam* sein. ______________________

☆ Überlegt euch Themen für eine Umfrage an eurer Schule. Macht einen Fragebogen. Arbeitet mit dem Computer.

Nachsilben verändern die Wortart.
Mit den Nachsilben -ung, -nis, -heit und -keit werden Nomen gebildet.
Mit den Nachsilben -ig, -lich und -bar entstehen Adjektive.

Zusammensetzungen

Verschiedene Sprachsituationen

Im Zoo
Die Kinder erfahren, dass zusammengesetzte Wörter die verschiedenen Tierarten (z. B. Waschbär, Braunbär, Eisbär) genauer bezeichnen.

Wir basteln mit Papier
Fächerübergreifend stellen die Kinder Verschiedenes aus unterschiedlichen Papiersorten (Zeitungspapier, Buntpapier, Transparentpapier, Geschenkpapier usw.) her. Im Sprachunterricht reflektieren sie über die zusammengesetzten Nomen (Papiersorten) und beschreiben die hergestellten Gegenstände mit zusammengesetzten Adjektiven.

Unser Klassenfest
Geplante Speisen, Getränke und Aufführungen für das Klassenfest regen zum Zusammensetzen von Wörtern an (vgl. auch Unterrichtsanregungen).

Werbetexte
Die Kinder suchen aus Werbetexten Wortzusammensetzungen heraus. Anschließend schreiben sie eigene Werbetexte und erfinden dabei neue Wörter durch Zusammensetzungen.

Personenbeschreibung
Die Kinder beschreiben Personen der Schule möglichst genau und verwenden dabei zusammengesetzte Wörter.
Alternative „So möchte ich manchmal sein“: Die Kinder entwerfen eine Wunschvorstellung von ihrer eigenen Person und umschreiben sie mit möglichst vielen zusammengesetzten Wörtern.

In der Bücherei
In Verbindung mit einem Unterrichtsgang in die Bücherei werden den Kindern die verschiedenen Textsorten und Bucharten vorgestellt.

Farbtöne der Natur
Die Kinder beschreiben die Farbtöne mit Hilfe von zusammengesetzten Adjektiven genau (z. B. grasgrün, himmelblau, tomatenrot usw.)

Besuch aus dem All: In Ninas Zimmer

Nina und Miro sitzen gelangweilt im Gartenhaus. Keiner weiß heute so recht, was er unternehmen könnte. Ninas Freunde haben auch keine Zeit. Plötzlich kommt Nina auf eine Idee. „Miro, ich weiß, was wir heute machen könnten. Meine Mutter muss länger arbeiten. Da wird es bestimmt spät. Und du brauchst dringend Tapetenwechsel. Immer nur im Gartenhaus sitzen. Das ist doch auf Dauer öde. Wie wär's, wenn ich dir mein Zimmer etwas genauer zeige. Wir könnten zusammen etwas basteln oder spielen. Auf diese Weise lernst du wieder etwas mehr über uns Menschen."
Miro findet diesen Vorschlag ausgezeichnet. Wenig später sitzen sie auf dem Teppich in Ninas Zimmer. Da liegen eine ganze Menge Dinge herum. Nina versucht, sie Miro zu erklären.

Das sind Stifte zum Malen. Das sind Malstifte.
In diesem Buch findest du alles über Tiere. Das ist ein Tierbuch.
In dem Buch stehen ganz viele Märchen. Das ist ein ...
Schau dir mal das Papier an, das so bunt ist. Man nennt es ....
Mit dem Stift dort kannst du das Papier kleben. Wir sagen dazu ...

Auftrag
Nina erklärt Miro verschiedene Dinge. Sie verwendet auch zusammengesetzte Namenwörter. Ergänze.

Miro interessiert sich zunächst für die Bücher. Er ist von den Bildern sehr beeindruckt. Nina versucht ihm zu erklären, was er sieht.

Das ist die wunderschöne Prinzessin
und der kugelrunde Prinz.
Hier siehst du verschiedene Bärenarten.
Es gibt Waschbären, Eisbären und Braunbären.

Miro ist verwirrt. Er hat nicht alles verstanden. Deshalb fragt er nach.

Ist es wirklich ein Wunder, dass die Prinzessin so schön ist?
Ist der Prinz tatsächlich so rund wie eine Kugel?
Gibt es Bären, die sich ständig waschen?
...

Auftrag
Fragt auch nach den anderen beiden Bärenarten.

Nina nimmt sich viel Zeit, Miro alles zu erklären. Schließlich knurrt ihr der Magen.

Hast du auch so einen Bärenhunger wie ich?
Am besten hole ich uns zwei riesengroße Stücke
vom Himbeerkuchen aus der Küche.

Mit diesen Worten verschwindet Nina in der Küche. Als sie kurz darauf mit dem Kuchen wieder kommt, sitzt Miro ganz verwirrt auf dem Teppich.

Ich habe ja noch verstanden,
dass auf dem Kuchen Himbeeren sind.
Kannst du wirklich ein Bär werden,
wenn du hungrig bist?
Der Kuchen ist nicht so groß wie ein Riese.

Da muss Nina lachen. Sie erklärt Miro:

Die Wörter Himbeerkuchen, Bärenhunger ...
sind immer aus zwei Wörtern zusammengesetzt.
Mit zusammengesetzten Wörtern kannst du
etwas genauer beschreiben.
Manchmal kannst du mit ihnen auch etwas vergleichen.

Auftrag
1. Sucht aus allen Sprechblasen die zusammengesetzten Wörter heraus.
2. Ordnet sie nach Nomen und Adjektiven.
3. Schreibt auf, aus welchen Wörtern sie zusammengesetzt sind.
   Beispiel: Malstifte → malen + Stifte

Unterrichtsanregungen: Unser großes Klassenfest

Medien/Lernhilfen

Lehrerin: Tonbandszene „Planung“ (S. 114), Wortkarten „Das große Büfett“ (S. 115), Folienbild 33 „Beim Basteln“ (S. 117), Folienbild 34 „Das Fest“ (S. 117), Wortkarten
Kinder: Arbeitsblatt 13 (S. 118)

Lernziele

Die Kinder sollen

- erkennen, dass sie sich mit zusammengesetzten Wörtern genauer ausdrücken können.
- zusammengesetzte Nomen und Adjektive bilden.
- erkennen, dass zusammengesetzte Wörter aus verschiedenen Wortarten bestehen.
- kreative Wortzusammensetzungen finden.

Verbindungen zu anderen Fächern

Sachunterricht: Zusammenleben in der Schule

Unterrichtsverlauf

Einstieg

Lehrererzählung: Die Kinder in Ninas Klasse arbeiten zur Zeit am Projekt „Kinder im Jahr 3000“. Am Ende des Projektes wollen sie ihre Eltern zu einem großen Klassenfest einladen. Bis dahin gibt es allerdings noch viel zu tun.
Die Kinder vermuten in Partner- oder Gruppenarbeit, welche Aufgaben zu erledigen sind.

Abruf der Ergebnisse

Erarbeitung

Die Kinder hören eine kurze Tonbandszene aus Ninas Klasse.

> Tonbandszene:
> Nina: Wir brauchen ein großes Kuchen- und Salatbüfett. Am besten fragen wir unsere Eltern, was sie für das Fest machen können. Wir sammeln die Vorschläge an der Pinnwand.
> Pascal: Wir könnten eine Ausstellung aufbauen.
> Ali: Da habe ich eine gute Idee. Wir könnten eine Stadt im Jahr 3000 bauen. Dazu brauchen wir ganz viele verschiedene Papiersorten. Bringt am besten mit, was ihr zu Hause habt.
> Julia: Wir schreiben ein Theaterstück mit dem Titel „Schule im Jahr 3000“. Dazu brauchen wir Kulissen und Kostüme.

Lehrerin: In der nächsten Woche sammeln die Kinder mit Feuereifer Ideen. Jeden Tag schreiben andere Kinder ihre Vorschläge an die Pinnwand. Die Speisen für das große Büfett stehen bald fest.

Wortkarten „Das große Büfett"

Das große Büfett

Kuchen	Salate
Himbeerkuchen	Obstsalat
Quarkkuchen	Fischsalat
Nusskuchen	Nudelsalat
Schokoladenkuchen	Kartoffelsalat
Sandkuchen	Reissalat

Lehrerin: Als Mike und Jana vor der Pinnwand stehen, meint Jana: Ich esse lieber Salat. Da hat Mike aber noch eine Frage an Jana.
Die Kinder vermuten, dass Mike wissen will, welchen Salat Jana am liebsten isst. Sie erkennen, dass sich Jana nicht genau genug ausgedrückt hat.
Lehrerin: Jana erzählt, dass sie am liebsten Nudelsalat isst. Das Wort Nudelsalat ist genauer als das Wort Salat. Das Wort Nudelsalat ist aus zwei Wörtern zusammengesetzt.
Die Kinder zerschneiden die übrigen Wortkarten und sprechen dazu: Das Wort Himbeerkuchen besteht aus den Wörtern Himbeere und Kuchen ...
➔ Erkenntnis 1: Aus zwei Wörtern kann man ein neues Wort zusammensetzen. Mit zusammengesetzten Wörtern kann man sich sehr genau ausdrücken.
Lehrerin: Auch das Bauen der Stadt im Jahr 3000 macht allen viel Spaß. Nur manchmal kommt es zu Missverständnissen.
Auf dem Folienbild 33 (S. 117) suchen die Kinder die zusammengesetzten Nomen heraus und unterstreichen sie. Sie wiederholen: Mit zusammengesetzen Nomen kann man sich genauer ausdrücken.
Die Lehrerin heftet die Wortkarten mit den zusammengesetzten Nomen an die Tafel.

Buntpapier	Packpapier

Lehrerin: Jedes Nomen ist wieder aus zwei Wörtern zusammengesetzt.
Die Kinder zerlegen die Wörter und sprechen dazu: Buntpapier ist aus den Wörtern bunt und Papier zusammengesetzt, Packpapier aus den Wörtern packen und Papier.
Dazu entsteht folgende Tafelanschrift:

Buntpapier ➔ bunt + Papier

Packpapier ➔ packen + Papier

Die Kinder bestimmen die Wortarten der Wörter, aus denen die Wortzusammensetzungen bestehen.
Sie betrachten nochmals die zusammengesetzten Wörter aus dem „großen Büfett".
➔ Erkenntnis 2: Zusammengesetzte Nomen können gebildet werden aus:
Nomen + Nomen
Adjektiv + Nomen
Verb + Nomen

Lehrerin: Endlich ist der Tag gekommen, an dem die Kinder ihre Gäste durch die Ausstellung führen und ihnen das Theaterstück „Schule im Jahr 3000" zeigen. Die Gäste sind am Ende begeistert.
Das Folienbild 34 (S. 117) wird sichtbar.
Lehrerin: Die Gäste haben sich sehr genau ausgedrückt. Finde mit deinem Partner die Wörter, die dafür sorgen, dass es nicht zu Verwechslungen kommt. Schreibt die Wörter auf.
Die Kinder erkennen, dass die Adjektive *feuerrot, hellrot, dunkelblau, kugelrund* dazu beitragen, Verwechslungen zu vermeiden.
Die Lehrerin heftet die Wortkarten an die Tafel.

feuerrot	hellrot	dunkelblau	kugelrund

Lehrerin: Du kennst bereits den Grund, warum du dich mit diesen Adjektiven besonders genau ausdrücken kannst.
Die Kinder erkennen, dass die Adjektive stets aus zwei Wörtern zusammengesetzt sind. Parallel zum Sprechen der Kinder entsteht folgende Tafelanschrift:

feuerrot	➔ Feuer + rot
hellrot	➔ hell + rot
dunkelblau	➔ dunkel + blau
kugelrund	➔ Kugel + rund

Die Kinder bestimmen die Wortarten der Wörter, aus denen die zusammengesetzten Adjektive bestehen.
➔ Erkenntnis 3: Zusammengesetzte Adjektive können gebildet werden aus:
Nomen + Adjektiv
Adjektiv + Adjektiv

Anwendung/Übung

Lehrerin: Als die Kinder am nächsten Tag ans große Aufräumen gehen, meint Nina: Wenn wir jetzt schon im Jahr 3000 leben würden, hätten wir ganz bestimmt tolle Maschinen, die uns die Arbeit erleichtern würden.

Die Kinder erfinden in Partner- oder Gruppenarbeit zusammengesetzte Wörter für „Aufräummaschinen“. Diese Wortschöpfungen werden auf einem Plakat gesammelt. In Phasen freier Arbeit malen die Kinder diese Maschinen.

Arbeitsblatt 13 (S. 118)

Folienbild 33: „Beim Basteln“

Gib mir mal das Papier dort.
Nein, doch nicht das Buntpapier.
Ich wollte das Packpapier.

Folienbild 34: „Das Fest“

Ich finde das feuerrote Haus besonders schön.

Das hellrote Haus sah hübscher aus.

Der Roboter im dunkelblauen Anzug war besonders lustig.

Ich finde, dass der kugelrunde Roboter sehr gut gespielt hat.

Name ______________________________	Arbeitsblatt 13

Das Klassenfest

1. Die Kinder überlegen, was sie zum Bau der Zukunftsstadt brauchen. Schreibe die zusammengesetzten Nomen auf und zerlege sie. Bestimme die Wortarten.

Zeitungspapier Schreibpapier Geschenkpapier Wellpappe
Klebestifte Tapetenkleister Wasserfarben

Zeitungspapier	Zeitung (Nomen) + Papier (Nomen)

2. Die Gäste unterhalten sich während des Festes. Drücke dich mit zusammengesetzten Adjektiven kürzer aus. Arbeite im Heft.

Der Nusskuchen ist *süß wie Honig.*
Die Zitronenlimonade ist *kalt wie Eis.*
Das Schulhaus ist *rund wie eine Kugel.*
Die Fenster leuchten *gelb wie die Sonne.*
Der Roboter im Theaterstück war *stark wie ein Bär.*

3. Auch das sehen die Gäste. Bilde sinnvolle zusammengesetzte Adjektive.

Riese	Nagel	Zitrone	Rabe	Tomate

ein neues Kostüm ein schwarzer Roboter ein großer Schokoladenkuchen ein rotes Raumschiff mit gelben Sternen

____

____

____

____

Mit zusammengesetzten Nomen und Adjektiven kannst du dich kurz und genau ausdrücken.

Wortfelder

Verschiedene Sprachsituationen

Geschichten in Dialogszenen

Die Kinder schreiben ein Theaterstück in Dialogform. Dabei ersetzen sie das Verb *sagen* durch treffendere Verben aus diesem Wortfeld. Sie erkennen, dass durch die Wahl eines genauen Verbs Regieanweisungen wie laut, leise, wütend usw. entfallen.

Überarbeiten von Kindergeschichten in der Schreibkonferenz

In der Schreibkonferenz stellen sich die Kinder gezielt die Aufgabe, auf treffende Wörter eines ausgewählten Wortfeldes (beispielsweise *gehen, sagen, schön*) zu achten.

Wortfeld *sehen*

Im Zusammenhang mit dem Sachthema *Sinnesleistungen – Das Auge* erarbeiten die Kinder das Wortfeld *sehen*.

Erlebnisraum *Wald*

In Verbindung mit diesem Sachthema erarbeiten die Kinder in Anschluss an einen Unterrichtsgang das Wortfeld *gehen*, wobei sie neben ihren Gangarten auch die Fortbewegungsweisen der Waldtiere miteinbeziehen.

Fortbewegung mit verschiedenen Verkehrsmitteln

Im Rahmen der Verkehrserziehung erarbeiten die Kinder das Wortfeld *fahren*, wobei sie die Fortbewegungsmöglichkeiten verschiedener Verkehrsmittel berücksichtigen.

Besuch aus dem All: Können alle Tiere gehen?

An einem warmen Sommertag liegen Nina und Miro auf einer Decke im Garten. Als Miro eine Ameise über die Hand läuft, ist er ganz aufgeregt. Nina lacht und beruhigt ihn: „Das ist nur eine harmlose Ameise." Miro staunt: „Die Ameise geht aber schnell." Kurz darauf zeigt Nina Miro eine Schnecke. Da stellt Miro fest: „Die Schnecke geht aber langsam." Als Nina Miro eine Katze zeigt, meint er: „Die Katze geht aber vorsichtig." Plötzlich sehen beide eine Maus und Miro flüstert: „Die Maus geht aber schnell in das Erdloch." Auf einmal sieht Miro den Nachbarhund und ruft: „Der Hund geht schon wieder über den Zaun." Da ist Miro im Gartenhaus verschwunden. Noch immer hat er seine Angst vor dem großen Hund nicht überwunden. Nina läuft ihm nach und beruhigt ihn. Als sich Miro etwas erholt hat, fragt er Nina: „Können eigentlich alle Tiere auf eurem Planeten gehen?" Nina antwortet: „Bis auf die Fische können alle Tiere gehen. Aber es gibt passendere Wörter für das Wort *gehen*. Ich werde diese Wörter in deinen Sprachcomputer eingeben."

Auftrag:
Ergänzt die Sätze mit treffenden Verben.

Die Ameise ______________________ über meine Hand.

Die Schnecke ______________________ über das Blatt.

Die Katze ______________________ durch das Gebüsch.

Die Maus ______________________ ins Erdloch.

Der Hund ______________________ über den Zaun.

Merke:
Die Verben gehören zum Wortfeld *gehen*.

Unterrichtsanregungen: Unser Waldbuch

Medien/Lernhilfen

Lehrerin: leere Wortkarten
Kinder: Arbeitsblatt 14 (S. 123)
Für jede Gruppe: Textblatt „Unterwegs mit dem Förster" (S. 122), Folie 35 mit dem Lückentext „Unterwegs mit dem Förster" (S. 122), wasserlöslicher Folienstift

Lernziele

Die Kinder sollen

- die Verben *sagen* und *gehen* durch treffendere Verben ersetzen.
- wissen, dass die gebildeten Wortgruppen *Wortfelder* heißen.
- wissen, dass die Wörter eines Wortfeldes zwar eine grundsätzlich ähnliche Bedeutung haben, aber im konkreten Sinnzusammenhang treffender und genauer sind.

Verbindungen zu anderen Fachbereichen und Fächern

Deutsch: Für sich und andere schreiben
Sachunterricht: Der Wald im Jahreslauf

Unterrichtsverlauf

Einstieg
Die Lehrerin erzählt, dass die Kinder in Ninas Klasse einen Waldspaziergang mit dem Förster unternommen haben. Dabei haben sie viele Tiere und Pflanzen des Waldes kennen gelernt und den Wald über ein halbes Jahr lang immer wieder besucht und dabei viele Veränderungen festgestellt. Alle Beobachtungen und Erlebnisse halten sie in einem Waldbuch fest.

Erarbeitung
Tafelanschrift: *Unser Waldbuch*
Die Kinder vermuten, was wohl alles in diesem Waldbuch zu finden ist.
Lehrerin: Alina möchte im Waldbuch über den Waldspaziergang mit dem Förster erzählen. Als sie bereits einiges dazu aufgeschrieben hat, zeigt sie es ihrer Gruppe in der Schreibkonferenz .
Die Gruppen erhalten das Textblatt „Unterwegs mit dem Förster" (S. 122)
Die Kinder lesen den Text und äußern sich spontan.
Lehrerin: Die Kinder in Alinas Gruppe finden einiges an ihrer Geschichte bereits ganz gut gelungen (Die Kinder nennen Beispiele). Allerdings meinen sie auch, dass Alina treffender erzählen sollte.
Die Kinder äußern, dass die Wiederholung der Wörter *gehen* und *sagen* sehr langweilig klingt und oft nicht genau passt.
Auftrag an die Gruppen:
Unterstreicht mit zwei verschiedenen Farben die Verben *gehen* und *sagen* in Alinas Geschichte.
Sucht für diese Verben treffendere Wörter und schreibt sie in die Lücken der Folie (S. 122).
Die Gruppen stellen ihre Ergebnisse auf der Folie vor.
Die Lehrerin beschriftet leere Wortkarten mit den treffenden Verben.

Tafelanschrift: *gehen* *sagen*
Die Kinder ordnen die Wortkarten an der Tafel ein.
Lehrerin: Eure gefundenen Verben bedeuten zwar alle grundsätzlich *gehen* oder *sagen* (auf die entsprechenden Wortkarten deuten). Aber sie machen Alinas Geschichte viel besser.
Die Kinder erkennen, dass die gefundenen Wörter genauer und treffender sind als die Wörter *gehen* und *sagen*.
Lehrerin: Wörter mit einer ähnlichen Grundbedeutung fasst man zu einer Gruppe zusammen. Die Lehrerin umfährt mit Farbkreide die Wörter jedes Wortfeldes: Eine solche Wortgruppe nennt man Wortfeld.
Die Lehrerin ergänzt die Überschrift: *Die Wortfelder*

Anwendung/Übung
Arbeitsblatt 14 (S. 123)

Spiel: Die Kinder ordnen die Wörter eines Wortfeldes, z. B.:
sagen: laut – leise
gehen: schnell – langsam
sehen: lange hinsehen – kurz hinsehen

Textblatt „Unterwegs mit dem Förster"

> Unterwegs mit dem Förster
>
> Wir gehen pünktlich um acht Uhr los. Zuerst gehen wir über die Hauptstraße. Aber bald gehen wir an Wiesen und Feldern vorbei. Nach einer Viertelstunde gehen wir schon durch den Wald. Der Förster geht voran. Er sagt: „Jetzt müsst ihr ganz leise gehen. Ihr dürft auch nichts mehr laut sagen. Sonst werdet ihr keine Tiere sehen."
> Simon sagt trotzdem seinem Freund ständig etwas. Ich sage ihm: „Du vertreibst uns noch alle Tiere."
> Endlich gehen alle Kinder leise weiter. Plötzlich geht blitzschnell ein Hase aus dem Gebüsch. Ina sagt: „Dort, ein Hase!" Alle sagen: „Pst, ganz leise." ...

Folie 35: „Unterwegs mit dem Förster"

> Unterwegs mit dem Förster
>
> Wir ______________ pünktlich um acht Uhr los. Zuerst ______________ wir die Hauptstraße. Aber bald ______________ wir an Wiesen und Feldern vorbei. Nach einer Viertelstunde ______________ wir schon durch den Wald. Der Förster ___________ voran. Er ______________: „Jetzt müsst ihr ________________. Ihr dürft auch nichts mehr ______________. Sonst werdet ihr keine Tiere sehen."
> Simon ______________ trotzdem ständig mit seinem Freund. Ich ______________ ihm: „Du vertreibst uns noch alle Tiere."
> Endlich ________________________ alle Kinder leise weiter. Plötzlich ______________ blitzschnell ein Hase aus dem Gebüsch. Ina ______________: „Dort, ein Hase!" Alle ______________: „Pst, ganz leise." ...

Name ______________________________	Arbeitsblatt 14

Im Wald

1. Die Kinder beobachten verschiedene Waldtiere.
   Setze die passenden Verben in die Lücken ein.

Die Maus ______________________ ins Erdloch.
Das Reh ______________________ über den Graben.
Der Hase ______________________ über die Lichtung.
Die Ameise ______________________ den Baumstamm hoch.
Die Raupe ______________________ über das Blatt.

tlebbark thcsuh thceirk tleppoh tgnirps

2. Immer wieder unterhalten sich die Kinder mit der Lehrerin und dem Förster. Setze treffende Verben aus dem Wortfeld *sagen* ein.

Ibrahim ____________________ : „Da drüben ist ein Eichhörnchen."
Martin ____________________ : „Wo?"
Der Förster ____________________ : „Ihr müsst unbedingt leiser sein."
Die Lehrerin ____________________ : „Lasst eure Abfälle nicht liegen."
Alina ____________________ : „Dieser Pilz ist wunderschön."

Hier ist einiges durcheinandergeraten. Schreibe sinnvolle Sätze ins Heft.

Die Kinder krabbeln eine Stunde am Waldrand entlang.
Die flinken Ameisen kriechen rasch in den Bau.
Die Schnecke springt langsam den Pilz empor.
Der Hase wandert über den Wassergraben.
Da schreit Ali ganz leise: „So viele Tiere habe ich noch nie gesehen."
In der Klasse flüstert er ganz laut: „Ich werde einmal Tierforscher.
Dann renne ich ganz langsam durch den Wald und filme alle Tiere."
Da läutet es und Ali schleicht ganz schnell nach Hause.

Sammelt in der Klasse Verben zu den Wortfeldern *gehen, sagen* und *sehen*. Verwendet sie bei eurer nächsten Geschichte.

> Wörter mit ähnlicher Bedeutung kann ich zu einer Gruppe zusammenfassen. Diese Gruppe heißt Wortfeld.
> Mit den Wörtern eines Wortfeldes kann ich mich genau und treffend ausdrücken.

Wortfamilien

Verschiedene Sprachsituationen

Im Schulgarten
Die Kinder erarbeiten eine Wortfamilie zum Wortstamm *pflanz* (vgl. auch Unterrichtsanregungen).

Gesunde Ernährung
Beim Unterrichtsprojekt *Gesunde Ernährung* erarbeiten die Kinder im Deutschunterricht Wortfamilien zu den Wortstämmen *nähr, nahr* und *ess.*

Mein Fahrrad
Im Zusammenhang mit der Verkehrserziehung bilden die Kinder zu den Wortstämmen *fahr* und *fähr* Wortfamilien.

Werbung
Zum Sachthema *Werbung* erstellen die Kinder Wortfamilien mit den Wortstämmen *kauf* und *käuf.*

Ein Kunstprojekt
Nach dem Besuch einer Kunstausstellung werden die Wortfamilien zu den Wortstämmen *kunst* und *künst* zusammengestellt.

Verbrennung
Im Anschluss an das Sachthema *Verbrennung* suchen die Kinder Wörter mit dem Wortstamm *brenn.*

Waschen früher und heute
Die Kinder stellen eine Wörtersammlung mit den Wortstämmen *wasch* und *wäsch* zusammen.

Im Schwimmbad
Die Kinder suchen Wörter mit dem Wortstamm *schwimm.*

Allerlei Flugobjekte
Nachdem im Sachunterricht Flugobjekte aus der Vergangenheit und Gegenwart betrachtet und im Kunstunterricht eigene Flugobjekte erfunden wurden, werden Wörter zu den Wortstämmen *flieg, flüg* und *flug* gesucht.

Besuch aus dem All: Fahrzeuge auf dem Planeten Miros

Nina ist furchtbar sauer, als sie Miro im Gartenhaus besucht. „So ein Mist!", schimpft sie vor sich hin. „Ich hätte es mir ja denken können. Am Freitagnachmittag ist in der Stadt die Hölle los. Überall staut sich der Verkehr. Stoßstange an Stoßstange. Bis man über die Straße kommt, wartet man unendlich lang. Und dieser Gestank und Lärm. Das habe ich nun davon, dass ich Mutti versprochen habe, noch einzukaufen. Meine Lieblingsserie ist längst vorbei." Miro spürt, dass sich Nina ziemlich aufregt und schweigt lieber. Da meint Nina: „Dir könnte das wohl nicht passieren, Miro. Aber interessieren würde es mich schon, wie ihr euch auf eurem Planeten fortbewegt." Hastig gibt sie ihre Frage in den Sprachcomputer ein.

Welche Fahrzeuge habt ihr auf eurem Planeten?

Dazu kann Miro viel erzählen. Schnell bewegen sich seine Finger über die Tastatur seines Computers. Bereits kurze Zeit später kann Nina Folgendes lesen:

Bei uns hat jeder ein Fahrzeug, das so ähnlich wie dein Fahrrad aussieht.
Damit können wir nicht nur auf dem Boden fahren, sondern auch fliegen. Fahrbahnen wie auf der Erde kennen wir nicht. Ist auf dem Boden zu viel los, weichen wir einfach in die Luft aus. Über unsere großen Seen und Flüsse lassen wir uns mit Fähren bringen. Ein besonderes Erlebnis ist die Fahrt über den See der Träume. Der Fährmann erzählt nämlich während der Überfahrt viele schöne Geschichten. Um einen Nachbarplaneten zu besuchen, benützen wir Raumfähren. Übrigens ist die Raumfahrt bei uns schon ein Unterrichtsfach in der Schule. Wir bauen außerdem viele verschiedene Flugzeuge. Die Tragflügel sind ganz leicht. Manche Flugobjekte erinnern mich an Bilder von Geflügel oder von Fliegen, die ich in deinen Tierbüchern gesehen habe. Gefährlich ist es bei uns nur, die Sümpfe zu befahren, weil die Sumpfbewohner Fahrzeuge aller Art hassen. Da kann es leicht passieren, dass sie nach einem tief fliegenden Flugzeug schnappen. Allerdings stinken unsere Fahrzeuge nicht. Sie machen auch keinen Lärm. Alle Fahrzeuge werden mit Sonnenenergie angetrieben.

Nina versucht, sich die Fahrzeuge auf Miros Planeten vorzustellen. Sie ist sich sicher: „Gewiss könnten wir Menschen einiges von Miros Planeten lernen."

Auftrag
In Miros Bericht findet ihr viele Wörter mit den Wortstämmen *fahr, fähr, flieg, flug* und *flüg.*

1. Unterstreicht die Wörter mit diesen Wortstämmen in verschiedenen Farben.
2. Ordnet die Wörter, die zu einem Wortstamm gehören (Wortfamilie), nach verschiedenen Wortarten.
3. Versucht, ein Fahrzeug von Miros Planeten zu zeichnen oder zu bauen.

Unterrichtsanregungen: Gesundes Gemüse aus dem Schulgarten

Medien/Unterrichtshilfen

Lehrerin: Wortkarten zum Lückentext der Gruppen
Kinder: Arbeitsblatt 15 (S. 128)
Für jede Gruppe: Lückentext „Gartentagebuch" (S. 129)

Lernziele

Die Kinder sollen

- in Wörtern den Wortstamm erkennen.
- wissen, dass Wörter mit dem gleichen oder ähnlichen Wortstamm eine Wortfamilie bilden.
- wissen, dass man Wörter einer Wortfamilie bildet, indem man den Wortstamm mit verschiedenen Vor- und Nachsilben bzw. Endungen zusammensetzt.
- Wörter zu einer Wortfamilie bilden.

Unterrichtsverlauf

Einstieg

Die Lehrerin erzählt, dass die Kinder aus Ninas Klasse ein Beet im Schulgarten übernommen haben.
Die Kinder berichten kurz über ihre Erfahrungen mit dem Schulgarten oder einem eigenen Beet zu Hause.
Lehrerin: Die Kinder in Ninas Klasse müssen zunächst entscheiden, was sie auf ihrem Beet anpflanzen wollen. Nach einer längeren Diskussion entscheiden sie sich dafür, gesundes Gemüse zu pflanzen. Außerdem wollen sie in einem Gartentagebuch alle Beobachtungen und Tätigkeiten im Schulgarten festhalten.

Erarbeitung

Jede Gruppe erhält ein Textblatt mit dem Lückentext „Gartentagebuch" (S. 129). Die Kinder jeder Gruppe setzen die angegebenen Wörter ein.

Abruf der Gruppenergebnisse
Die Wortkarten mit den eingesetzten Wörtern werden so an der Tafel befestigt:

Pflanzen	Pflänzchen
eingepflanzt	Tomatenpflänzchen
Gemüsepflanzen	
bepflanzen	

Lehrerin: Die Wörter jeder Spalte haben einen Teil gemeinsam.
Die Kinder erkennen, dass sich die Wortteile *pflanz* und *pflänz* wiederholen. Diese Wortteile werden in den Wörtern farbig nachgespurt. Die Kinder benennen außerdem die Wortarten.
➔ Erkenntnis: Der Teil des Wortes, den mehrere Wörter gemeinsam haben, heißt Wortstamm. Manchmal ändert sich in einem Wortstamm nur ein Selbstlaut. Wörter mit dem gleichen oder ähnlichen Wortstamm bilden eine Wortfamilie. Wörter einer Wortfamilie bestehen aus verschiedenen Wortarten.

Anwendung/Übung
An den Wörtern *einpflanzen, bepflanzen* und *Pflänzchen* werden die Begriffe Vor- und Nachsilbe wiederholt.
In Gruppen suchen die Kinder nach weiteren Wörtern dieser Wortfamilie, indem sie andere Vor- und Nachsilben mit dem Wortstamm zusammensetzen.
Abruf der Ergebnisse
Die Kinder erkennen, dass man mit verschiedenen Vor- und Nachsilben und einem Wortstamm viele Wörter einer Wortfamilie zusammensetzen kann.

Arbeitsblatt 15 (S. 128)

Name ______________________________	Arbeitsblatt 15

Im Schulgarten

1. Die Kinder arbeiten im Schulgarten. Unterstreiche die Wörter, die zur selben Wortfamilie gehören. Kreise den Wortstamm farbig ein.

Tina und Martin holen die Zucchinipflanzen.
Sie achten beim Einpflanzen auf große Pflanzabstände.
Ali bepflanzt das Beet mit Salatpflanzen.
Sinan bindet die jungen Tomatenpflänzchen fest.

2. Setze die passenden Wörter ein. Schreibe den Wortstamm farbig.

Krautkopf – Gartenkräutern – Unkraut – Kräuterspirale – Weißkraut

Jede Woche zupfen die Kinder das ________________ aus ihrem Beet. Besonders prächtig gedeiht das ________________. Ein riesiger ______________________ ist der besondere Stolz der kleinen Gärtner. Neben dem Gemüsebeet wollen die Kinder auch eine ________________________ anlegen. Mit den würzigen ______________________ werden sie später ihren Gemüsesalat verfeinern.

3. Die Kinder wissen, dass ihr Gemüse wichtig für eine gesunde Ernährung ist.
Schreibe möglichst viele Wörter mit dem Wortstamm *nahr* oder *nähr* auf. Das Wörterbuch hilft dir dabei.

____

____

____

 Bilde zu jedem Wort von Nr. 3 einen Satz. Arbeite im Heft.

Wörter mit dem gleichen oder einem ähnlichen Wortstamm bilden eine Wortfamilie.

Textblatt für die Gruppenarbeit: Lückentext „Gartentagebuch“

Gartentagebuch der Klasse 3a

7. Mai
Wir haben kleine ____________________ besorgt.

Damit ____________________ wir heute unser Beet im Schulgarten.

Zum Schluss gießen wir die jungen ______________ .

9. Mai
Wir haben Schnittlauch ________________ .
...

27. Mai
Unsere ____________________ gedeihen prächtig. Die zarten

____________________ müssen wir mit Bambusstäben stützen.

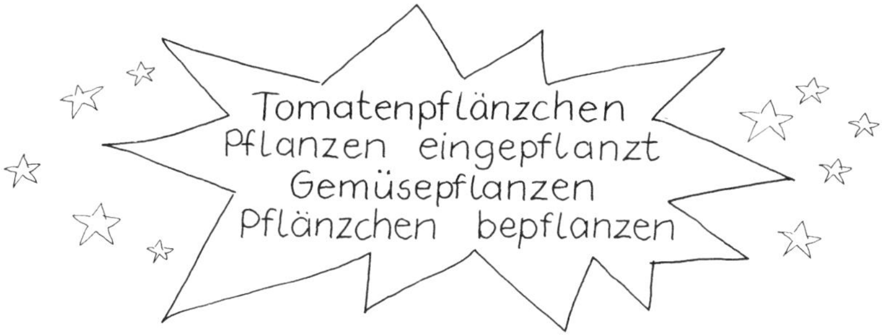

Sprachwerkstatt

Pantomime „Verben mit Vorsilben“
Die Kinder schreiben auf Karten Verben ohne Vorsilben. Ein Spieler zieht eine Karte und überlegt sich zum Verb eine sinnvolle Vorsilbe. Er stellt dieses Verb pantomimisch dar. Wer das Verb zuerst errät, zieht die nächste Karte.

Schreibspiel „Vorsilben“
Auf verdeckten Karten stehen Verben ohne Vorsilben. Reihum dreht jeweils ein Mitspieler eine Karte um. Alle schreiben in einer vorher festgelegten Zeit möglichst viele Verben mit sinnvollen Vorsilben auf. Wer die meisten Verben gefunden hat, hat diese Runde gewonnen.

Wörterschieber „Nachsilben"

beobachten	
biegen	Beobachtung
bohren	Biegung
entdecken	Bohrung
drehen	Entdeckung
empfinden	Drehung
entfernen	Empfindung
entwickeln	Entfernung
erwarten	Entwicklung
erzählen	Erwartung
	Erzählung

Zuerst werden die Schieber auf S. 131 und 132 ausgeschnitten und jeweils an den grauen Flächen zusammengeklebt. Danach werden die Aufgabenkarten in den entsprechenden Schieber gesteckt.

führen	
heizen	Führung
herstellen	Heizung
hoffen	Herstellung
impfen	Hoffnung
erklären	Impfung
kühlen	Erklärung
belohnen	Kühlung
messen	Belohnung
ernähren	Messung
	Ernährung

Tipp: Wenn der untere Teil der Aufgabenkarte verdeckt sein soll, nimmt man einfach anstelle des Lernschiebers einen zugeklebten Briefumschlag. Dieser wird an der kurzen Seite passend zugeschnitten und beschriftet. Danach wird die Karte in den Umschlag gesteckt und Stück für Stück herausgezogen.

Verb
Nomen

bequem	
blind	Bequemlichkeit
deutlich	Blindheit
dumm	Deutlichkeit
ehrlich	Dummheit
feucht	Ehrlichkeit
flüssig	Feuchtigkeit
frei	Flüssigkeit
fröhlich	Freiheit
häufig	Fröhlichkeit
	Häufigkeit

Adjektiv
Nomen

Nachsilben-Würfel

Die Nachsilben *-ung*, *-heit*, *-keit* werden jeweils zweimal auf einen Blankowürfel geschrieben. In der Mitte liegen Karten mit Adjektiven und Verben. Reihum wird gewürfelt. Wer zuerst mit der gewürfelten Nachsilbe und einer Karte ein Nomen bilden kann, behält die Karte. Sieger ist, wer die meisten Karten gesammelt hat.

klar	kreuzen	kühl	nützen
richtig	rühren	sammeln	schalten
schließen	schrecklich	schwierig	spiegeln
verspäten	stärken	süß	trocken
umkehren	überqueren	verbrennen	verletzen
verpacken	verschmutzen	vollständig	blind
wichtig	wild	zeichnen	deutlich

Vorsilben-Würfel

Auf einem Blankowürfel werden sechs verschiedene Vorsilben (beispielsweise *ver, ab, an, um, auf, aus*) geschrieben. Die Mitspieler würfeln reihum. Zu jeder gewürfelten Vorsilbe schreiben die Kinder in einer vorher vereinbarten Zeit möglichst viele sinnvolle Wörter dazu auf. Wer die meisten Wörter mit Vorsilben gefunden hat, erhält für diese Spielrunde einen Punkt.

Zwei in einem

Die Wortkarten werden in der Kreismitte verteilt. Die Kinder versuchen, aus jeweils drei Karten ein Riesenwort zu bilden, in dem zwei zusammengesetzte Namenwörter verborgen sind. Beispiel: Luft-Post-Auto
Wer die meisten Riesenwörter findet, hat gewonnen.

Luft	Post	Auto	Zopf	Gummi
Ball	Schilf	Rohr	Zange	Fisch
Dosen	Spitzer	Fenster	Brett	Spiel
Tanz	Kleider	Bügel	Schi	Schuh
Löffel	Taschen	Uhr	Zeiger	Müll
Beutel	Tier	Ohr	Ring	Finger

Kartenspiel „Zusammengesetzte Adjektive“

Die Karten werden gleichmäßig an alle Mitspieler verteilt. Die Mitspieler ziehen reihum von einander Karten. Wer ein Kartenpaar (Bild und Adjektiv) hat, legt es ab. Wer zuerst keine Karten mehr hat, ist Sieger.

	rot		grün	
steif		leicht		hart
	stark		blau	
groß		schnell		grau
	gelb		schwarz	
weiß		rund		kalt

Pantomime zum Wortfeld „gehen“

Die Kinder legen eine Wörtersammlung zum Wortfeld *gehen* an und schreiben jedes Wort auf eine Karte. Ein Mitspieler zieht eine Karte und stellt das Wort pantomimisch dar. Wer es zuerst errät, zieht die nächste Karte.

Stöpselkarte „Wortfelder“

In jeder Reihe steht ein Wort, das nicht zum Wortfeld passt. Dieses Wort wird mit einem Stöpsel versehen. Farbmarkierungen auf der Rückseite ermöglichen Selbstkontrolle.

schleichen ○	trampeln ○	fliegen ○	stolpern ○	rennen ○
schreien ○	flüstern ○	antworten ○	stottern ○	lauschen ○
schauen ○	glotzen ○	erspähen ○	verstecken ○	beobachten ○
loben ○	überreichen ○	aushändigen ○	geben ○	schenken ○
wegnehmen ○	schimpfen ○	entreißen ○	stehlen ○	entwenden ○

Wortfamilien-Terzett

Die Karten werden gleichmäßig an die Mitspieler verteilt. Anschließend ziehen die Kinder reihum voneinander Karten. Wer drei Karten, die zur gleichen Wortfamilie gehören, besitzt, legt sie als Terzett ab. Sieger ist, wer zuerst keine Karten mehr hat.

Unkraut	Krautkopf	Kräutertee	ernähren	Nahrung
Nährstoffe	Flugzeug	Flügel	abfliegen	Einfahrt
Fähre	abfahren	vergraben	Grab	Goldgräber
Gestell	verstellen	Bestellung	Untergang	vergänglich
Vorgang	Wäsche	Waschbär	auswaschen	verkaufen
Käufer	Kaufladen	Uhrzeiger	Anzeige	anzeigen

Wortfamilie gesucht

Die Karten liegen verdeckt vor den Mitspielern. Reihum wird jeweils eine Karte umgedreht. Die Kinder schreiben in einer vorher vereinbarten Zeit möglichst viele Wörter mit diesem Wortstamm auf.

stell	fahr	steig	flug	kauf
pflanz	nahr	ess	gang	grab
zeig	geb	lauf	zahl	spiel

2.6 Gebräuchliche Fremdwörter

Verschiedene Sprachsituationen

Die Kinder legen für die nachfolgenden Themengebiete Fremdwörterlisten an. Sie versuchen mit Hilfe von Fremdwörterbüchern und ihren Fremdsprachenkenntnissen (insbesondere Englisch) die Fremdwörter zu erklären. Allmählich entsteht ein klasseninternes Fremdwörterlexikon.

Wichtige Begriffe aus der Computersprache

Rund um den Sport

Werbung

Die Welt der Musik

Besuch aus dem All: Nina redet in zwei Sprachen

Nina kommt mit einem ganzen Schwung Reklameprospekten unter dem Arm ins Gartenhaus gestürmt. „So und jetzt muss ich mich endlich für ein Geburtstagsgeschenk entscheiden. Wenn ich nur wüsste, was ich mir wünschen soll!“, seufzt sie und lässt sich auf dem Boden nieder. „Die Runningschuhe wären super. Aber das Kickboard würde mir auch sehr gefallen. Natürlich wären da noch die Rollerblades. Oder sollte ich mich doch für einen portablen CD-Player entscheiden? Was meinst du dazu, Miro?“

Miro schaut Nina ziemlich ratlos an. Dann erscheint seine Frage am Bildschirm.

Hallo, Nina,
leider habe ich nicht viel verstanden.
Lernst du gerade eine neue Sprache?

Nina stutzt einen Augenblick. Dann fängt sie an zu lachen. „Komm mal her, Miro. Ich zeig dir die Sachen im Prospekt. Okay."

Auftrag
1. Unterstreicht die Dinge, die sich Nina wünscht.
2. Versucht die Begriffe zu erklären. Aus welcher Sprache stammen sie?
3. Sucht nach weiteren Beispielen für Fremdwörter in Werbeprospekten und Katalogen.

Unterrichtsanregungen: Alles klar am PC?

Medien/Lernhilfen

Lehrerin: Tonbandaufzeichnung, Wortkarten, Fremdwörterbücher, Kinderlexika, Karteikasten und leere Karteikarten
Kinder: nach Möglichkeit Kinderlexika

Lernziele

Die Kinder sollen
- wichtige Begriffe aus der Computersprache kennen.
- wissen, dass viele Fremdwörter aus dem Englischen kommen.
- aufmerksam werden auf Fremdwörter in ihrer Umgebung.
- Bücher zum Nachschlagen von Fremdwörtern gebrauchen.

Unterrichtsverlauf

Einstieg

Die Kinder hören eine kurze Tonbandaufzeichnung.

Tim: Mensch, ist dein Joystick cool. So einen habe ich mir auch schon lange gewünscht.
Lisa: Dafür hast du eine super Software für deinen Gameboy.
Tim: Ich würde gern das neue Game auf meinem PC installieren. Hilfst du mir dabei?
Lisa: Na klar, klick mal auf das Icon Setup.
Marco: Müsst ihr immer in diesem Fachchinesisch miteinander reden?
Jana: Genau, ich versteh langsam gar nichts mehr.

Die Kinder äußern sich kurz zur Tonbandaufnahme.

Erarbeitung
Die Lehrerin schreibt die Überschrift | *Alles klar am PC?* | an.
Anschließend werden die Wortkarten mit den Begriffen *Joystick, cool, Software, Game, Icon, Setup, installieren* an die Tafel geheftet.

| Joystick | Software | Icon | installieren |
| cool | Game | Setup |

Die Wörter werden nochmals gelesen, wobei auf eine korrekte Aussprache geachtet wird.
Lehrerin: Bis auf das Wort *installieren* ist dir bei der Aussprache der Wörter bestimmt etwas aufgefallen.
Die Kinder erkennen, dass man diese Wörter ganz anders ausspricht als man sie schreibt.
Lehrerin: Das ist dir von einer anderen Sprache her bereits bekannt.
Die Kinder bringen ihr Wissen aus dem Englischunterricht ein.
Lehrerin: Diese Wörter kommen nicht aus der deutschen Sprache. Sie stammen aus fremden Sprachen. Deshalb nennt man sie Fremdwörter. Viele Fremdwörter kommen aus dem Englischen.
Die Kinder zeigen auf die Wortkarten mit den Fremdwörtern, die aus dem Englischen kommen.
Lehrerin: Das Wort *installieren* kommt aus dem Lateinischen, einer Sprache, die man heute gar nicht mehr spricht. Bestimmt kennt ihr noch andere Begriffe aus der Computersprache.
Die Kinder nennen Begriffe, die die Lehrerin auf leere Wortkarten schreibt.
In Gruppenarbeit versuchen die Kinder, die Bedeutung der Fremdwörter zu klären.
Abruf der Ergebnisse
Lehrerin: Nicht nur in der Computersprache gibt es viele Fremdwörter. Überlege mit deinem Partner, wann wir noch viele Fremdwörter gebrauchen.
Abruf der Ergebnisse
Die genannten Bereiche wie beispielsweise Sport, Technik, Mode, Musik werden auf leeren Wortkarten festgehalten und an die Pinnwand geheftet.
Lehrerin: Gewiss passiert es euch manchmal, dass ihr ein Fremdwort hört oder lest, aber nicht wisst, was es bedeutet. Überlege mit deinem Partner, was du dann tun kannst.
Abruf der Vorschläge
Die Lehrerin zeigt ein Fremdwörterbuch.
Die Kinder erkennen, dass unbekannte Fremdwörter in einem Fremdwörterbuch nachgeschlagen werden können.

Anwendung/Übung

Die Kinder werden aufgefordert, in den nächsten Wochen auf Fremdwörter in ihrer Umgebung zu achten (Werbeprospekte, Zeitungen, Bücher usw.) und diese auf leere Karteikarten zu schreiben. Die Karteikarten werden an der Pinnwand unter dem entsprechenden Themengebiet eingeordnet.

Außerdem bringen die Kinder nach Möglichkeit Kinderlexika und Fremdwörterbücher (eventuell auch aus der Bücherei entleihen) mit.

In der Freiarbeit schlagen sie die Fremdwörter in den verschiedenen Büchern nach und schreiben einfache Erklärungen auf die Karteikarten. Anschließend legen sie die bearbeiteten Karteikarten in einem Karteikasten ab, der nach Themengebieten wie Computer, Sport, Musik, Mode geordnet ist. So entsteht im Laufe der Zeit eine Fremdwörterkartei.

3. Sprachliche Vielfalt auf der Ebene des Satzes

3.1 Mit Satzgliedern experimentieren

Verschiedene Sprachsituationen

Alle lieben Pippi und ...
Bekannten Kinderbüchern werden Sätze mit den Hauptfiguren entnommen. Die Wörter der Sätze werden auf kleine Kärtchen geschrieben und jeweils in einen Umschlag gelegt. Die Kinder setzen die Wörter zu sinnvollen Sätzen zusammen. Zusätzlich können auch die Wörter von zwei Umschlägen zu neuen Sätzen kombiniert werden.

Geheime Botschaften
Jede Gruppe schneidet aus Zeitungen zehn bis zwölf Wörter aus, mit denen ein sinnvoller Satz gebildet werden kann. Diese Wörter legen sie in einen Umschlag. Anschließend werden die Umschläge ausgetauscht. Jede Gruppe versucht mit den Wörtern möglichst viele sinnvolle Sätze zu legen und aufzuschreiben.

Bastelanleitung
Die Lehrerin präsentiert eine kurze Bastelanleitung, in der jeder Satz mit ***Ich*** beginnt. Die Kinder überarbeiten die Bastelanleitung, indem sie die Satzglieder jedes Satzes umstellen.

Werbung
Die Kinder formulieren Werbesprüche. Durch Umstellen der Satzglieder erproben sie die unterschiedlichen Wirkungen. Im betonten Sprechen wenden sie außerdem die Klangprobe an.

Besuch aus dem All: Eine Botschaft von Miros Freunden

Heute ist Miro ganz aufgeregt. Er hat in der vergangenen Nacht eine Botschaft von seinen außerirdischen Freunden erhalten. Beim Übersetzen der Signale ist Miros Sprachcomputer zunächst abgestürzt. Inzwischen kann Miro wieder einzelne Wörter der Botschaft empfangen. Zusammen mit Nina versucht er, die Nachricht seiner Freunde zu entschlüsseln.

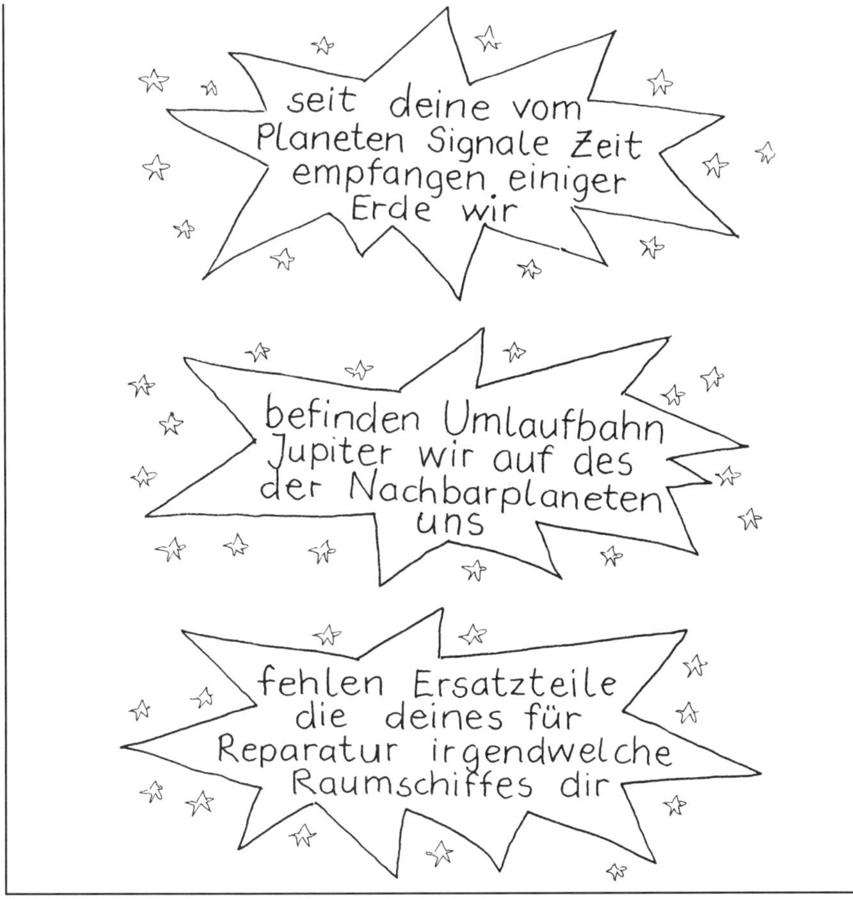

Auftrag

1. Schreibt jedes Wort einer Botschaft auf eine kleine Karte.
2. Bildet mit den Wortkarten möglichst viele sinnvolle Sätze. Schreibt die Sätze auf.
3. Einige Wörter bleiben immer zusammen. Malt diese Wortkarten in der gleichen Farbe an.

Merke
Wörter, die beim Umstellen eines Satzes immer zusammen bleiben, bilden ein Satzglied. Satzglieder können aus einem oder aus mehreren Wörtern bestehen.

Unterrichtsanregungen: Kommt und kauft – Werbung für unser Fitness-Büfett

Medien/Lernhilfen

Lehrerin: Tonbandaufnahme, Wortkarten in verschiedenen Farben (S. 143)
Kinder: Arbeitsblatt 16 (S. 145)
Für jede Gruppe: Umschlag mit Wortkarten (S. 143), leere Folie, wasserlöslicher Folienstift

Lernziele

Die Kinder sollen

- aus Wörtern sinnvolle Sätze bilden.
- die Wörter eines Satzes umstellen.
- die gebildeten Sätze betont vorlesen.
- aufgrund des unterschiedlichen Klanges entscheiden, welcher Satz am besten für die Speisen wirbt.
- erkennen, dass durch das Umstellen von Wörtern im Satz verschiedene Satzarten entstehen.
- erkennen, welche Wörter bei der Umstellprobe zusammen bleiben.
- wissen, dass die Wörter, die beim Umstellen zusammen bleiben, ein Satzglied bilden.
- wissen, dass Satzglieder aus einem oder aus mehreren Wörtern bestehen können.

Verbindung zu anderen Fächern

Sachunterricht: Werbung

Unterrichtsverlauf

Einstieg

Lehrerin: Endlich können die Kinder aus Ninas Klasse ihr Gemüse im Schulgarten ernten. Sie möchten aus dem Gemüse leckere Speisen zubereiten und auf dem Schulfest verkaufen. Mit dem Geld wollen sie Gartenwerkzeuge kaufen. Zum Glück spendieren auch einige Eltern Obst und Gemüse aus dem eigenen Garten.

Erarbeitung

Die Kinder hören eine kurze Tonbandaufnahme.

Nina: Ich habe auch schon einen Namen für unser kaltes Büfett. Wir nennen es Fitness-Büfett. Da greifen die Leute bestimmt gerne zu.
Pascal: Das ist eine gute Idee. Wir müssten aber unbedingt noch Wer-

bung machen, damit die Leute auf unseren Stand aufmerksam werden.
Julia: Genau. Wir schreiben Werbesprüche auf Plakate.
Nina: Wir müssen aber auch wie die Marktschreier unsere Speisen anpreisen.

Tafelanschrift: ***Unser Fitness-Büfett***

Es erfolgt eine kurze Aussprache zur gehörten Tonbandszene.

Lehrerin: Die Kinder wollen mit Werbesprüchen auf ihr Fitness-Büfett aufmerksam machen. Weil sie besonders wirkungsvoll Werbung machen wollen, überlegen sie genau, wie sie die Werbesprüche formulieren. Immer wieder stellen sie einzelne Wörter um und lesen die Sätze laut vor. Dann entscheiden sie in der Gruppe, welcher Satz am besten klingt.

Auftrag für die Gruppenarbeit:

Jede Gruppe erhält einen Umschlag mit Wortkarten. Setzt die Wortkarten zu einem sinnvollen Satz zusammen und schreibt ihn auf die Folie. Stellt dann einzelne Wörter um und bildet weitere Sätze. Schreibt alle Sätze auf.

Sätze für die Gruppenarbeit:

Die Sätze werden wortweise zerschnitten und in einen Umschlag gelegt. Jede Gruppe erhält einen Umschlag.

Die gleichen Wortkarten verwendet die Lehrerin für die Tafel. Hier sind die Wortkarten jedes Satzgliedes eines Satzes jedoch in einer anderen Farbe gehalten.

versuchen	Sie	am	besten	gleich
unseren	herzhaften	Kräuterquark		

probieren	Sie	unbedingt	unsere	leckeren
Tomatenbrötchen	gleich	jetzt		

Sie	vergessen	bestimmt	unsere	fantastische
Erdbeermilch	nie	mehr		

das	knackige	Gemüse	für	unsere
Salatplatte	kommt	direkt	aus	unserem
Schulgarten				

der	gesunde	Obstsalat	enthält	garantiert
erntefrische	Früchte	aus	dem	Garten

Die Gruppen legen ihre Folien auf dem Overheadprojektor auf, lesen die Sätze betont vor und achten besonders auf die Satzzeichen am Satzende. Die Kinder wiederholen die verschiedenen Satzarten. Außerdem entscheiden sie, welcher Satz als Werbespruch am besten klingt.
➔ Erkenntnis 1: Man kann Wörter in einem Satz umstellen. Dadurch entstehen Aussagesätze, Aufforderungen oder Fragesätze.
Lehrerin: Einige Wörter bleiben beim Umstellen immer zusammen. Findet in der Gruppe heraus, welche Wörter zusammen bleiben und malt diese Wortkarten in der gleichen Farbe an.
Während die Gruppen die Wörter, die immer zusammen bleiben, nennen, befestigt die Lehrerin die entsprechenden Wortkarten an der Tafel. Dabei sind die Wortkarten jedes Satzgliedes in einer anderen Farbe gehalten.
➔ Erkenntnis 2: Wörter, die beim Umstellen eines Satzes immer zusammen bleiben, heißen Satzglied. Satzglieder können aus einem oder aus mehreren Wörtern bestehen.

Übung
Arbeitsblatt 16 (S. 145)

Sprachwerkstatt

Klappbücher
Zuerst werden die Einzelblätter an der langen Seite mit einer Spirale zusammengebunden. Danach werden die Satzglieder auseinandergeschnitten.

Der Hund	beißt	im Wohnzimmer	in den Pantoffel.

Der Vogel	singt	den ganzen Tag	auf der Tanne.

Der Frosch	versteckt sich	vor dem Storch	im Schilf.

Ali	klettert	im Garten	auf einen Baum.

Name ______________________________	Arbeitsblatt 16

Unser großes Fitness-Büfett

1. Bilde mit den Wörtern verschiedene Sätze. Schreibe jedes Wort in ein Kästchen. Male die Kästchen der Wörter, die immer zusammenbleiben, in der gleichen Farbe an.

Gemüse | Schulgarten | unserem | erntefrischem

Sie | verwöhnen | aus | wir | mit

2. Tausche die Satzglieder aus. Bilde möglichst viele sinnvolle Sätze und schreibe sie auf. Achte auf die Satzzeichen.
Beispiel: Die Kinder belegen die Brötchen mit Tomaten.
Mit Tomaten belegen die Kinder die Brötchen.
Belegen die Kinder die Brötchen mit Tomaten?

Jana	belegen – belegt	die leckere Erdbeermilch	auf dem Schulhof
Inas Mutter	trinken – trinkt	die Salatplatte	mit den frischen Beeren
die Kinder	zerschneiden – zerschneidet	den gesunden Obstsalat	am Fitness-Büfett
Pascal	probieren – probiert	die Brötchen	mit einem scharfen Messer
viele Gäste	loben – lobt	den großen Kohlrabi	mit Tomaten

Wörter, die beim Umstellen eines Satzes zusammenbleiben, bilden ein Satzglied.
Satzglieder bestehen aus einem oder aus mehreren Wörtern.

Der Vater	bohrt	ein Loch	in die Wand.

Alina	läuft	jeden Tag	über die Brücke.

Pascal	erwartet	die Großmutter	am Bahnhof.

Satzbaurollen

Die Satzgliederstreifen werden auf verschieden farbiges Papier kopiert und zu Rollen zusammengeklebt. Die Satzgliederrollen werden über eine Papprolle (beispielsweise von einer Küchenrolle) geschoben. Durch unterschiedliche Anordnung und durch Verschieben der Satzgliederrollen können viele verschiedene Sätze gebildet werden.

Opa	klettert	mit Lisa	auf einen Baum
Fabian	fährt	mit seiner Oma	in den Zoo
der Fuchs	schleicht	zum Hühnerstall	am Abend
Sinan	versteckt sich	unter dem Bett	während des Gewitters
Alina	schwimmt	allein	im See
der Hund	rennt	mit der Zeitung	in den Garten
der Hase	knabbert	hinter dem Busch	an einer Karotte

Satzwürfel

Es werden vier Blankowürfel benötigt. Jeder Würfel wird mit anderen Satzgliedern (Subjekte, Prädikate, Objekte, Orts- und Zeitbestimmungen) beschriftet. Jeder Spieler würfelt mit jedem Würfel einmal und setzt möglichst viele verschiedene Sätze mit den gewürfelten Satzgliedern zusammen.

Satz-Quartett

Auf jeder Spielkarte steht ein Satzglied. Jeder Mitspieler erhält gleich viele Karten. Die Kinder ziehen reihum von einander Karten. Wer vier Karten besitzt, die einen sinnvollen Satz ergeben, legt sie als Quartett ab. Wer zuerst keine Karten mehr hat, ist Sieger.

Simon	spielt	mit seiner Ente	in der Badewanne	Lisa
fährt	mit dem Fahrrad	in die Stadt	das Eichhörnchen	springt
mit der Nuss	von Ast zu Ast	der Hahn	kräht	am Morgen
auf dem Misthaufen	die Lehrerin	zeichnet	im Unterricht	an die Tafel
Mirko	träumt	am Strand	von Robinson	Nina
versteckt sich	mit ihrer Freundin	unter der Decke	der Hamster	klettert
am Abend	aus dem Käfig			

Satzbauschieber

Jeder Satzgliederstreifen wird auf verschieden farbiges Papier kopiert. Die Streifen können in unterschiedlichen Anordnungen in den Schieber gesteckt werden. Durch Verschieben der Streifen entstehen immer wieder neue Sätze.

der Frosch	quakt	jeden Abend	am Teich
die Katze	schleicht	im Morgengrauen	über die Wiese
das Pferd	galoppiert	jeden Tag	über die Weide
der Hund	läuft	mit seinem Knochen	in den Garten
der Igel	versteckt sich	vor dem Fuchs	unter dem Reisighaufen
Ibrahim	schwimmt	mit der Luftmatratze	mitten auf dem See
Nela	fährt	mit dem Bus	in die Schule
Tim	isst	am Mittag	zusammen mit Opa
Lisa	liest	in der Nacht	unter der Bettdecke
Kevin	klettert	mit dem Bruder	ins Baumhaus

Satzgliederschieber

Zuerst werden die Fenster des Schiebers ausgeschnitten. Danach wird der Schieber an den schraffierten Flächen zusammengeklebt.

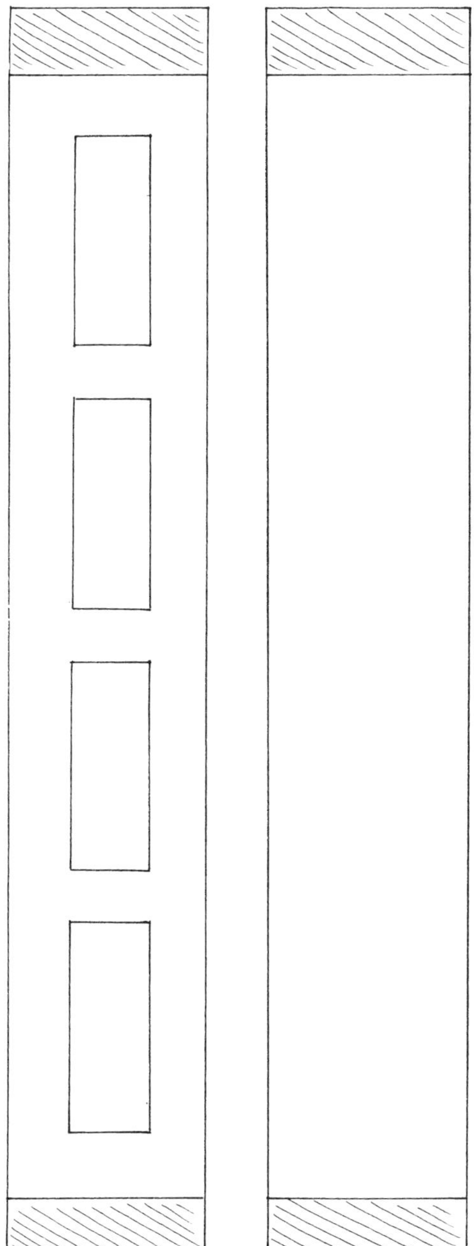

3.2 Satzgegenstand

Verschiedene Sprachsituationen

Wir basteln für den Basar
Die Kinder veranstalten einen Basar an ihrer Schule. Deshalb erstellen sie einen Arbeitsplan, in dem sie eintragen, wer welche Aufgaben übernimmt.

Klassendienste
Die Kinder teilen ein, wer welche Aufgaben in der Klasse übernimmt.

Werbeslogans und Schlagzeilen
Die Kinder sammeln Werbeslogans und Schlagzeilen aus Zeitungen und Zeitschriften und bestimmen die Satzgegenstände.

Rätsel
Die Rätselfrage *Wer ... ?* oder *Was ...?* wird gestellt. Die Lösung ist der Satzgegenstand, der in das Beschreibungsrätsel eingesetzt wird.

Personen- oder Tierbeschreibung
Die Kinder beschreiben ihren besten Freund oder ihr Haustier oder ihr Lieblingstier.

Die große Überraschung
Die Lehrerin erzählt, dass die Eltern von Julia und Pascal für einen Tag verreist sind. Die Kinder wollen die Zeit nützen, um ihre Eltern zu überraschen. Sie stellen einen Plan auf, wer welche Aufgaben übernimmt.

Wer war das?
Jede Gruppe schreibt eine Streichgeschichte oder einen Krimi. Die Geschichten werden ausgetauscht und die Gruppen versuchen herauszufinden, wer der Täter war.

Ein Gespenst namens Unfug
Die Lehrerin erzählt von einem frechen kleinen Gespenst, das stets zu Streichen aufgelegt ist. Es verirrt sich in die Grundschule und spielt bald allen die tollsten Streiche. Die Kinder vermuten, welche Streiche das Gespenst den Kindern, den Lehrern und dem Hausmeister spielen könnte. Bald beschuldigen sich alle gegenseitig.

Reporter

Die Kinder spielen Reporter. Sie stellen ihren Klassenkameraden Fragen, die mit *Wer ...?* oder *Was ...?* beginnen. Die Antworten werden notiert und auf den Satzgegenstand hin untersucht.

Besuch aus dem All: Alarm! Alarm!

Nina ist wieder einmal allein zu Hause. Sie liegt auf der Couch im Wohnzimmer und sieht fern. Miro geht in die Küche, um sich eine Limo zu holen. Kurze Zeit später kommt er völlig aufgeregt zurück. Er zerrt Nina am Pulli und schreit immer wieder:

Auf dem Käfig!
Hilfe!
Gardine!
Vase!

Nina versteht zunächst nicht, was ihr Miro eigentlich sagen will. Verwirrt fragt sie ihn:

Wer ist auf dem Käfig?
Wer braucht Hilfe?
Was ist mit der Gardine passiert?
Was ist mit der Vase los?

Da zieht Miro Nina kurzerhand in die Küche. Was Nina dort sieht, lässt sie für einen Augenblick starr vor Schreck werden.

Die Tür des Papageienkäfigs steht offen.
Der alte Kater Murr sitzt auf dem Käfig.
Der Papagei Jakob kauert völlig verängstigt in einer Käfigecke.
Er schreit immer wieder „Hilfe!“.
Die Gardine ist völlig zerfetzt.
Die Blumenvase liegt zertrümmert auf dem Boden.

Nina klatscht wütend in die Hände und schreit Kater Murr laut an. Der springt mit einem Satz vom Käfig und verschwindet durch die offene Terrassentür. Da hört Nina auch schon, wie ihre Mutter die Haustür aufsperrt. Sie kann gerade noch rechtzeitig Miro durch die Terrassentür schieben, als ihre Mutter im Zimmer steht und die Bescherung sieht. Natürlich will sie sofort alles ganz genau wissen:

Wer hat die Tür des Käfigs geöffnet?
Wer hat dem Papagei Jakob solche Angst eingejagt?
Wer hat die Gardine zerfetzt?
Wer hat die Vase zertrümmert?

Auftrag

1. Beantwortet die Fragen der Mutter in ganzen Sätzen.
2. Mit der Frage *Wer ...?* oder *Was ...?* fragen wir nach dem Satzgegenstand. Unterstreicht in den Antworten jeweils den Satzgegenstand.
3. Nina findet die Küche in ziemlicher Unordnung vor.
   Bestimmt in den Sätzen den Satzgegenstand und unterstreicht ihn.
   Die Frage *Wer ...?* oder *Was ...?* hilft euch dabei.

Unterrichtsanregungen: Wir basteln für den Basar unserer Schule

Medien/Lernhilfen

Lehrerin: Wortkarten und Plakate (S. 153), Folienbilder 36 (S. 154), 37 (S. 154/155), 38 (S. 155), 39 (S. 155), 40 (S. 156)
Kinder: Arbeitsblatt 17 (S. 157)

Lernziele

Die Kinder sollen

- den Satzgegenstand in einem Satz bestimmen können.
- einen Satzgegenstand durch einen anderen Satzgegenstand ersetzen können.
- erproben, wie sich die Position des Satzgegenstandes im Satz durch Umstellen von Satzgliedern verändert.
- die Funktion des Satzgegenstandes erkennen.

Verbindungen zu anderen Fächern

Sachunterricht: Zusammenleben in der Schule

Unterrichtsverlauf

Einstieg

Tafelanschrift: *Der große Basar*

Die Kinder äußern Vermutungen dazu und bringen eventuell eigene Erfahrungen ein.

Lehrerin: An Ninas Schule soll ein großer Basar stattfinden. Alle Klassen wollen sich daran beteiligen. Die Kinder in Ninas Klasse überlegen schon seit Tagen, was sie für diesen Basar basteln könnten.

Die Kinder vermuten, was für den Basar gebastelt werden könnte.

Lehrerin: Die Kinder haben ihre Ideen an der Pinnwand gesammelt.

Folgende Wortkarten werden untereinander an der Tafel befestigt:

Glückwunschkarten | Kerzen | Fensterbilder | Blumenstecker

Lesezeichen

Erarbeitung

Lehrerin: Da haben sich die Kinder viel vorgenommen.

Die Kinder erkennen im gelenkten Gespräch, dass die Kinder in Ninas Klasse Arbeitsgruppen bilden müssen, um die verschiedenen Dinge zu basteln.

Tafelanschrift: *Arbeitsgruppen*

Lehrerin: In Ninas Klasse trägt sich jeder in eine Arbeitsgruppe ein.

Die Lehrerin befestigt vor der Wortkarte *Glückwunschkarten* das erste Plakat mit Kindernamen und schreibt dazwischen das Wort *basteln*. Analog wird mit den weiteren Plakaten verfahren.

Martin, Tina, Sven, Julia und Ali	Pascal, Kevin, Jana, Anja und Marc	Nina, Lisa, Rebecca, Tom und David	Ina, Stefanie, Dominik, Alina und Valerie	Tanja, Fabian, Sabrina und Ibrahim

Tafelanschrift:

Der große Basar

Arbeitsgruppen:

Martin, Tina, Sven, Julia und Ali	basteln	Glückwunschkarten
Pascal, Kevin, Jana, Anja und Marc	basteln	Kerzen

usw.

Lehrerin: Johannes geht auch in Ninas Klasse. Er war an dem Tag krank, als in der Klasse die Aufgaben verteilt wurden. Nina soll ihn fragen, was er basteln möchte, wenn er wieder gesund ist. Am Nachmittag telefoniert Nina mit Johannes. Als ihm Nina erzählt, was sie basteln wollen, will er es ganz genau wissen.

Folie 36:

Wer bastelt die Glückwunschkarten?
Wer bastelt die Kerzen?
Wer bastelt die Fensterbilder?
Wer bastelt die Blumenstecker?
Wer bastelt die Lesezeichen?

Lehrerin: Du kannst die Fragen von Johannes beantworten.
Die Kinder formulieren Antwortsätze zur Tafelanschrift.
➔ Erkenntnis 1: Mit der Frage **Wer ...?** kannst du danach fragen, wer etwas tut. Die Namen der Kinder sagen aus, wer etwas tut.
Lehrerin: Wir wissen bereits: Ein Satz besteht aus mehreren Satzgliedern. Wenn wir die Wörter im Satz umstellen, können wir feststellen, welche Wörter zu einem Satzglied gehören.
Die Plakate und die Wortkarten an der Tafel werden umgestellt.
Die Kinder erkennen, dass die Namen der Kinder auf dem Plakat ein Satzglied sind.
➔ Erkenntnis 2: Die Namen der Kinder sind ein Satzglied. Dieses Satzglied sagt aus, wer etwas tut. Das Satzglied heißt Satzgegenstand.
Lehrerin: Johannes will bereits übermorgen wieder in die Schule kommen. Nachdem er sich genau darüber informiert hat, was jeder tut, entscheidet auch er sich für eine Arbeitsgruppe. Als Nina am nächsten Tag in die Schule kommt, überfallen sie die anderen Kinder gleich mit Fragen.

Folie 37:

Bastelt Johannes Glückwunschkarten?

Bastelt Johannes Kerzen?

Bastelt Johannes Fensterbilder?

Bastelt Johannes Blumenstecker?

Bastelt Johannes Lesezeichen?

Lehrerin: Nina kann die Fragen schnell beantworten.

Folie 38:

Johannes bastelt Lesezeichen.

Lehrerin: Das Satzglied *Johannes* sagt aus, wer etwas tut.
Die Kinder erkennen, dass das Satzglied *Johannes* der Satzgegenstand ist.
Der Satzgegenstand *Johannes* wird in den Fragesätzen und im Aussagesatz farbig unterstrichen.
Lehrerin: Vergleicht den Aussagesatz mit den Fragesätzen. Was fällt euch beim Satzgegenstand auf?
Die Kinder erkennen, dass sich die Position des Satzgegenstandes verändert hat (1. Stelle – 2. Stelle).
Lehrerin: Die Kinder verteilen auch in jeder Arbeitsgruppe die Aufgaben. Julia erzählt ihrer Mutter am Nachmittag, was jeder in ihrer Gruppe macht.

Folienbild 39:

Martin, Sven, Tina, Ali und ich basteln Glückwunschkarten für den Basar.
Wir arbeiten zusammen.
Martin zeichnet verschiedene Motive auf Tonpapier.
Sven schneidet die Motive aus.
Tina sammelt und presst Blumen und Gräser.
Ali klebt die gepressten Pflanzen und die Papiermotive auf die Karten.
Ich stemple auf jede Karte „Alles Gute“ oder „Herzlichen Glückwunsch“.

Lehrerin: Julias Freundin Simone von der Nachbarklasse bewundert die fertigen Karten sehr. Sie fragt ihre Freundin.

Folie 40:

Wer hat die Motive aus Tonpapier gezeichnet?
Wer hat die Motive so sauber ausgeschnitten?
Wer hat die Blumen gepresst?

Wer hat ______________________________

______________________________?

Wer hat ______________________________

______________________________?

Die Kinder beenden die angefangenen Fragen. Die Lehrerin ergänzt die Fragen auf der Folie.

Lehrerin: Ihr wisst bereits, nach welchem Satzglied man mit **Wer ...?** fragt.
Die Kinder wiederholen, dass man so nach dem Satzgegenstand fragt.
Die Kinder unterstreichen auf der Folie 39 die Satzgegenstände farbig.
Lehrerin: Nicht immer ist der Satzgegenstand ein Name.
Die Kinder erkennen, dass der Satzgegenstand ein Fürwort sein kann und dass er aus einem oder aus mehreren Wörtern bestehen kann.
Lehrerin: Nach zwei Tagen wird es den Kindern in Julias Gruppe zu langweilig, immer nur das Gleiche zu machen. Deshalb tauschen sie ihre Aufgaben.
Die Kinder vermuten anhand der Folie 39, wer jetzt welche Aufgabe übernehmen könnte.
Sie formulieren entsprechende Sätze.
Beispiel: Julia zeichnet verschiedene Motive auf Tonpapier.
Die Kinder erkennen, dass man einen Satzgegenstand durch einen anderen Satzgegenstand ersetzen kann.

Übung
Die Kinder stellen in Partnerarbeit die Sätze von Folie 39 um. Sie erkennen, dass sich die Position des Satzgegenstandes auch in einem Aussagesatz verändern kann.

Arbeitsblatt 17

Name ______________________________ | Arbeitsblatt 17

Der große Basar

1. Frage in jedem Satz mit **Wer …?** nach dem Satzgegenstand.
   Schreibe die Frage auf.
   Unterstreiche den Satzgegenstand im Aussagesatz farbig.

   Ina und Marc malen die Lesezeichen aus.

   Wer ______________________________

   Franziska beklebt die Glückwunschkarten.

   ____

   Die Kinder legen ihre Bastelarbeiten auf den Tischen aus.

   ____

   Am nächsten Tag verkaufen sie ihre Waren.

   ____

   Bald bestaunen viele Eltern die Arbeiten der Kinder.

   ____

   Am Abend zählen die Kinder das eingenommene Geld.

   ____

   Die Lehrerin bedankt sich bei allen Kindern für ihre Mitarbeit.

   ____

2. Die Kinder verteilen die Aufgaben. Setze passende Satzgegenstände ein.

   ____________ presse die Blumen und Gräser.

   Am besten beklebt ____________ die Glückwunschkarten.

   Könntet ____________ die Lesezeichen ausmalen?

   ____________ schneiden schon die Motive aus Tonpapier aus.

   Würdest ____________ die Blumenstecker verzieren?

   ihr | du | Jana und Tim | Eric | ich

> Der Satzgegenstand ist ein Satzglied.
> Er sagt dir, wer etwas tut.
> Mit **Wer …?** kannst du nach dem Satzgegenstand fragen.

Satzgegenstand-Würfel

Ein Blankowürfel wird mit den Subjekten *der Frosch, der Großvater, die Lehrerin, der Hase, der Vogel, das Baby* beschriftet. Die Karten mit den Lückensätzen liegen verdeckt auf einem Stapel. Reihum würfelt jeder Mitspieler mit dem Satzgegenstand-Würfel und zieht eine Karte. Der gewürfelte Satzgegenstand wird in den Lückensatz eingesetzt. Entsteht ein sinnvoller Satz, behält das Kind die Karte. Ansonsten wird die Karte wieder unter den Stapel geschoben. Gewonnen hat, wer die meisten Karten sammeln konnte.

? quakt den ganzen Abend im Teich.
Plötzlich versteckt sich ? unter einem Seerosenblatt.
Am liebsten frisst ? Fliegen.
? raucht seine Pfeife und blättert in der Zeitung.
Am Abend liest ? seinem Enkel ein Märchen vor.
Am Sonntag geht ? mit Eric und Jenny in den Zoo.
? erklärt den Schülern eine Rechenaufgabe.
In der Pause schlichtet ? einen Streit zwischen den Kindern.
Im Mathematikunterricht schreibt ? viele Aufgaben an die Tafel.
? hoppelt über die Wiese.
Am liebsten frisst ? frische Karotten und Löwenzahnblätter.

Blitzschnell springt über den Graben und flüchtet in den Wald.
sitzt auf dem Kirschbaum und pfeift ein Lied.
Im Frühling baut sein Nest auf dem Apfelbaum.
Im Winter besucht gern das Futterhäuschen im Garten.
schreit seit einer Stunde in seinem Bettchen.
Am liebsten spielt mit einem kleinen Teddybären.
Ganz zufrieden saugt an seiner Flasche.

Domino

Start	Die Kuh	gibt uns Milch.	Der Hund
liegt faul vor seiner Hütte.	Das Eichhörnchen	springt von Ast zu Ast.	Das Huhn
läuft gackernd über den Hof.	Das Pferd	galoppiert über die Weide.	Die Schildkröte
legt viele Eier in den Sand.	Das Kamel	kommt sehr lange ohne Wasser aus.	Der Tiger
schleicht durch den Dschungel	Das Chamäleon	wechselt ständig seine Farbe.	Ende

Satzgegenstand-Schnappspiel

Die Karten mit den Subjekten liegen aufgedeckt im Kreis. Die Karten mit den Lückensätzen liegen verdeckt auf einem Stapel. Reihum heben die Mitspieler eine Karte mit einem Lückensatz ab und lesen sie vor. Wer zuerst eine Karte mit einem passenden Subjekt schnappt, behält beide Karten. Wer die meisten Karten sammelt, ist Sieger.

Alternative „Memory“: Die Karten mit den Lückensätzen und die Karten mit den Subjekten liegen verdeckt im Kreis. Reihum decken die Mitspieler jeweils zwei Karten auf. Ergeben beide Karten einen sinnvollen Satz, behält sie das Kind. Ansonsten werden die Karten wieder umgedreht.

Tipp: Die Karten mit den Subjekten und die Karten mit den Lückensätzen werden auf verschieden farbiges Papier kopiert.

Subjekt-Karten

Das Krokodil	Der Hamster	Die Maus	Der Elefant	Der Affe
Die Biene	Der Esel	Der Pinguin	Der Löwe	Der Papagei
Der Seiltänzer	Der Clown	Der Zauberer	Der Maler	Der Schreiner
Der Maurer	Die Ärztin	Die Lehrerin	Die Mutter	Die Köchin

Karten mit Lückensätzen

liegt faul in der Sonne.	sammelt Körner für den Winter.	huscht schnell ins Loch.	trampelt über die Steppe.	verspeist eine Banane.
sammelt Nektar.	trägt eine schwere Last.	fängt viele Fische.	springt durch einen Reifen.	krächzt seinen Namen.
balanciert geschickt über den Balken.	macht viele Späße.	lässt eine Taube verschwinden.	streicht die Wände an.	hobelt die Balken glatt.
baut ein Haus.	untersucht das Kind.	erklärt eine Aufgabe.	kümmert sich um das Baby.	bereitet ein leckeres Essen zu.

Stöpselkarten „Satzgegenstand“

Zur Selbstkontrolle werden an der Rückseite farbige Markierungen (beispielsweise Verstärkerringe) angebracht.

Jenny besucht am Nachmittag ihre Freunde.
Sie hat ihr neues Computerspiel dabei.
Doch ihre Freunde wollen lieber im Garten spielen.
Zuerst spritzen sie sich mit einem Gartenschlauch nass.
Später klettern die Kinder auf den alten Apfelbaum.
Dort lassen sie sich die Äpfel schmecken.
Schließlich bringt die Mutter allen ein leckeres Eis.
Die Kinder jubeln und genießen ihr Eis in der Sonne.
Am Abend verabschiedet sich Jenny von ihren Freunden.
Heute hat sie wirklich viel am Nachmittag erlebt.

3.3 Satzaussage

Verschiedene Sprachsituationen

Pantomime
Die Kinder stellen verschiedene Tätigkeiten pantomimisch dar. Sie fragen:

Was tut sie/er ?

Ferien- oder Wochenendpläne
Die Kinder beantworten die Frage:

Was tust du am Wochenende/ in den Ferien?

Alina hat ein kleines Brüderchen bekommen
Die Lehrerin erzählt, was die Mutter und Alina mit dem Baby machen.

Jonas hat einen Wellensittich
Die Lehrerin erzählt, dass Jonas für sein Haustier die Verantwortung trägt. Was muss er alles für den Wellensittich tun? (vgl. auch Unterrichtsanregungen)

Was tut ... ?
Jedes Kind wählt eine Person (z. B. Mutter, Lehrerin, Verkäuferin, Arzt) aus und schreibt deren charakteristische Tätigkeiten auf. Anhand des Tätigkeitsprofils erraten die anderen Kinder, um welche Person es sich handelt.

Die Tiere des Waldes
Jedes Kind wählt ein Waldtier aus und schreibt auf, was dieses tut. Die anderen Kinder versuchen den Namen des Tieres zu erraten.

Bastelanleitung
Die Kinder schreiben auf, was sie der Reihe nach tun, um einen bestimmten Gegenstand zu basteln.

Viel Arbeit im Schulgarten
Wenn die Kinder ein eigenes Beet pflegen, stellen sie eine Liste von Tätigkeiten im Schulgarten zusammen.

Besuch aus dem All:
Trost für Miro

Miro versucht seit einer Woche erfolglos, seinen Freunden im Weltall eine Botschaft zu schicken. Leider empfängt er auch keine neuen Nachrichten aus dem All. Deshalb ist er sehr niedergeschlagen. Er kauert in einer Ecke des Gartenhauses. Als Nina ihn ganz vorsichtig berührt, öffnet er nur für einen kurzen Moment die Augen. Nina überlegt, wie sie Miro etwas aufmuntern könnte. Da fällt ihr der alte Kleiderkoffer auf dem Dachboden ein. Eine Viertelstunde später steht sie mit dem Kleiderkoffer im Gartenhaus. Miro schlägt nicht einmal die Augen auf.

Was tut Nina?

Sie schlüpft in einen viel zu großen Mantel.
Sie versteckt ihr Gesicht unter einem alten Hut.
Sie trägt Schuhe mit hohen Absätzen.
Dann streichelt sie vorsichtig Miros Antennen.

Was tut Miro?

Er öffnet die Augen zuerst nur einen Spalt.
Bald beobachtet er Nina mit großen Augen.
Schließlich lacht er laut.
Dann betrachtet er die Kleidungsstücke
im Koffer.
Er nimmt eine Hose aus dem Koffer.
Sofort probiert er die Hose.
Er lächelt.

Was tun Nina und Miro?

Sie tanzen und singen durch das Gartenhaus.
Immer wieder erfinden sie lustige Bewegungen.
Den ganzen Nachmittag verkleiden sie sich neu.

Als es Abend wird, lassen sich Nina und Miro müde, aber glücklich auf den Kleiderkoffer fallen. Für heute hat Miro seine Traurigkeit vergessen. Er strahlt Nina mit seinen großen leuchtenden Augen an. Nina streichelt Miro zärtlich über den Kopf. Dann meint sie leise: „Den Kleiderkoffer lass ich hier. Vielleicht hast du noch Lust, dich zu verkleiden? Und morgen komme ich gleich nach der Schule wieder.“

Aufträge

1. Mit der Frage Was tut ...? oder Was tun ...? fragen wir nach der Satzaussage. Unterstreicht im Kasten in jedem Satz die Satzaussage farbig.
2. Stellt die Sätze im Kasten um. An welcher Stelle steht die Satzaussage? Was fällt euch auf?

Unterrichtsanregungen: Jonas hat einen Wellensittich

Medien/Lernhilfen

Lehrerin: Folienbild 41 (S. 167), Folienbild 42 (S. 164), Folienbild 43 (S. 165), Satzstreifen (S. 166), Wortkarten (S. 166)
Kinder: Arbeitsblatt 18 (S. 168)
Für jede Gruppe: Umschlag mit Stichpunkten (S. 165), Satzstreifen mit dem Wort *Ich*

Lernziele

Die Kinder sollen

- wissen, dass die Satzaussage ein Satzglied ist.
- erkennen, dass die Satzaussage immer ein Verb ist.
- die Satzaussage bestimmen.
- die Funktion der Satzaussage erkennen.
- durch Umstellen von Satzgliedern die Position der Satzaussage im Satz feststellen.

Unterrichtsverlauf

Einstieg

Folienbild 41: Wellensittich (S. 167).
Die Kinder äußern sich frei dazu.
Lehrerin: Jonas hat sich schon lange einen Wellensittich gewünscht. Er durfte sich den Vogel zu seinem Geburtstag in der Tierhandlung aussuchen. Jonas nennt seinen Vogel Bobby. Weil er für Bobby die Verantwortung übernimmt, befragt er den Verkäufer in der Tierhandlung genau.

Erarbeitung

Folienbild 42:

Was muss ich tun,
damit sich mein Vogel wohl fühlt?

Die Kinder bringen eigenes Wissen ein.
Lehrerin: Der Verkäufer gibt Jonas viele Tipps zur Pflege. Jonas notiert sich ein paar Stichpunkte, damit er ja nichts vergisst.

Folienbild 43:

- Pickstein in den Käfig hängen
- Sand wechseln
- Körnerfutter in den Futternapf streuen
- frisches Wasser zum Trinken in den Käfig stellen
- Wasser im Vogelbad erneuern
- Futternapf reinigen
- Käfig putzen
- mit Bobby reden
- mit Bobby spielen
- mit Kolbenhirse verwöhnen

Die Kinder lesen die Stichpunkte vor.
Sie übernehmen die Rolle des Verkäufers und formulieren Sätze wie zum Beispiel: Hänge einen Pickstein in den Käfig.
Lehrerin: Bald kennt sich Jonas sehr gut in der Pflege seines Wellensittichs aus. Bobby bleibt deshalb gesund und ist ein fröhlicher Spielkamerad für Jonas. Als Ibrahim und Ina Jonas besuchen, zeigt er ihnen stolz Bobby. Seine Freunde bewundern den Vogel sehr. Ina möchte am liebsten auch so einen Wellensittich. Deshalb fragt sie Jonas: Was tust du für Bobby?

Tafelanschrift: *Was tust du für Bobby?*
Jede Gruppe erhält einen Umschlag mit zwei Stichpunkten und zwei Satzstreifen für die Tafel, auf denen jeweils nur das Wort *Ich* steht.

Stichpunkte für die Gruppenarbeit

• Pickstein in den Käfig hängen
• Sand wechseln
• Körnerfutter in den Futternapf streuen
• frisches Wasser zum Trinken in den Käfig stellen
• Wasser im Vogelbad erneuern
• Futternapf reinigen
• Käfig putzen
• mit Bobby reden
• mit Bobby spielen
• mit Kolbenhirse verwöhnen

Auftrag für die Gruppenarbeit: Formuliert aus den Stichpunkten Sätze.
Die Kinder befestigen die Satzstreifen an der Tafel und lesen ihre Sätze vor.
Lehrerin: Jonas hat viel zu tun. In jedem Satz sagt ein Wort, was er tut.
Die Kinder erkennen, dass die Wörter *hänge, wechsle, streue, stelle, erneuere, reinige, putze, rede, spiele, verwöhne* aussagen, was Jonas tut.
Die Lehrerin unterstreicht diese Wörter farbig und die Kinder erkennen, dass es sich um Verben handelt.

➔ Erkenntnis: Das Wort im Satz, das aussagt, was jemand tut, ist die Satzaussage. Die Satzaussage ist immer ein Verb. Wir fragen nach der Satzaussage *Was tut ...?*

Lehrerin: Als Ibrahim und Ina nach Hause gehen, unterhalten sich beide Kinder noch immer über den Wellensittich. Ina fragt Ibrahim.
Die Lehrerin heftet folgende Satzstreifen an die Tafel:

Hängt er jede Woche einen Pickstein in den Käfig?	
Wechselt er täglich	?
Streut er täglich	?
Stellt	?
er täglich	?
er täglich	?
er täglich	?
er täglich	?
er täglich	?
er täglich	?

Die Kinder ergänzen die Fragen auf den Satzstreifen.
Sie erkennen, dass es sich um Fragesätze handelt und unterstreichen die Satzaussage farbig. Lehrerin: Wenn ihr die Aussagesätze mit den Fragesätzen vergleicht, fällt euch bei der Satzaussage etwas auf.
Die Kinder erkennen, dass die Satzaussage im Aussagesatz an zweiter und im Fragesatz an erster Stelle steht.

Anwendung/Übung:
Mithilfe folgender Wortkarten formulieren die Kinder in Partnerarbeit Antwortsätze auf die Fragen an der Tafel.

täglich	manchmal	wöchentlich	oft	häufig

Beispiele: Er hängt manchmal einen Pickstein in den Käfig. Er wechselt häufig den Sand.
Sie unterstreichen die Satzaussagen farbig und lesen ihre Sätze vor.

Anschließend stellen sie die Aussagesätze um, unterstreichen wieder die Satzaussage und lesen ihre Sätze vor.
Sie erkennen anhand der Umstellprobe, dass die Satzaussage ein Satzglied ist.
Sie stellen fest, dass in den umgestellten Aussagesätzen die Satzaussage immer an zweiter Stelle steht.
Lehrerin: Als Ina auch einen Wellensittich bekommt, gibt Jonas seine Pflegetipps weiter.
Auftrag für die Partnerarbeit:
Formuliert eure Aussagesätze in Aufforderungssätze um. Unterstreicht die Satzaussage farbig.
Beispiel: Häng manchmal einen Pickstein in den Käfig.
Die Kinder lesen die Aufforderungssätze vor und erkennen, dass die Satzaussage im Aufforderungssatz an erster Stelle steht.

Arbeitsblatt 18

Folienbild 41: Wellensittich

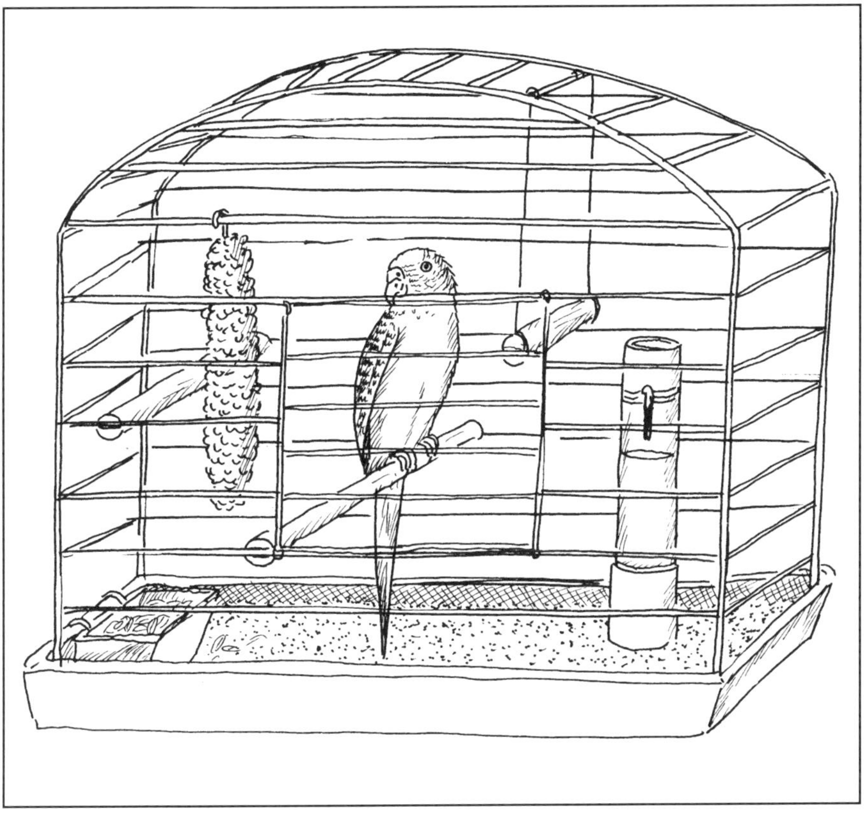

Name ______________________________	Arbeitsblatt 18

Jonas und sein Wellensittich Bobby

1. Unterstreiche in jedem Satz die Satzaussage farbig.
   Die Fragen *Was tut ...?* oder *Was tun ...?* helfen dir dabei.

Gleich nach den Hausaufgaben öffnet Jonas die Käfigtür. Er lockt Bobby aus dem Käfig. Meistens fliegt Bobby erst ein paar Runden durch das Zimmer. Dann landet er auf dem Finger von Jonas. Ganz vorsichtig streichelt Jonas seinen Vogel und spricht leise mit ihm. Sofort plaudert Bobby mit dem Jungen. Nach einer Stunde setzt Jonas seinen Vogel wieder in den Käfig. Manchmal belohnt er ihn noch mit einem kleinen Leckerbissen.

Bilde aus den Aussagesätzen von Nummer 1 Fragesätze und schreibe sie ins Heft. Unterstreiche die Satzaussage farbig.

2. Jonas tut viel für die Pflege seines Wellensittichs. Setze die passenden Satzaussagen ein.

Jonas ____________ täglich den Futternapf und ____________ ihn mit neuem Futter. Außerdem ____________ er frisches Wasser zum Trinken und Baden in den Käfig. Häufig ____________ er den Sand und ____________ nach ein paar Tagen den Käfig. Jeden Tag ____________ und ____________ er mit seinem Vogel.

füllt – wechselt – spricht – reinigt – stellt – putzt – spielt

Stelle die Sätze von Nummer 2 um. Unterstreiche die Satzaussagen farbig. Arbeite im Heft.

Erzählt von euren Haustieren. Legt ein Haustierbuch mit Pflegetipps an.

Die Satzaussage sagt, was jemand tut.
Sie ist ein wichtiges Satzglied.
Sie besteht immer aus einem Tunwort (Verb).
Mit der Frage *Was tut ...?* kannst du nach der Satzaussage fragen.

Sprachwerkstatt

Was tut ... ?
Die Kinder stellen pantomimisch verschiedene Tätigkeiten dar. Auf die Frage *Was tut ...?* versuchen die Kinder die Tätigkeit zu erraten und formulieren Antwortsätze (Beispiel: Sie schreibt). Wer die Tätigkeit errät, stellt die nächste Tätigkeit pantomimisch dar.
Tipp: Die Tätigkeiten werden vorher auf Wortkarten geschrieben.

Schnappspiel: Was tun diese Tiere?
Die Karten mit den Satzaussagen liegen offen im Kreis. Die Karten mit den Lückensätzen liegen verdeckt auf einem Stapel. Reihum dreht jeweils ein Mitspieler eine Satzkarte um. Wer sich zuerst die passende Satzaussage dazu schnappt, behält beide Karten. Sieger ist, wer zum Schluss die meisten Karten besitzt.
Alternative „Memory“: Dazu liegen alle Karten verdeckt im Kreis. Reihum drehen die Spieler jeweils zwei Karten um. Ergeben die Karten einen sinnvollen Satz, behält sie der Mitspieler. Ansonsten werden die Karten wieder umgedreht.

Karten mit den Satzaussagen

bellt	klettert	fliegt	schwimmt	kriecht
brüllt	krabbelt	quakt	fängt	hämmert
krächzt	gräbt	legt	meckert	trompetet
schwingt sich	flattert	pickt	vergräbt	galoppiert

Karten mit den Lückensätzen

Der Hund ☺ stundenlang.	Die Katze ☺ auf den Baum.	Der Vogel ☺ auf das Dach.	Die Ente ☺ im See.	Die Schlange ☺ über den Boden.
Der Löwe ☺ im Dschungel.	Die Ameise ☺ über das Blatt.	Der Frosch ☺ im Teich.	Der Bär ☺ Lachse.	Der Specht ☺ ein Loch in den Baum.
Der Papagei ☺ seinen Namen.	Der Maulwurf ☺ einen Gang in die Erde.	Das Krokodil ☺ viele Eier.	Die Ziege ☺ im Stall.	Der Elefant ☺ sehr laut.
Der Affe ☺ von Ast zu Ast.	Der Schmetterling ☺ von Blüte zu Blüte.	Das Huhn ☺ nach Körnern.	Das Eichhörnchen ☺ Nüsse.	Das Fohlen ☺ über die Wiese.

Satz-Würfel

Es werden drei Blankowürfel benötigt. Der erste Würfel wird mit Subjekten, der zweite Würfel wird mit Prädikaten und der dritte Würfel wird mit Objekten beschriftet. Die Kinder würfeln mit den drei Würfeln. Sie schreiben sinnvolle Sätze oder Unsinnsätze auf und stellen die Sätze um. In jedem Satz wird die Satzaussage farbig markiert und auf das Satzzeichen geachtet.

Was tut Tina mit ... ?

Im Kreis liegen unter einer Decke versteckt verschiedene Gegenstände (z. B. Ball, Buch, Stift usw.). Ein Kind holt einen Gegenstand hervor und gibt ihn mit der Frage *Was tut Tina mit ...?* weiter. Reihum formulieren die Mitspieler Sätze (z. B. *Tina fängt den Ball.),* bis keinem mehr ein Satz einfällt. Dann wird der nächste Gegenstand geholt.
Alternative: Die Kinder formulieren nur Frage- oder Aufforderungssätze.

Stöpselkarten „Satzaussage“

Farbige Markierungen auf der Rückseite ermöglichen Selbstkontrolle.

Satzaussage
Ösge und Nina telefonieren am Nachmittag mit Pascal und Ina. ○ ○ ○ ○ ○ ○ ○ ○ ○ ○
Heute treffen sie ihre Freunde im Schwimmbad. ○ ○ ○ ○ ○ ○ ○
Dort springen die Kinder ins Wasser. ○ ○ ○ ○ ○ ○
Am liebsten taucht Ösge nach Ringen. ○ ○ ○ ○ ○ ○
Nina schimpft mit Pascal: „Spritz mich nicht ständig an.“ ○ ○ ○ ○ ○ ○ ○ ○ ○
Auf der Wasserrutsche tummeln sich sehr viele Kinder. ○ ○ ○ ○ ○ ○ ○ ○
Schließlich liegen die Freunde auf einer Decke im Gras. ○ ○ ○ ○ ○ ○ ○ ○ ○
Dort essen sie ein Eis und trinken Limonade. ○ ○ ○ ○ ○ ○ ○ ○
Am Abend gehen sie müde, aber glücklich nach Hause. ○ ○ ○ ○ ○ ○ ○ ○ ○
Pascal fragt seine Freunde: „Gehen wir morgen wieder ins Bad?“ ○ ○ ○ ○ ○ ○ ○ ○ ○ ○
Die Freunde antworten: „Bei schönem Wetter bestimmt!“ ○ ○ ○ ○ ○ ○ ○

3.4 Das Nomen in den vier Fällen

Nominativ

Verschiedene Sprachsituationen

Reporter unterwegs
Die Kinder stellen mit den Fragewörtern *Wer ...? oder Was ...?* Fragen zu einem besonderen Ereignis an der Schule.

Ein Unfall
Die Lehrerin erzählt von einem Unfall oder zeigt ein Bild von einem Unfall. Die Kinder übernehmen die Rolle eines Polizisten und fragen nach den beteiligten Personen.

Ein Streit mit Folgen
Die Lehrerin erzählt von einem Streit in der Pause. Dabei wurde die Jacke eines Kindes beschädigt. Die Kinder stellen Fragen zu den beteiligten Personen und Gegenständen.

Schulfestvorbereitungen
Mit der Frage *Wer ...?* werden die verschiedenen Aufgaben verteilt.

Wer ist das? – Fragespiele
Eine Gruppe stellt Fragen, die mit *Wer ...?* beginnen. Eine weitere Gruppe findet Antwortsätze. Die Rätselfragen können sich auf Personen oder Tiere beziehen.

Fragen zu einem Bild
Die Lehrerin präsentiert ein detailreiches Bild. Die Kinder fragen nach den dargestellten Personen und Dingen.

Rekorde
Die Kinder schreiben auf Karten Rekorde aus dem Tierreich oder dem Sport (Informationen aus Lexika entnehmen). Sie fragen einander, wer diese Rekorde aufgestellt hat.

Besuch aus dem All: Miro als Hausaufgabenhilfe

Nina macht seit einer Stunde Hausaufgaben in ihrem Zimmer. Lustlos kaut sie an ihrem Stift herum und kommt einfach nicht voran. Miro langweilt sich sehr. Da läutet das Telefon. Nina springt auf und rennt ins Wohnzimmer. Ihre Freundin Julia ist am Apparat. Jetzt reicht es Miro endgültig. Wenn sich Nina schon nicht um ihn kümmert, sondern die Zeit lieber mit Hausaufgaben und Telefonieren verbringt, wird er sich mal Ninas Schultasche näher ansehen. Zuerst scannt er ihre Geschichte aus dem Deutschheft in seinen Sprachcomputer ein. In der Geschichte geht es um einen Klassenausflug. Wenig später schreibt er die Geschichte weiter. Ob Nina Miros Ideen wohl gefallen? Anschließend nimmt er sich ihre Mathematikaufgaben vor. Die bereiten Miro überhaupt keine Probleme. Deshalb überlegt er sich ein paar schwierigere Aufgaben und schreibt sie dazu. Sicher wird sich Nina auch über eine kleine Überraschung in der Schule freuen. Also stopft er kurzerhand ihre kleine Plüschmaus, eine Schachtel Vogelfutter und ihren Schlafanzug in die Schultasche. Dafür landen Ninas Schulbücher und das Federmäppchen in der alten Büchertruhe. Als Nina ins Zimmer kommt, ist Miro mit seiner Arbeit fertig. Er ist mit seinem Werk sehr zufrieden und erklärt Nina stolz: „Ich habe für dich alles erledigt. Sogar die Schultasche ist schon gepackt." Nina fällt Miro erleichtert um den Hals und meint: „Ich muss sowieso gleich zu Julia. Die hat nämlich ein tolles neues Computerspiel bekommen. Das müssen wir unbedingt ausprobieren." Und schon ist Nina weg. Auch Miro verschwindet lächelnd im Gartenhaus.

Am nächsten Morgen packt Nina in der Schule ihre Hausaufgaben aus. „Ach du meine Güte", denkt sie, als sie die Sachen in ihrer Schultasche sieht. „Na, wenigstens sind die Hausaufgaben gemacht." Im Deutschunterricht soll sie ihre Geschichte vorlesen. Doch schon nach wenigen Sätzen kommt sie ins Stocken. Was sie da liest, hat wirklich nichts mit dem Schulausflug zu tun. Miro erzählt in der Geschichte von einem Ausflug auf seinen Planeten. Als Ninas Lehrerin die Geschichte liest, fragt sie lachend:

Wer hat denn diese fantastische Geschichte geschrieben?

Was soll Nina darauf schon sagen? Also schweigt sie lieber. Als sie später die Mathematikhausaufgabe in Partnerkontrolle korrigieren sollen, fragt Antonia bewundernd:

Wer hat sich denn die schwierigen Aufgaben ausgedacht?

Nina behält auch diesmal lieber die Wahrheit für sich. Doch als die Lehrerin verlangt, dass Nina endlich ihr Federmäppchen und die Schulbücher auspackt, nimmt die Katastrophe ihren Lauf. Da Nina zögert, fragt die Lehrerin ungeduldig:

Was ist denn nun in deiner Schultasche?

Widerwillig lässt Nina die Lehrerin einen Blick in die Schultasche werfen. Die schüttelt nur noch den Kopf und meint:

Wer hat nur gestern deine Hausaufgaben gemacht?
Wer hat wohl deine Schultasche gepackt?
In Zukunft solltest du das lieber selber machen.
Oder sollte ich dich eher fragen:
Wer geht morgen für dich in die Schule?

Das reicht. Nina bekommt einen knallroten Kopf. Eines ist sicher: Heute hat sie noch ein Wörtchen mit Miro zu reden.

Aufträge

1. Beantwortet alle Fragen, die mit *Wer ...?* oder *Was ...?* beginnen, in ganzen Sätzen.
   a. Nina erfindet Ausreden für die Lehrerin und die Klassenkameraden.
   b. Nina sagt die Wahrheit. Findet für *Miro* auch andere Namen.
2. Unterstreicht in allen Antwortsätzen den Nominativ (Frage: *Wer ... ?* oder *Was ... ?*).
3. Spielt das Gespräch zwischen Nina und Miro nach der Schule.

Unterrichtsanregungen: Laras Mutter ist im Krankenhaus

Medien/Lernhilfen

Lehrerin: Tonbandaufnahme (S. 175), Folie 44 (S. 175), Wortkarten (S. 176 und S. 177), Folie 45 (S. 177), Satzstreifen für die Tafel (S. 176)
Kinder: Arbeitsblatt 19 (S. 178)
Für jede Gruppe: Blatt für die Gruppenarbeit (S. 176)

Lernziele

Die Kinder sollen

- erkennen, dass im Satz Namenwörter im Nominativ auftreten können.
- wissen, dass man nach dem Nominativ mit der Frage *Wer ...?* fragen kann.

- das Nomen im Nominativ bestimmen können.
- wissen, dass der Werfall auch Nominativ heißt.
- erkennen, dass der Nominativ von einem Artikel begleitet werden kann.

Unterrichtsverlauf

Einstieg
Lehrerin: Als Lara am Mittag von der Schule nach Hause kommt, ist sie sehr überrascht.

Tonbandaufnahme:
Lara: Hallo Papa, dass du heute schon zu Hause bist. Sonst kommst du doch erst am Abend.
Papa: Hallo Lara, schön dass du da bist. Es ist leider etwas passiert. Mama hat sich ein Bein gebrochen. Sie ist beim Fensterputzen vom Stuhl gefallen. Jetzt ist sie im Krankenhaus. Zum Glück geht es ihr schon ein wenig besser. Aber in den nächsten Wochen müssen wir wohl ohne sie zu Hause zurechtkommen.

Die Kinder sprechen kurz über die gehörte Szene und bringen eventuell eigene Erfahrungen ein.
Lehrerin: Auf Lara und ihren Vater kommen in den nächsten Wochen viele Aufgaben zu.
Die Kinder überlegen in Partnerarbeit, welche Aufgaben das sein könnten.
Abruf der Ergebnisse
Lehrerin: Auch Laras Vater hat sich Gedanken gemacht.

Folie 44:

- Teppichboden saugen
- Blumen gießen
- zum Bäcker gehen
- im Supermarkt einkaufen
- die Katze füttern
- die Geschirrspülmaschine ausräumen
- Staub wischen
- das Mittagessen kochen
- die Betten machen
- das Badezimmer putzen
- die Wäsche waschen
- die Wäsche bügeln

Lehrerin: Nach dem Mittagessen läutet es an der Tür. Es ist Oma Ingrid. Jetzt holt Laras Vater seinen Zettel. Zu dritt überlegen sie, wie sie die Aufgaben zu Hause verteilen wollen.

Erarbeitung
Tafelanschrift: Wer übernimmt welche Aufgabe?

Die Lehrerin befestigt nebeneinander die drei Wortkarten:

Oma Ingrid	Papa	Lara

Die Kinder ergänzen in der Gruppenarbeit auf einem vorbereiteten Blatt mögliche Tätigkeiten.

Blatt für die Gruppenarbeit

Oma Ingrid	Papa	Lara
–	–	–
–	–	–
–	–	–
–	–	–

Abruf der Ergebnisse
Gemeinsam werden die Satzstreifen unter den drei Wortkarten (Oma Ingrid, Papa, Lara) angeordnet.

Satzstreifen

– saugt den Teppichboden.
– gießt die Blumen.
– geht zum Bäcker.
– kauft im Supermarkt ein.
– füttert die Katze.
– räumt die Geschirrspülmaschine aus.
– wischt Staub.
– kocht das Mittagessen.
– macht die Betten.
– putzt das Badezimmer.
– wäscht die Wäsche.
– bügelt die Wäsche.

Lehrerin: Lara, Oma und Papa haben sich ihre Aufgaben notiert und den Zettel an die Pinnwand in der Küche gehängt. Jetzt weiß jeder sofort, wer für welche Aufgabe zuständig ist.
Mit der Frage [*Wer* tut etwas ?] kannst du nach den Personen [Oma Ingrid, Papa und Lara] fragen. Diese Wörter haben etwas gemeinsam.
Die Kinder erkennen, dass es sich um Namenwörter handelt.
➔ Erkenntnis: Namenwörter, die im Satz auf die Frage [*Wer* ...?] Auskunft geben, stehen im Werfall. Der Werfall heißt auch Nominativ.
Lehrerin: Als Lara ihre Mutter zum ersten Mal im Krankenhaus besucht, will sie genau wissen, wer hier welche Aufgaben erledigt.

Folie 45

Wer misst das Fieber?
Wer bringt die Medikamente?
Wer macht dir das Essen?
Wer macht dein Bett?
Wer gibt dir eine Spritze?
Wer macht dein Zimmer sauber?
Wer untersucht dein Bein?
Wer hat dein Bein eingegipst?
Wer hat dein Bein geröntgt?

Die Lehrerin heftet folgende Wortkarten an die Tafel:

[Der Arzt] [Die Krankenschwestern] [Der Krankenpfleger]

[Die medizinische Assistentin] [Das Reinigungspersonal]

[Die Köchin]

Die Kinder beantworten in Partnerarbeit die Fragen in ganzen Sätzen.
Abruf der Ergebnisse
Die Lehrerin ergänzt jeweils eine Wortkarte zu einem vollständigen Satz, z. B.: Der Arzt untersucht das Bein.
Lehrerin: Wir wissen bereits: Mit der Frage [*Wer ...?*] fragen wir nach den Nomen im Nominativ.
Die Kinder nennen die Nomen im Nominativ.
Lehrerin: Diese Nomen haben etwas gemeinsam.
Die Kinder erkennen, dass die Nomen im Nominativ auch von den Artikeln [*der, die, das*] in der Einzahl und vom Artikel [*die*] in der Mehrzahl begleitet werden können.

Übung: Arbeitsblatt 19

Name ____________________________________	Arbeitsblatt 19

Gemeinsam geht es leichter

1. In Laras Familie helfen alle mit.
   Unterstreiche in jedem Satz die Namenwörter (Nomen) im Werfall (Nominativ) farbig. Die Frage **Wer ...?** hilft dir dabei.

> Am Morgen deckt Lara den Frühstückstisch. Jeden Samstag besorgt Papa frische Brötchen. Für die Katze stellt die Mutter stets einen Futternapf bereit. Einmal in der Woche kauft die Familie im Supermarkt ein. Während Lara das Geschirr aus dem Geschirrspüler ausräumt, saugt Papa die Teppichböden ab. Das Essen kochen die Eltern abwechselnd.

2. Bilde aus den Stichpunkten ganze Sätze. Überlege, wer die Aufgaben übernehmen könnte. Schreibe die Namen im Nominativ farbig. Arbeite im Heft.

> beim Metzger einkaufen – die Schuhe putzen – die Blumen gießen – den Staub wischen – das Auto waschen – die Wäsche aufhängen – einen Kuchen backen – das Kinderzimmer aufräumen – die Lampe reparieren – die leeren Flaschen zum Container bringen – Spagetti kochen – die Betten machen – den Fahrradschlauch flicken

Schreibe in ganzen Sätzen auf, wer bei dir zu Hause welche Aufgaben übernimmt. Unterstreiche die Nomen im Nominativ farbig.

Erkundige dich bei deinen Freunden, wer zu Hause welche Arbeiten erledigt. Frage so: Wer deckt den Tisch? Wer ...?

> Im Satz können Namenwörter (Nomen) im Werfall (Nominativ) stehen.
> Mit der Frage *Wer ...?* kannst du nach dem Werfall (Nominativ) fragen.

Genitiv

Verschiedene Sprachsituationen

Fundsachen
Liegen gebliebene Sachen werden in der Klasse gezeigt.
Dabei wird gefragt: Wessen ... ist das?

Spiel: Wer kennt diese Sachen?
Jedes Kind legt einen Gegenstand von sich in die Mitte. Reihum nimmt jedes Kind einen Gegenstand und fragt: Wessen ... ist das? Für richtige Antworten gibt es einen Punkt.

Der Spielnachmittag
Die Lehrerin erzählt, dass die Kinder ihre Lieblingsspiele zu einem Spielnachmittag mitbringen. Nachdem alle die verschiedenen Spiele ausprobiert haben, suchen viele Kinder ihre Spiele. Deshalb sammeln einige Kinder die liegen gebliebenen Spiele ein und fragen nach den Eigentümern.

Abschied vom Schullandheim
Als die Kinder das Schullandheim mit gepackten Koffern verlassen wollen, finden die Lehrer noch einige liegen gebliebene Dinge (vgl. auch Unterrichtsanregungen).

Spiel: Schau genau
Die Kinder sitzen im Kreis. Ein Kind formuliert zu einem Gegenstand oder einem Kleidungsstück eines Mitspielers eine Frage, die mit „Wessen" beginnt und die Sache genau beschreibt. Wer den Eigentümer zuerst errät, stellt die nächste Frage. Beispiel: Wessen T-Shirt hat grüne Streifen?

Naturquiz
Zum Sachthema Wasser oder Wald schreiben die Kinder Rätselfragen zu den Tieren und Pflanzen dieses Lebensraumes auf kleine Karteikarten. Jede Frage beginnt mit: Wessen ...?
Auf der Rückseite befindet sich die Lösung.
Beispiel: Wessen Früchte sind blau, wenn sie reif sind?
Die Früchte der Heidelbeere

Besuch aus dem All: Die große Überraschung

Eigentlich sollte Nina sich heute freuen. Immerhin hat sie Geburtstag. Aber wie es aussieht, hat keiner Zeit, mit ihr zu feiern. Sogar Ninas Freunde Julia und Pascal haben abgesagt. Sie haben angeblich keine Zeit. Auf ihrem Schreibtisch findet Nina eine Glückwunschkarte der Mutter. Ihre Mutter ist leider auf einem Lehrgang und kommt erst sehr spät heim. An Ninas Fenster klebt ein geheimnisvoller Zettel.

Lies deine E-Mails.

Als Nina am Computer nachsieht, liegen zwei E-Mails in ihrem Postfach. Zuerst liest sie Papas E-Mail. Er bedauert, dass er noch nicht da sein kann und wünscht ihr ein tolles Fest. Doch als Nina die zweite E-Mail aufmacht, stutzt sie.

Komm heute um 15 Uhr zum Waldsee.
Liebe Grüße von XY

Sofort läuft Nina ins Gartenhaus. Sie will mit Miro über diese Nachricht sprechen. Aber Miro ist nirgends zu sehen. War die geheimnisvolle E-Mail vielleicht Miros Botschaft? Oder war es doch eher eine Nachricht der Freunde? Nina schaut auf die Uhr. 20 Minuten vor drei. Also nichts wie los zum Waldsee.
Am Ufer des Sees ist weit und breit niemand zu sehen. Da entdeckt Nina Pascals Schlauchboot. Als sie es näher untersucht, stößt sie auf eine weitere Nachricht.

Du bist auf dem richtigen Weg.
Rudere über den See zur alten Hütte.
Es ist wichtig.

Nina ist ratlos. Wessen Idee ist das bloß? Immerhin ist das Pascals Boot. Die alte Hütte gehört Julias Eltern. Die Hütte ist ein geheimer Treffpunkt der drei Freunde. Warten ihre Freunde auf sie in der Hütte? Schnell rudert Nina über den See und stürmt auf die Hütte los. Aber die Hütte ist verschlossen. Niemand lässt sich blicken. Stattdessen hängt ein weiterer Zettel an der Tür.

Du hast es fast geschafft.
Jetzt brauchst du nur noch den Schlüssel.
In der Ruhe liegt die Kraft.
Also setz dich auf die Bank vor der Hütte.

Langsam reicht es Nina. Sie hat das Gefühl, dass sie irgendjemand ganz schön an der Nase herumführt. Als sie sich müde auf die Bank fallen lässt, findet sie eine neue Botschaft.

Wessen Früchte sind blau?
Dort musst du suchen.

Tatsächlich. Etwa zehn Meter von der Hütte entfernt stehen einige Heidelbeersträucher. Nina muss nicht lange zwischen den Beerensträuchern suchen. Sie entdeckt einen alten Schlüssel. Hoffentlich passt der Schlüssel zur Tür der Hütte. Nina atmet erleichtert auf, als sich die Tür mühelos öffnen lässt. Gespannt wirft sie einen Blick hinein. Mitten im dunklen Raum steht ein großer Karton mit der Aufschrift:

Endlich am Ziel.
Ein Geschenk der XY-Bande.

Hastig reißt Nina den Karton auf und findet drei weitere kleine Pakete.

Alles Liebe!
Deine Julia

Alles Gute!
Pascal

Herzlichen
Glückwunsch!
Dein Miro

Nina muss lachen, als sie das liest. Neugierig macht sie die Geschenke der Freunde auf. Julias Geschenk ist ein tolles Computerspiel. Pascals Überraschung ist ein Experimentierbuch. In Miros Paket liegt ein kleiner leuchtender Kristall. Ob der wohl von Miros Planeten stammt?

Plötzlich fängt jemand hinter Nina zu singen an: „Happy birthday to you." Als sie sich umdreht, schauen sie Julia, Pascal und Miro erwartungsvoll an. „Die Überraschung ist euch wirklich gelungen. Vielen Dank! Ich dachte schon, ich müsste heute allein feiern. Gut, dass ich so tolle Freunde habe. Wessen Idee war das eigentlich?", begrüßt Nina ihre Freunde. Aber die schauen sich nur an und lachen laut los.

Aufträge

1. Beantwortet diese Fragen zur Geschichte.

   Wessen Glückwunschkarte findet Nina? ______________________

   Wessen Schlauchboot liegt am Ufer? ______________________

Wessen Hütte betritt Nina? ______________________________

Wessen Geschenk ist das Computerspiel? ____________________

Wessen Treffpunkt ist die Hütte? ________________________

2. In der Geschichte findet ihr noch viele Namenwörter (Nomen) im Wessenfall (Genitiv). Unterstreicht sie farbig.
   Die Frage | Wessen ...? | hilft euch dabei.

Unterrichtsanregungen: Abschied vom Schullandheim

Medien/Lernhilfen

Lehrerin: Wortkarten (S. 183 f., S. 186), Sprechblase 1 (S. 183), Sprechblase 2 (S. 184), Kinder: Arbeitsblatt 20 (S. 185)

Lernziele

Die Kinder sollen

- erkennen, dass im Satz Nomen im Genitiv auftreten können.
- wissen, dass man nach dem Genitiv die Frage | Wessen ...? | stellen kann.
- das Nomen im Genitiv am Endungs-**s** oder am Artikel ***der/des*** erkennen.
- wissen, dass der Wessenfall auch Genitiv heißt.
- das Nomen im Genitiv bestimmen können.
- Nomen im Genitiv bilden können.

Unterrichtsverlauf

Einstieg

Lehrerin: Nina ist mit ihrer Klasse eine Woche lang im Schullandheim. Die Zeit vergeht schnell. Schon ist der letzte Tag gekommen. Gleich nach dem Frühstück müssen alle Kinder ihre Koffer packen.

Tafelanschrift: | ***Abschied vom Schullandheim*** |

Die Kinder bringen eventuell eigene Erfahrungen ein.

Erarbeitung

Lehrerin: Nina ist zusammen mit ihren Freundinnen Julia, Selina und Anja in einem Zimmer untergebracht.

Die Wortkarten mit den Namen der Kinder werden untereinander an der Tafel angeordnet.

| Nina | Julia | Selina | Anja |

Als sich Nina ihre Sachen in den Koffer legen will, findet sie in ihrem Schrank Kleidungsstücke, die ihr nicht gehören. Da gerade nur Julia im Zimmer ist, fragt sie diese, ob ihr die Sachen gehören. Aber Julia schüttelt den Kopf. Da fragt Nina:

Sprechblase 1 für die Tafel:

Wessen Strümpfe sind das?
Wessen T-Shirt ist das?

Lehrerin: Julia schaut sich die Sachen noch einmal genau an. Dann ist sie sich sicher: Das sind Anjas Strümpfe. Das ist Selinas T-Shirt.
Parallel zum Sprechen fügt die Lehrerin auf den Namenskarten **s** dazu und befestigt die Wortkarten mit den Kleidungsstücken.

| Strümpfe | T-Shirt |

Lehrerin: Wenn du nach den Besitzern von Sachen fragst, verwendest du ein bestimmtes Fragewort.
Die Kinder erkennen, dass sie mit dem | Fragewort Wessen | nach den Besitzern fragen.
Sie wiederholen, dass es sich bei den Namen der Kinder um Nomen handelt.
Lehrerin: Die drei Nomen, die für die Besitzer von etwas stehen, haben eine Gemeinsamkeit.
Die Kinder erkennen, dass am Wortende dieser Nomen **s** steht und spuren es farbig nach.
➔ Erkenntnis 1: Nach Nomen, die für die Besitzer von etwas stehen, fragen wir: | Wessen ...? |
Diese Nomen stehen im Wessenfall. Der Wessenfall heißt auch Genitiv. Nomen im Wessenfall haben oft ***s*** am Wortende.
Lehrerin: Endlich sind alle Kinder mit dem Packen fertig und versammeln sich am Eingang des Schullandheims. Die beiden Lehrer, Herr Berger und Frau Weiß, machen einen letzten Kontrollgang durch alle Zimmer. Dabei sammeln sie einige liegen gebliebene Sachen ein. Bevor die Kinder in den Bus steigen, zeigen die Lehrer die Fundsachen.

Anheften der Wortkarten untereinander:

| Taschenlampe | Schlafanzug | Turnschuhe | zwei Sonnenbrillen |

Anheften der Sprechblase 2:

> ________________ Sachen sind das?

Lehrerin: Du weißt, wie die Lehrer fragen.
Das Fragewort [Wessen] wird farbig in der Sprechblase ergänzt.
Lehrerin: Nicht alle Kinder schauen sich die Fundsachen genau an, weil sie mit ihren Gedanken bereits auf der Heimreise sind. Doch zum Glück sind einige Kinder sehr aufmerksam und kennen die Sachen ihrer Freunde genau.
Die Lehrerin befestigt neben den Wortkarten mit den Fundsachen Wortkarten mit den Namen der Kinder.

Julia	Taschenlampe
Nina	Schlafanzug
Sinan	Turnschuhe
Zwillinge Ina und Tina	zwei Sonnenbrillen

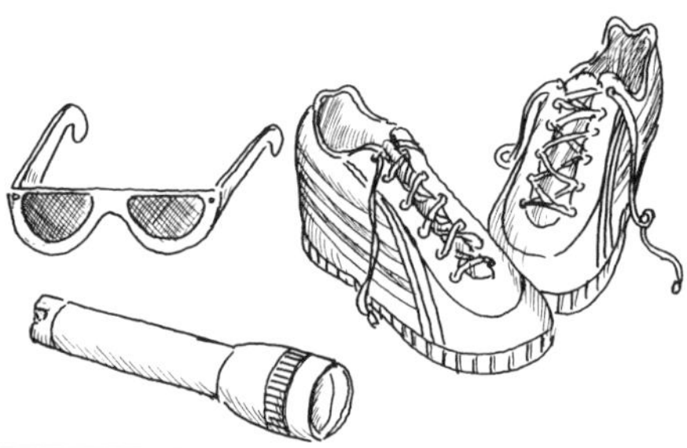

Die Kinder ergänzen bei den Namen [Julia, Nina, Sinan] das **s** am Wortende farbig. Sie sprechen dazu: Das ist Julias Taschenlampe. Das ist ...
Sie wiederholen die Erkenntnis, dass die Nomen im Genitiv stehen.
Lehrerin: An das Nomen „Zwillinge“ können wir nicht **s** anhängen.
Die Kinder erkennen, dass das Nomen „Zwillinge“ im Plural steht. Die Lehrerin heftet die Wortkarte mit dem Artikel [der] (farbig hervorgehoben) an die Tafel.
➔ Erkenntnis 2: Steht das Nomen in der Mehrzahl, so geht ihm im Genitiv der Begleiter „der“ voraus. Das Endungs-***s*** fehlt.
Tafelanschrift:

zwei Sonnenbrillen	der	Zwillinge Ina und Tina

Lehrerin: Endlich kommen die Kinder mit dem Bus an der Schule an. Alle stürmen hinaus. Frau Weiß und Herr Berger gehen kurz in die Schule, um ihre Ankunft zu melden. Währenddessen kontrolliert der Busfahrer nochmals alle Sitze. Dabei findet er ein Handy.

Name ______________________________	Arbeitsblatt 20

Im Schullandheim

1. Die Kinder veranstalten einen Spielabend.
   Unterstreiche alle Namenwörter (Nomen) im Wessenfall (Genitiv) farbig. Die Frage | Wessen ...? | hilft dir dabei.

Pascals Freunde spielen am liebsten mit dem lustigen Würfelspiel der Zwillinge Tina und Ina. Marco findet Julias Kartenspiel toll. Sandra und Fabian spielen den ganzen Abend mit dem Mühlespiel der Lehrerin. Herr Bergers Spielesammlung besteht aus vielen interessanten Spielen. Bald sind Selina und Ingo in ein Quiz des Lehrers ganz vertieft.

2. Vor der Heimreise packen alle ihre Sachen. Einige Dinge bleiben liegen. Ordne den Personen die Fundsachen zu. Achte auf die Nomen im Genitiv.

Kappe Jacke Fotoapparat Zahnbürste Hausschuhe
Sonnenbrille Handy Regenschirm Unterhemd Buch

Sandra Lehrerin Marco Stefanie Peter
Zwillinge Carolin Herr Berger Pascal Anne

____

____

____

____

____

Im Satz können Namenwörter (Nomen) im Wessenfall (Genitiv) stehen.
Mit der Frage | *Wessen ...?* | kannst du nach dem Wessenfall (Genitiv) fragen.
Nomen im Genitiv haben oft ein ***s*** am Wortende.
Es können auch die Wörter | *der* | oder | *des* | vorausgehen.

Wortkarte für die Tafel: | Handy |

Lehrerin: Sofort zeigt er es den Kindern und fragt ...
Die Kinder ergänzen die Frage nach dem Wessenfall.
Lehrerin: Alle schütteln den Kopf. Da meint der Busfahrer lachend: Ich glaube, dieses Mal haben eure Lehrer nicht aufgepasst. Das ist wohl das Handy der Lehrerin oder des Lehrers.
Die Lehrerin ergänzt die Wortkarte | Handy | durch folgende Wortkarten an der Tafel:

| der Lehrerin | | des Lehrers |

Lehrerin: Das Nomen im Genitiv wird von einem kurzen Wort begleitet.
→ Erkenntnis 3: Dem Nomen im Genitiv kann auch der Begleiter | der | oder | des | vorausgehen.

Die Begleiter | der | und | des | sowie das Endungs-**s** werden farbig gekennzeichnet.

Übung: Arbeitsblatt 20

Dativ

Verschiedene Sprachsituationen

Bald ist Weihnachten/Ostern
Die Kinder überlegen, wem sie etwas schenken, basteln oder eine Karte schreiben wollen.

Umfrage: Futter für mein Haustier
Die Kinder fragen an der Schule, welchen Tieren sie welches Futter geben. Eine Veröffentlichung erfolgt in der Klassenzeitung.

Umfrage: Diesen Menschen helfe ich gern
Die Kinder fragen ihre Mitschüler, wem sie in der Familie, im Bekanntenkreis und in der Nachbarschaft bei welchen Tätigkeiten gern helfen.

Projekt: Die gute Tat
Die Kinder veranstalten einen Basar. Das eingenommene Geld soll einem guten Zweck zugeführt werden. Die Kinder diskutieren die Frage: Wem wollen wir das Geld geben?

Ein guter Platz für meine Kätzchen

Inas Katze hat Nachwuchs bekommen. Nun überlegen alle: Wem wollen wir die jungen Kätzchen geben?

Soziogramm

Die Kinder beantworten die Fragen: Mit wem möchtest du spielen? Neben wem willst du sitzen? Mit wem möchtest du Hausaufgaben machen?

Besuch aus dem All: Die Kraft der Kristalle

Nina hat zum Geburtstag von Miro einen wunderschönen leuchtenden Kristall bekommen. Er steht jetzt auf ihrem Schreibtisch. Immer wieder entdeckt sie etwas Neues an ihm. Als sie Miro im Gartenhaus besucht, erzählt sie ihm, wie sehr sie sich jeden Tag über den Kristall freut. Sie möchte wissen, ob es auf Miros Planeten Brauch ist, Kristalle zu verschenken. Miro nickt lächelnd. Jetzt ist Nina richtig neugierig geworden. Sie fragt Miro:

Wem schenkt ihr auf eurem Planeten Kristalle?

Miro antwortet Nina auf dem Sprachcomputer.

Auf meinem Planeten gibt es viele verschiedene Kristalle. Wir sammeln und verschenken sie sehr gern. Rote Kristalle schenkt man der Mutter. Damit sagt man ihr, dass man sie lieb hat. Mit grünen Kristallen bedankt man sich beim Vater. Den Geschwistern überlässt man einen blauen Kristall als Zeichen der Versöhnung nach einem Streit. Den Freunden schenken wir oft leuchtend gelbe Kristalle. Außerdem werden weiße Kristalle Sportlern und Künstlern für besondere Leistungen überreicht. Einem Gast zeigt man mit einem violetten Kristall, dass er willkommen ist.
Außerdem glauben wir, dass von Kristallen eine geheimnisvolle Kraft ausgeht. Jeder Kristall hat eine besondere Bedeutung. So können sie dem Traurigen helfen, froh zu werden. Sie verleihen einem Kranken Gesundheit. Einem Ängstlichen geben sie Mut.

Nina ist von der Welt der Kristalle auf Miros Planeten fasziniert. Sie denkt an ihren Kristall und fragt:

Was bedeutet mein Kristall?

Miro strahlt Nina an und meint:

> Deinem Kristall wird die Kraft zugeschrieben, Freundschaften zu erhalten. Er wird dich stets an mich erinnern, auch wenn ich eines Tages wieder auf meinen Planeten zurückkehren werde.

Heute kann Nina lange nicht einschlafen. Immer wieder denkt sie an die Kristalle und an Miro. Sie möchte, dass Miro immer da bleibt. Aber sie weiß auch, dass er sich nach den Freunden auf seinem Planeten sehnt. Doch in einem Punkt ist sie sich ganz sicher: Mit dem Kristall bleibt sie immer mit Miro in Verbindung.

Aufträge

1. Beantwortet die Fragen zur Geschichte.

   Wem schenkt man grüne Kristalle? Dem ____________________

   Wem schenkt man gelbe Kristalle? ____________________

   Wem schenkt man violette Kristalle? ____________________

   Wem helfen Kristalle? ____________________

   ____

2. In der Geschichte findet ihr noch viele Namenwörter (Nomen) im Wemfall.(Dativ). Unterstreicht sie farbig.
   Die Frage [Wem …?] hilft euch dabei.

3. Wem würdet ihr einen Kristall schenken? Warum?

____

____

____

____

Unterrichtsanregungen: Ein guter Platz für meine Kätzchen

Medien/Lernhilfen

Lehrerin: Folienbild 46 (S. 191), Tonbandaufnahme (S. 189), Gedankenblasen für die Tafel (S. 190), Wortkarten (S. 190, S. 191)
Kinder: Arbeitsblatt 21 (S. 192)

Lernziele

Die Kinder sollen

- erkennen, dass im Satz Nomen im Dativ auftreten können.
- nach dem Dativ die Frage | Wem ...? | stellen.
- wissen, dass der Wemfall auch Dativ heißt.
- das Nomen im Dativ an den Artikeln **der/dem (einer/einem)** im Singular und am Artikel **den** im Plural erkennen.
- wissen, dass Nomen im Dativ manchmal auf ***n*** enden.
- Nomen im Dativ bestimmen können.
- Nomen im Dativ bilden können.

Unterrichtsverlauf

Einstieg

Folienbild 46: Katzen

Die Kinder äußern sich spontan und bringen eventuell eigene Erfahrungen ein.

Lehrerin: Das ist Inas Katze Molli. Sie hat vor kurzem drei Babys bekommen. Ina kümmert sich jeden Tag um Molli und ihren Nachwuchs. Eines Abends sprechen die Eltern mit Ina über die jungen Kätzchen.

Die Kinder hören eine kurze Tonbandaufnahme.

Tonbandaufnahme:
Mutter: Du, Ina, wir müssen unbedingt miteinander reden.
Vater: Es geht um Mollis Nachwuchs.
Ina: Wieso? Was ist denn los mit den Kätzchen?
Mutter: Nun, wir können unmöglich Mollis Babys behalten.
Ina: Aber warum denn nicht?
Vater: Wir haben einfach zu wenig Platz in der Wohnung.
Mutter: Du musst dir allmählich überlegen, wem du die jungen Kätzchen schenken möchtest.

Kurze Aussprache

Erarbeitung

Tafelanschrift: | Wem soll Ina die jungen Kätzchen geben? |

Die Kinder bringen nach einem kurzen Partnergespräch eigene Vorschläge ein.

Lehrerin: Ina kann an diesem Abend lange nicht einschlafen. Es fällt ihr schwer, daran zu denken, dass sie sich von den jungen Katzen trennen muss. Aber wenn sie ihre Katzen schon hergeben muss, dann sollen sie wenigstens ein gutes neues Zuhause bekommen. Vieles geht Ina durch den Kopf.

Anheften von Gedankenblasen an der Tafel:

Ich könnte ein Kätzchen einer Freundin geben.

Ich gebe meine Kätzchen nur einem Tierfreund.

Oma Erika ist oft allein. Ich könnte der Oma ein Kätzchen schenken.

Onkel Thomas hat einen Bauernhof. Vielleicht bringe ich dem Onkel ein Kätzchen.

Familie Müller in unserer Straße hat ein großes Haus. Ich könnte den Nachbarn ein Kätzchen geben.

Wenn keiner meine Kätzchen will, schenke ich sie dem Tierheim.

Lehrerin: Du weißt jetzt, wem Ina die Kätzchen geben könnte.
Die Kinder stellen bei jeder Gedankenblase die Frage [Wem ...?] und antworten mit dem Nomen im Dativ, das unterstrichen wird.
Sie erkennen, dass es sich bei den unterstrichenen Wörtern um Nomen handelt.
Lehrerin: Die unterstrichenen Nomen werden von kurzen Wörtern begleitet.
Die Kinder wiederholen, dass die Wörter, die die Nomen begleiten, bestimmte und unbestimmte Artikel sind.
Anheften folgender Wortkarten:

die Oma
eine Freundin
der Onkel
ein Tierfreund
die Nachbarn
das Tierheim

Die Kinder erkennen, dass sich die Artikel in den Gedankenblasen verändert haben.
Die veränderten Artikel werden farbig gekennzeichnet.
➔ Erkenntnis: Wenn wir fragen [Wem ...?], antworten wir mit dem Nomen im Wemfall. Der Wemfall heißt auch Dativ. Steht das Nomen im Wemfall, ändert sich der Artikel.
Die Kinder ergänzen die Tafelanschrift.

die Oma		der Oma
eine Freundin	Wem ...?	einer Freundin
der Onkel		dem Onkel

ein Tierfreund	einem Tierfreund
das Tierheim	dem Tierheim
die Nachbarn	den Nachbarn

Lehrerin: Wir wissen jetzt: Steht das Nomen in der Einzahl, heißen die Begleiter des Nomens im Dativ ***dem, der, einem, einer.*** Steht das Nomen in der Mehrzahl, heißt der Begleiter des Nomens im Dativ ***den.***
Lehrerin: In den nächsten Tagen begegnet Ina Leuten, denen sie von ihren jungen Katzen erzählt.
Anheften der Wortkarten:

der Herr Müller

die Tierfreunde
Tim und Tina

Die Lehrerin fragt: Wem begegnet Ina?
Die Kinder antworten: Ina begegnet ...
Die Tafelanschrift wird ergänzt:
der Herr Müller

der Herr Müller	dem Herrn Müller
die Tierfreunde Tim und Tina	den Tierfreunden Tim und Tina

Lehrerin: Manchmal verändern sich auch die Nomen im Dativ.
Die Kinder erkennen, dass die Nomen ***Herr*** und ***Tierfreunde*** ein Endungs-***n*** im Dativ erhalten haben.

Übung: Arbeitsblatt 21

Folienbild 46: Katzen

Name ______________________________ Arbeitsblatt 21

Ina und die Katzen

1. Ina kümmert sich jeden Tag um Molli und ihre Jungen. Unterstreiche alle Namenwörter (Nomen) im Wemfall (Dativ). Die Frage | Wem ...? | hilft dir dabei.

Jeden Tag gibt Ina den Katzen frisches Futter. Oft krault sie der Katzenmutter zärtlich den Hals. Das mag Molli nämlich besonders gern. Manchmal lecken die Babys dem Mädchen die Hand ab. Dann streichelt Ina den Kätzchen vorsichtig über das Fell. Das erlaubt Molli nur der Katzenfreundin Ina. Am liebsten jagen die jungen Katzen einem Wollknäuel hinterher.

2. Beantworte die Fragen in ganzen Sätzen. Schreibe die Nomen im Dativ farbig. Achte auf die Begleiter.

Wem schenkt Ina ein Kätzchen?

Ina schenkt ______________________________

Wem jagt das Katzenbaby hinterher?

____

Wem erzählt Ina von ihren Katzen?

____

Wem zeigt Ina ihre Katzen?

____

Wem leckt Molly das Fell ab?

____

| die Lehrerin | die Babys | die Freunde |

| die Fliegen | der Herr Müller |

Im Satz können Namenwörter (Nomen) im Wemfall (Dativ) stehen.

Mit der Frage | *Wem ...?* | kannst du nach dem Wemfall (Dativ) fragen.

Die Begleiter der Nomen im Dativ heißen in der Einzahl | *dem, der, einem, einer* | und in der Mehrzahl | *den* |.

Manchmal enden die Nomen im Dativ auch mit | *n* |.

Akkusativ

Verschiedene Sprachsituationen

Am Teich

Die Kinder erforschen den Lebensraum Teich (vgl. auch Unterrichtsanregungen).

Projekt: So viel Müll

Zum Sachthema Abfallentsorgung überlegen die Kinder, was sie zum Container bringen und welche Abfälle sie unbedingt trennen. Sammeln sie in einem Gebiet (Spielplatz, Park) liegen gebliebenen Müll, schreiben sie hinterher auf, wo sie was gefunden haben. Außerdem können die Kinder aus Abfallmaterial Gegenstände basteln.

Spiel: Montagsmaler

Das zeichnende Kind fragt: Wen oder was zeichne ich? Wer es errät, zeichnet das nächste Bild.
Alternative: Ein detailreiches Bild wird schrittweise aufgedeckt. Dabei wird gefragt: Wen oder was siehst du?

Spiel: Hör genau hin

Einem Kind werden die Augen verbunden. Die anderen Mitspieler verstellen ihre Stimmen oder erzeugen Geräusche. Sie fragen: Wen oder was hörst du?

Im Zoo

Die Kinder bilden Arbeitsgruppen. Sie werden gefragt: Wen oder was beobachtest, fotografierst oder zeichnest du?

Besuch aus dem All: Alles klar zum Start?

Als Nina das Gartenhaus betritt, kann sie Miro zunächst nirgends entdecken. Sie hört nur etwas klappern und klopfen. Allmählich macht sie sich Sorgen. Ist Miro in Schwierigkeiten? Da entdeckt sie Miros Beine unter dem Raumschiff. Kurz entschlossen zieht sie daran, bis Miro ganz zum Vorschein kommt. Aber wie sieht Miro aus? Bei seinem Anblick lacht Nina laut los. Miros Gesicht und seine Arme sind völlig verschmutzt. Nur Miro scheint das gar nicht komisch zu finden. Er runzelt die Stirn und sieht Nina ziemlich streng an. Nina, die ihr Lachen einfach nicht unterdrücken kann, gluckst los:

Was in aller Welt machst du da nur?

Seufzend setzt sich Miro an seinen Sprachcomputer. Flink huschen seine Finger über die Tasten hinweg.

Ich repariere. Ich untersuche. Ich reinige.
Ich ersetze. Ich berechne. Ich erneuere.
Ich überprüfe. Ich teste. Ich öle. Ich wechsle.

Nina sieht Miro hilfesuchend an. Stirnrunzelnd fragt sie:

Was reparierst du? Wen untersuchst du? Was reinigst du?
Wen ersetzt du? Was berechnest du? Was erneuerst du?
Wen überprüfst du? Was testest du? Was ölst du? Was wechselst du?

Allmählich wird Miro ungeduldig. Dann schreibt er:

Warum müsst ihr Menschen nur immer so viel fragen.
Ich habe heute wirklich keine Zeit für lange Erklärungen.
Ich bin dabei, mein Raumschiff startklar zu machen.
Wenn dich das wirklich interessiert,
kannst du gern zuschauen und helfen.

Natürlich interessiert das Nina. Sie zwängt sich durch die kleine Öffnung des Raumschiffs und staunt über die Apparate, die vielen Hebel und Tasten im Inneren. Hier ist Miro auf einmal viel gesprächiger. Bereitwillig erklärt er Nina, was er der Reihe nach tun wird.

Zur Zeit repariere ich das Beschleunigungssystem.
Dazu muss ich unbedingt auch den Motor untersuchen.
Bestimmt muss ich die Kolben reinigen.
Außerdem werde ich eine Tragfläche ersetzen.
Vor dem Start muss ich die Umlaufbahn der Erde genau berechnen.
Ein Antriebsmodul muss ich auch erneuern.
Ich darf nicht vergessen, den Bordcomputer zu überprüfen.
Die Antriebsraketen werde ich gründlich testen.
Dann öle ich einen Bremsverstärker.
Zum Schluss wechsle ich den Ölfilter.

Bis zum Abend arbeiten Miro und Nina im Raumschiff. Als Nina auf die Uhr schaut, erschrickt sie. So schnell vergeht die Zeit selten. „Ich muss unbedingt zurück ins Haus, Miro. Sonst bekomme ich Ärger. Aber ich komme ganz bestimmt morgen wieder. Du hast ja noch eine Menge Arbeit." Dann fügt sie leise hinzu: „Und wenn dein Raumschiff startklar ist, wirst du mich dann verlassen?" Miro nickt und schließt für einen Augenblick seine großen leuchtenden Augen. Dann meint er: „Ja, Nina. Aber du weißt ja, dass wir immer Freunde bleiben. Denk an den Kristall."

Aufträge

1. Warum versteht Nina zunächst nicht, was Miro macht? Was fehlt in seinen Sätzen?
2. Im Raumschiff erklärt Miro Nina genau seine Arbeit.
   Unterstreicht die Nomen im Wenfall (Akkusativ) farbig.
   Ninas Fragen | Wen/Was ...? | helfen euch dabei.
3. Stellt euch vor, ihr seid die Besatzung eines Raumschiffs.
   Wen oder was seht ihr? Was macht ihr?
   Schreibt eine Geschichte dazu.

Unterrichtsanregungen: Am Teich

Medien/Lernhilfen

Lehrerin: Sprechblasen für die Tafel (S. 196), Wortkarten (S. 196)
Kinder: Arbeitsblatt 22 (S. 198)

Lernziele

Die Kinder sollen

- erkennen, dass im Satz Nomen im Akkusativ auftreten können.
- nach dem Akkusativ die Frage | Wen/Was ... ? | stellen.
- wissen, dass der Wenfall auch Akkusativ heißt.
- erkennen, dass das Nomen im Akkusativ im Singular von den Artikeln ***den, die, das*** und im Plural vom Artikel ***die*** begleitet wird.
- Nomen im Akkusativ bestimmen können.
- Nomen im Akkusativ bilden können.

Verbindungen zu anderen Fächern

Sachunterricht: Wasser als Lebensraum für Tiere und Pflanzen

Unterrichtsverlauf

Einstieg
Lehrerin: Fabian kann es kaum erwarten. Seine Klasse will am Teich die Pflanzen und Tiere erforschen.
Die Kinder bringen eigene Erfahrungen oder Vorwissen zum Lebensraum Teich ein.

Erarbeitung
Lehrerin: Am Teich bilden die Kinder Forschergruppen. Die Kinder in Fabians Team sehen sich kurz am Teich um. Dann verteilen sie die Aufgaben. Alle reden aufgeregt durcheinander.
Die Lehrerin heftet folgende Sprechblasen an die Tafel:

Ich untersuche

Ich zeichne

Ich fange

Ich fotografiere

Ich beobachte

Ich suche

Ich beschreibe

Lehrerin: Fabian steht ratlos da.
Die Kinder erkennen, dass in den Sprechblasen fehlt, was die Kinder untersuchen, zeichnen ... wollen.
Lehrerin: Fabian stellt deshalb noch Fragen an die Kinder seiner Arbeitsgruppe.
Die Kinder schreiben in Gruppenarbeit Fragen auf, die Fabian stellen könnte.
Abruf der Ergebnisse
Anheften der Sprechblasen:

Wen ...?

Was ...?

Lehrerin: Da müssen die Kinder in Fabians Gruppe lachen. Sie haben doch tatsächlich ganz vergessen zu sagen, was sie untersuchen oder wen sie beobachten wollen.
Anheften der Wortkarten:

eine Wasserprobe | das Schilf | einen Wasserläufer

die Stockente | den Haubentaucher | ein Nest | die Seerosen

Lehrerin: Diese Wörter haben etwas gemeinsam.
Die Kinder erkennen, dass es sich um Nomen handelt.
Sie fragen: Wen/Was ...? und ergänzen die Sprechblasen an der Tafel. Die Wortkarten werden in den Sprechblasen befestigt.
➔ Erkenntnis 1: Wenn wir fragen: Wen/Was ...? steht das Nomen im Wenfall. Der Wenfall heißt auch Akkusativ.
Lehrerin: Sicher ist dir etwas bei einigen Begleitern der Nomen im Wenfall aufgefallen.
Die Kinder erkennen, dass die Begleiter der Nomen im Nominativ und im Akkusativ nicht immer gleich sind.
Lehrerin: Wir vergleichen die Begleiter der Nomen im Nominativ und im Akkusativ.
Tafelanschrift:

Wer?	Wen?
der Haubentaucher	den Haubentaucher
ein Wasserläufer	einen Wasserläufer
die Stockente	die Stockente
eine Wasserprobe	eine Wasserprobe
das Schilf	das Schilf
ein Nest	ein Nest
die Seerosen	die Seerosen

Die veränderten Begleiter werden farbig hervorgehoben.
➔ Erkenntnis 2: Die Begleiter die Nomen im Akkusativ heißen in der Einzahl ***den, die, das, einen, eine, ein.*** In der Mehrzahl heißt der Begleiter ***die.***

Übung
Spiel: Ich sehe was, das du nicht siehst
Die Kinder betrachten ein großes Schaubild zum Thema „Lebensraum Teich" oder gehen zu einem Teich. Sie antworten stets mit folgendem Satzmuster: Ich sehe ...
Auf die korrekte Bildung der Nomen im Akkusativ wird geachtet.

Arbeitsblatt 22

Name ______________________________ Arbeitsblatt 22

Am Teich

1. Für die Kinder gibt es am Teich viel zu beobachten und zu erforschen.
Unterstreiche alle Nomen im Wenfall (Akkusativ) farbig.
Die Frage | Wen/Was ...? | hilft dir dabei.

Kevin betrachtet mit einer Becherlupe einen Wasserläufer. Ali zeichnet ganz genau die Schwertlilien am Ufer ab. Selina hat mit ihrem Käscher einen Grasfrosch gefangen. Sie will den Frosch unbedingt fotografieren. Özlem findet die Libelle wunderschön. Seit einer Viertelstunde beobachtet Fabian eine Stockente. Vielleicht hat die Ente ein Nest im Schilf.

2. Die Kinder legen ein Teichbuch an.
Ergänze die Sätze mit passenden Nomen im Wenfall (Akkusativ). Achte auf die Begleiter der Nomen.

Jana zeichnet ______________________ aus dem Tierbuch ab. Fabian klebt ______________________ ins Buch. Kevin holt aus der Bücherei ______________________ . Er will ______________________ am Teich genau bestimmen können. Sinan interessiert sich für ______________________ . Er informiert sich über ______________________ . Weil Anja ______________________ am Ufer entdeckt hat, will sie ______________________ über Stockenten schreiben.

Naturführer | Gelbrandkäfer | Prachtlibelle | Geschichte | Insekten | Pflanzen | Fotos | Nest

☆ Erforscht auch das Leben am Teich. Sammelt eure Beobachtungen in einem Teichbuch.

Im Satz können Namenwörter (Nomen) im Wenfall (Akkusativ) stehen.
Mit der Frage | *Wen ...?* | kannst du nach dem Wenfall (Akkusativ) fragen.
Die Begleiter der Nomen im Akkusativ heißen
in der Einzahl | *den, die, das, einen, eine, ein* |
und in der Mehrzahl | *die* | .

Sprachwerkstatt

Klappbücher

Zuerst werden die Einzelblätter an der langen Seite mit einer Spirale zusammengebunden. Danach werden die Satzglieder auseinandergeschnitten.

Wer ...?	Was tut er/sie?	Wem ...?	Wen/was ...?
Simone	zeichnet	der Mutter	eine Blume.
Marco	näht	dem Kind	ein Kleid.
Die Freundin	bastelt	dem Vater	einen Stern.
Der Lehrer	versteckt	dem Opa	die Pfeife.
Die Nachbarin	zaubert	den Kindern	ein Kaninchen.
Das Mädchen	schenkt	der Tante	eine Tasche.
Der Junge	stiehlt	dem Baby	den Schnuller.

Der Onkel	schreibt	dem Freund	eine Geschichte.

Die Tochter	kauft	dem Enkel	ein Eis.

Der Sohn	backt	der Oma	einen Kuchen.

Satzwürfel: Im Reich der Märchen

Fünf verschieden farbige Blankowürfel werden mit Satzgliedern beschriftet. Jeder Mitspieler würfelt mit jedem Würfel einmal und bildet einen Satz. Der entstandene Satz kann auch der Anfang einer Geschichte sein, die in der Spielgruppe weitererzählt wird.

Erster Würfel (Nominativ):

die Tochter	der Vater	der Zwerg	der Sohn	die Fee	die Wächterin

Zweiter Würfel (Genitiv):

des Königs	der Prinzessin	des Zauberers	des Elfenkönigs	der Kristallkugel	der Königin

Dritter Würfel (Prädikat):

schenkt	gibt	verkauft	stiehlt	überreicht	nimmt

Vierter Würfel (Dativ):

dem Ritter	dem Prinzen	dem Geist	der Hexe	der Nixe	dem Sultan

Fünfter Würfel (Akkusativ):

ein Pferd	eine Rose	ein Goldstück	eine Perle	einen Vogel	eine Feder

Satzbaukasten

Die Karten mit den Satzgliedern werden auf verschieden farbiges Papier kopiert. Die Kinder ordnen die Karten unter der Satzleiste mit den Fragewörtern ein.

Alternative 1:

Die Karten werden auf einfarbiges Papier kopiert. Die Kinder spielen mit den Karten Quintett. Wer einen Satz aus fünf Karten hat, legt das Quintett ab. Sieger ist, wer zuerst keine Karten mehr hat.

Alternative 2:

Die Satzglieder werden auf Fische aus Kartonpapier geklebt, die mit einer Prospektklammer versehen sind. Die Kinder angeln die Satzglieder aus einem Pappkarton (Aquarium). Jeder Mitspieler versucht aus seinen geangelten Satzgliedern möglichst viele Sätze zu bauen.

Satzleiste

Wer …?	Wessen …?	Was tut er/sie?	Wem …?	Wen …?

Nominativ

die Frau	der Mann	der Vater	die Mutter	die Oma
der Opa	der Hund	die Katze	das Reh	der Affe
die Giraffe	das Känguru	die Lehrerin	der Arzt	der Koch

Genitiv

des Nachbarn	der Lehrerin	des Freundes	des Mädchens	der Freundin
des Jungen	des Bauern	der Frau Müller	des Försters	des Herrn Berg
des Zoos	des Zirkus-direktors	des Kranken-hauses	der Klasse 4 a	des Hotels

Prädikat

erzählt	schreibt	malt	überreicht	strickt
kocht	stibitzt	fängt	überlässt	entwendet
stiehlt	versteckt	verschreibt	erklärt	macht

Dativ

dem Sohn	dem Enkel	dem Freund	der Tante	der Nichte
dem Onkel	dem Metzger	dem Bauern	dem Hasen	der Verkäuferin
dem Besucher	dem Tierwärter	dem Kranken	den Kindern	den Gästen

Akkusativ

einen Witz	einen Brief	ein Bild	ein Geschenk	einen Schal
die Suppe	eine Wurst	die Mäuse	den Salat	eine Banane
den Hut	die Mütze	ein Medikament	eine Rechen-aufgabe	das Essen

Stöpselkarte: Das Nomen in den vier Fällen

Die Kreise der vier Fälle werden in verschiedenen Farben angemalt. Die Kinder verwenden Stöpsel in den entsprechenden Farben. Farbpunkte (z. B. Lochverstärker) auf der Rückseite ermöglichen Selbstkontrolle.

Das Nomen in den vier Fällen			
Werfall (Nominativ) Wer ...? ○	Wessenfall (Genitiv) Wessen ...? ○	Wemfall (Dativ) Wem ...? ○	Wenfall (Akkusativ) Wen ...? ○

Die Kinder der Klasse 4 a holen die Becherlupen und gehen zum Teich. Dort sieht Ina zuerst einen Grasfrosch am Ufer. Martin betrachtet lange einen Wasserläufer. Die Lehrerin gibt Anja ein Lexikon. Mario beobachtet einen Haubentaucher. Die Blüte einer Seerose zeichnet Özlem ganz genau ab. Fabian bewundert das Gefieder eines Vogels im Schilf. Den Namen des Sängers kennt der Junge leider nicht. Vielleicht hilft den Kindern der Naturführer der Lehrerin weiter.

Stöpselkarte: Dativ oder Akkusativ

Die Kinder versehen den richtigen Artikel mit einem Stöpsel. Farbpunkte auf der Rückseite ermöglichen Selbstkontrolle.

Wemfall (Dativ) oder Wenfall (Akkusativ)?
Der Zauberer schenkt dem/den Zuschauer einem/einen Luftballon. ○ ○ ○ ○
Die Hexe mixt dem/den Zwergen einem/einen Zaubertrank. ○ ○ ○ ○
Der Wanderer begegnet zuerst dem/den Holzfällern, dann dem/den Förster. ○ ○ ○ ○
Dem/den Zauberer stibitzt der freche Affe dem/den Hut. ○ ○ ○ ○
Opa bastelt dem/den Enkel einem/einen Flieger. ○ ○ ○ ○
Oma strickt dem/den Opa einem/einen Schal. ○ ○ ○ ○
Dem/den Kindern kocht die Mutter heute einem/einen Nudelauflauf. ○ ○ ○ ○
Im Zoo fotografiert Ali einem/einen Löwen und malt einem/einen Affen. ○ ○ ○ ○
Franziska zeichnet dem/den Bruder einem/einen Schmetterling. ○ ○ ○ ○
Dem/den Wasserfloh untersucht Simon unter dem/den Mikroskop. ○ ○ ○ ○

3.5 Sätze erweitern

Ortsangaben

Verschiedene Sprachsituationen

Philipp räumt auf
In Philipps Zimmer herrscht eine große Unordnung. Die Fragen seiner Mutter (Wo ist ...?) kann er nicht beantworten. Deshalb muss er unbedingt sein Zimmer aufräumen. Dabei überlegt er, wohin er die verschiedenen Dinge am besten legt.

Klassenausflug
Die Kinder überlegen, wohin sie ihre Abschlussfahrt in der vierten Klasse machen wollen. Sie diskutieren, wo es am schönsten sein könnte.

Urlaubspläne
Familie Schwarz schmiedet Urlaubspläne. Jeder überlegt, wohin er gerne fahren würde und wo es besonders interessant sein könnte.

Verlaufen
Marco besucht in den Ferien seine Tante. Als er allein in der Stadt unterwegs ist, verläuft er sich. Er versucht, sich mit Hilfe eines Stadtplanes zu orientieren. Außerdem helfen ihm einige Leute weiter.

Verloren
Anja hat ihre Uhr verloren. Sie überlegt: Wo war ich? Wohin könnte ich meine Uhr gelegt haben? (vgl. auch Unterrichtsanregungen)

Spiel: Dinge verstecken
Während ein Kind das Klassenzimmer verlässt, überlegen die anderen, wohin sie verschiedene Dinge im Klassenzimmer legen. Nachdem alles versteckt ist, holen sie das Kind wieder herein und fragen: Wo ist ...? Sie rufen dem suchenden Kind „kalt“, „warm“ oder „heiß“ zu, je nachdem wie weit es vom versteckten Gegenstand entfernt ist.

Der zerstreute Professor
Die Lehrerin erzählt, dass ein Professor ziemlich zerstreut war. Deshalb verlegte er im Haus viele Gegenstände. Die Kinder überlegen, welche Gegen-

stände er an welche Plätze gelegt haben könnte. Sie beantworten die Frage: Wohin legte er ...? Anschließend denken sie sich aus, wo er die verschiedenen Dinge finden könnte und beantworten die Frage: Wo findet er ...? Aus den Ideen der Kinder entsteht eine lustige Geschichte.

Besuch aus dem All: Hilfe, ein Gespenst

Nina hatte sich schon so lange darauf gefreut. Endlich war es so weit. Sie darf am Wochenende im Garten ihr Zelt aufstellen. Außerdem ist Julia gekommen, um bei ihr zu übernachten. Natürlich sollte Miro auch dabei sein. Aber Miro ist sehr beschäftigt mit seinem Raumschiff. Als Nina ihn abholen will, ist er ziemlich durcheinander. Er runzelt die Stirn und schreibt hastig diese Nachricht:

Ich habe leider keine Zeit.
Ich suche dringend einige Dinge.
Wohin habe ich die Schrauben
für die Antriebsdüsen gelegt?
Ich kann sie nirgends finden.

Nina sieht sich kurz um. Dann muss sie lachen. Miro ist manchmal wie ein zerstreuter Professor.

Du hast die Schrauben unter den Stuhl gelegt.

Tatsächlich. Miro kann es kaum glauben. Wenig später fragt er:

Wo ist nur mein kleiner Taschenrechner?

Nina schüttelt nur den Kopf.

Dein Taschenrechner liegt auf dem Schreibtisch.
Du bist wirklich überarbeitet.
Mach doch einfach Schluss für heute
und komm zu uns ins Zelt.

Aber Miro lässt sich nicht überreden. Nina kann ihm noch so lange erzählen, wie toll es ist in einem Zelt zu übernachten. Schließlich gibt sie es auf und geht zu Julia zurück. Die hat sich inzwischen im Zelt häuslich eingerichtet. Die beiden Mädchen sitzen vor dem Zelt und reden, bis es ganz dunkel wird. Auf einmal sieht Julia zwei helle Lichter langsam auf den Gartenteich zukommen. Erschrocken stößt sie Julia an und flüstert aufgeregt:

Ich ... ich sehe zwei Lichter.
Sie kommen immer näher.

Julia fragt erschrocken:

Wo sind die Lichter denn?
Wohin hast du die Taschenlampe gelegt?

Nina antwortet kaum noch hörbar:

Die Lichter sind jetzt auf dem Baum vor unserem Teich.
Die Taschenlampe habe ich unter die Luftmatratze gelegt.

Während Nina im Dunkeln nach der Taschenlampe tastet, hören die beiden Mädchen etwas ins Wasser platschen. Als Nina endlich die Taschenlampe gefunden hat und in Richtung Teich leuchtet, tauchen die beiden Lichter wieder auf. Eine merkwürdige Gestalt nähert sich rasch den beiden Kindern. Julia kreischt: „Hilfe, ein Geist!“ Blitzschnell sind die Mädchen im Zelt verschwunden. Nina richtet die Taschenlampe tapfer auf den Zelteingang. Jetzt steht das Gespenst direkt vor dem Zelt. Da wird eine kleine Hand sichtbar. Nina atmet erleichtert auf. „Das ist bloß Miro“, lacht sie. „Komm schon rein, du Nachtgespenst.“ Kurz darauf sitzt Miro tropfnass im Zelt. Julia wickelt ihn in eine Decke ein. Miro braucht eine Weile, bis er sich von seinem feuchten Ausflug im Gartenteich erholt hat. Später betrachten alle den Sternenhimmel. Schließlich will Nina wissen:

Woher kommst du eigentlich genau, Miro?
Kannst du uns deinen Stern zeigen?

Aber Miro schüttelt nur traurig den Kopf.

Ich komme von einem sehr fernen Planeten.
Er ist in einem anderen Sonnensystem
und viele, viele Lichtjahre von hier entfernt.

Da streichelt Nina Miro vorsichtig über den Kopf und meint: „Nicht traurig sein, Miro. Sicher schaffst du es bald, dein Raumschiff zu reparieren. Bestimmt kannst du irgendwann wieder nach Hause.“
Müde kuscheln sich die beiden Mädchen in ihre Schlafsäcke. Nur Miro bleibt noch eine Weile schweigend vor dem Zelteingang sitzen. Dann ver-

kriecht er sich auch im Zelt. Als die Kinder am nächsten Morgen aufwachen, ist Miro längst wieder im Gartenhaus und arbeitet an seinem Raumschiff.

Aufträge
1. In der Geschichte beginnen einige Fragen mit: Wo? Wohin? Woher?
   Kreise diese Fragewörter farbig ein.
2. Unterstreiche die Satzglieder (Ortsangaben), die auf diese Fragen Antwort geben.
3. Überlegt in der Gruppe: Woher kommt Miro?
   Denkt euch einen Namen für seinen Planeten aus. Beschreibt oder malt den Planeten.

Unterrichtsanregungen: Meine Uhr ist weg!

Medien/Lernhilfen
Lehrerin: Sprech- und Denkblasen (S. 209 – 211)
Kinder: Arbeitsblatt 23 (S. 213)
Für jede Gruppe: Folie 47 (S. 212) und ein wasserlöslicher Folienstift

Lernziele
Die Kinder sollen
- wissen, dass Ortsangaben Satzglieder sind.
- nach Ortsangaben die Fragen Wo ...? Woher ...? Wohin ...? stellen.
- erkennen, dass Ortsangaben in bestimmten sprachlichen Situationen wichtige Informationen liefern.
- erkennen, dass Ortsangaben im Dativ oder im Akkusativ stehen können.
- Ortsangaben im Satz bestimmen.
- Sätze mit Ortsangaben erweitern.

Unterrichtsverlauf

Einstieg
Lehrerin: Anja kommt fröhlich pfeifend nach Hause. Sie ruft: Heute war es ganz toll am Nachmittag. Ratet mal.
Anheften der Sprechblase:

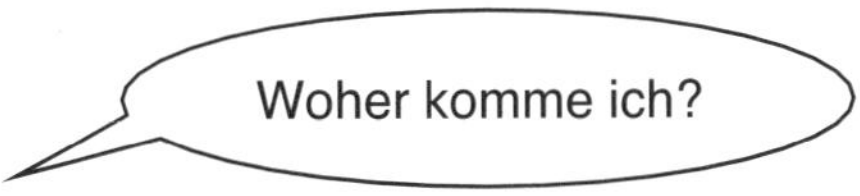

Lehrerin: Ihre Eltern und ihr Bruder Marco vermuten.

Anheften der Sprechblasen:

Du kommst von der Eisdiele.

Du kommst von den Teichen im Stadtpark.

Du kommst von dem neuen Kino am Marktplatz.

Lehrerin: Anja schüttelt den Kopf und meint lachend: Ich komme direkt vom Abenteuerspielplatz.
Wenig später sitzt sie beim Abendessen. Da fällt ihr ein, dass heute noch ihre Lieblingssendung kommt. Die will sie auf keinen Fall verpassen. Als sie auf die Uhr sehen will, erschrickt sie.
Die Kinder vermuten, warum Anja erschrecken könnte.

Erarbeitung
Tafelanschrift: Meine Uhr ist weg!
Lehrerin: Die Mutter versucht Anja zu beruhigen. Sie geht mit ihr zurück zum Spielplatz. Bevor sie dort nach der Uhr zu suchen beginnen, will die Mutter etwas noch genauer wissen.
Die Kinder vermuten, dass die Mutter wissen will, wo Anja genau gespielt hat.
Anheften der Sprechblase:

Wo hast du gespielt?

Lehrerin: Anja denkt kurz nach. Dann antwortet sie.
Anheften der Sprechblasen:

Zuerst war ich auf dem Klettergerüst.

Später war ich auf der Schaukel.

Zum Schluss war ich auf dem Wackelbalken.

Lehrerin: Leider können Anja und ihre Mutter die Uhr nirgends finden. Wieder zu Hause angekommen, meint die Mutter: Vielleicht hast du deine Uhr irgendwo hier im Haus hingelegt. Da denkt Anja noch einmal gründlich nach.
Anheften der Gedankenblasen:

Wohin bin ich gegangen?

Ich bin in das Bad gegangen.

Ich bin in die Küche gegangen.

Ich bin in den Keller gegangen.

Die Lehrerin deutet auf die drei Fragen an der Tafel.
Lehrerin: Überlegt, wonach immer gefragt wird.
Die Kinder erkennen, dass immer nach Orten gefragt wird.
Sie fragen nochmals und unterstreichen in den Antwortsätzen die Ortsangaben.
Lehrerin: In den Fragen werden unterschiedliche Fragewörter verwendet.
Die Kinder erkennen die Fragewörter Wo Wohin Woher und kreisen sie farbig ein.
Lehrerin: Stelle die Antwortsätze mit deinem Partner um.
Die Kinder lesen ihre Lösungen vor.
Lehrerin: Du weißt, wie man die Wörter nennt, die beim Umstellen eines Satzes zusammenbleiben.
Die Kinder wiederholen, dass es sich dabei um Satzglieder handelt.
➔ Erkenntnis 1: Satzglieder, die den Ort angeben, heißen Ortsangaben. Wir fragen nach der Ortsangabe: Wo ...? Wohin ...? Woher ...?
Lehrerin: Lasst die Ortsangabe in den Antwortsätzen weg.
➔ Erkenntnis 2: Die Ortsangabe ist oft ein sehr wichtiges Satzglied, auf das in manchen Situationen (zum Beispiel, wenn wir etwas suchen) nicht verzichtet werden kann.
Die Lehrerin kennzeichnet die Artikel der Orte farbig.
Lehrerin: Betrachtet den Begleiter der Orte in den Ortsangaben genau. Überlegt mit dem Partner, ob der Ort im Dativ oder im Akkusativ steht.
➔ Erkenntnis 3: Auf die Fragen Wo ...? und Woher ...? antworten wir mit der Ortsangabe im Dativ. Auf die Frage Wohin ...? antworten wir mit der Ortsangabe im Akkusativ.

Übung
Lehrerin: Nach einer Weile kommt Anja freudestrahlend mit ihrer Uhr ins Wohnzimmer. Ihre Familie überfällt sie mit verschiedenen Fragen.
Anheften der Sprechblasen:

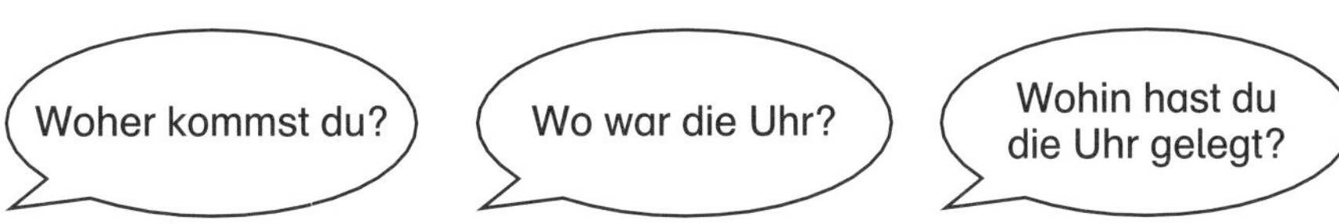

Lehrerin: Schreibt in der Gruppe auf die Folie, wie Anja diese Fragen beantwortet haben könnte.

Folie 47 (für jede Gruppe kopieren):

Woher kommst du?
Ich komme ______________________________ .
Wo war die Uhr?
Die Uhr war ______________________________ .
Wohin hast du die Uhr gelegt?
Ich habe die Uhr ______________________________ gelegt.

Die Kinder präsentieren ihre Ergebnisse. Die Ortsangaben werden bestimmt und unterstrichen.

Arbeitsblatt 23

Zeitangaben

Verschiedene Sprachsituationen

Vorbereitung einer Klassenfahrt
Die Kinder lesen Fahrpläne. Sie beantworten Fragen wie zum Beispiel: Wann fährt der Zug oder Bus ab? Wann kommt er an? Wie oft müssen wir umsteigen? Wie lange dauert die Fahrt?

Sebastian kommt oft zu spät
Weil sich Sebastian oft verspätet, müssen seine Freunde auf ihn warten. Sie stellen ihm deshalb Fragen mit den Fragewörtern Wann ...? Wie lange ...? Wie oft ...?

Den Bus verpasst
Ali und Mike fahren mit dem Stadtbus ins Schwimmbad. Als sie nach Hause fahren wollen, verpassen sie den Bus. Gemeinsam lesen sie den Fahrplan und stellen sich gegenseitig Fragen nach den Zeitangaben.

Zu Besuch bei Tante Ute
Jenny darf allein zu ihrer Tante Ute fahren. Vor Reiseantritt und während des Aufenthaltes bei Tante Ute ergeben sich immer wieder Fragen nach den Zeitangaben (vgl. auch Unterrichtsanregungen).

Name ______________________ | Arbeitsblatt 23

Anja räumt auf

1. Anja sucht ständig ihre Sachen. Sie fragt sich: Wo …?
   Unterstreiche die Ortsangaben.

> Die Socken liegen unter dem Bett. Endlich findet sie im Badezimmer ihr Handy. Unter dem Kopfkissen ist das Tagebuch. Der Gameboy liegt im Kleiderschrank. Das Federmäppchen entdeckt sie auf dem Wohnzimmertisch. Auf dem Balkon stehen ihre neuen Turnschuhe. Anja ist sehr erleichtert, als sie neben dem Telefon ihren Haustürschlüssel findet.

2. Anja räumt auf. Vorher überlegt sie: Wohin …?
   Ich lege die Socken …

Schreibtisch, Schultasche, Kleiderschrank, Schlüsselkasten, Regal, Schuhschrank, Bücherschrank

____

____

____

____

____

____

____

3. Anja ist sehr zerstreut. Denke dir ungewöhnliche Orte für ihre Sachen aus. Arbeite im Heft.

> Ortsangaben sind wichtige Satzglieder.
> Wir fragen nach der Ortsangabe:
> *Wo? Wohin? Woher?*

Unsere Haustiere

Die Kinder erzählen zu ihren Haustieren. Dabei stellen sie sich gegenseitig auch Fragen wie zum Beispiel: Wann fütterst (spielst usw.) du ...? Wie oft fütterst (reinigst ...) du ...? Wie lange spielst du ...?

Umfragen zu Lern- und Freizeitgewohnheiten der Kinder

Für die Klassen- oder Schülerzeitung werden an der Schule Umfragen zu den Lern- und Freizeitgewohnheiten der Kinder durchgeführt. Mögliche Fragen sind zum Beispiel: Wann machst du deine Hausaufgaben? Wann stehst du auf? Wann gehst du schlafen? Wie lange siehst du fern? Wie lange arbeitest du am PC? Wie oft treibst du Sport?

Lustiges Frage- und Antwortspiel

Die Kinder schreiben auf Karten Zeitangaben. Dann stellen sie sich gegenseitig Fragen, die mit „Wann ...?“, „Wie oft ...?“ und „Wie lange ...?“ beginnen. Das antwortende Kind hebt eine Karte ab und antwortet mit der entsprechenden Zeitangabe.

Besuch aus dem All: Ein lustiges Missverständnis

Nina und Miro sitzen im Wohnzimmer und sehen fern. Da läutet das Telefon. Julia ist am Apparat. Auf einmal jubelt Nina:

> Super! Natürlich komme ich mit zum Picknick.
> Wir können Miro in Pascals Anhänger verstecken.
> Wann wollen wir uns treffen?
> ...
> Alles klar.
> Also dann treffen wir uns morgen
> um 14 Uhr bei mir.

Nina erklärt Miro, was ein Picknick ist und wie ihn die Kinder mitnehmen wollen. Miro findet die Idee toll. Er strahlt und kann es kaum noch erwarten. Da hören die beiden, wie Ninas Mutter gerade die Haustür aufsperrt. Nina schiebt Miro schnell zur Terrassentür hinaus und flüstert ihm zu:

> Vergiss nicht: Um 14 Uhr.

Mitten in der Nacht wird Nina von einem merkwürdigen Geräusch geweckt. Irgendetwas klopft gegen ihr Fenster. Schlaftrunken steht sie auf und sieht nach. Da steht Miro. Er sieht ziemlich wütend aus. Nina fragt ihn erstaunt:

Wie lange stehst du denn hier?
Wie oft hast du schon
gegen mein Fenster geklopft?

Da hält ihr Miro seinen Sprachcomputer unter die Nase.

Ich bin schon seit einer Stunde hier.
Ich habe mindestens hundert Mal
an dein Fenster geklopft, du Schlafmütze.
Hast du das Picknick ganz vergessen?
Jetzt ist es schon 15 Uhr.
Wann geht es endlich los?

Kopfschüttelnd zeigt Nina Miro den Wecker.

Oh, Miro, schau doch auf die Uhr.
Es ist nicht 15 Uhr,
sondern drei Uhr in der Nacht.
Morgen Nachmittag um 14 Uhr
geht es los.

Nina ist am nächsten Tag sehr müde. Als sie Julia und Pascal von Miros Missverständnis mit der Zeit erzählt, müssen beide sehr lachen. Miro ist das Ganze ziemlich peinlich. Da bietet ihm Nina versöhnlich seine Lieblingsspeise, Essiggurken und Käsekuchen, an. Aber Miro lehnt dankend ab. Er habe erst vorgestern gegessen und sei deshalb noch ganz satt. Als ihn die Kinder erstaunt ansehen, zeigt er ihnen seine Planetenuhr. Jetzt überhäufen ihn alle mit Fragen.

Wie lange dauert auf deinem Planeten ein Tag
in unserer Zeit?

Wie lange musst du schlafen?

Wie oft musst du essen?

Wie lange dauert bei euch die Schule?

Geduldig beantwortet Miro die Fragen der Kinder. Nina ist von Miros Planetenuhr ganz fasziniert. Noch spät am Abend betrachtet sie Miros Uhr im Gartenhaus und versucht sich vorzustellen, wie sehr sich Miro auf der Erde umstellen musste.

Du Miro, ich hatte bisher eigentlich keine Ahnung, dass du eine ganz andere Zeit auf deinem Planeten hast. Ich finde es toll, dass du dich bei uns schon so gut zurecht findest. Gute Nacht!

Aufträge

1. In der Geschichte stellen Nina und Miro einige Fragen, die mit Wann ...? Wie oft ...? oder Wie lange ...? beginnen. Kreise diese Fragewörter farbig ein. Unterstreiche in den Antwortsätzen die Satzteile (Zeitangaben), die auf diese Fragen Auskunft geben.
2. Die Kinder haben viele Fragen zur Zeit auf Miros Planeten.
   Überlegt euch, was Miro antworten könnte.
   Unterstreicht in euren Sätzen die Zeitangaben.
3. Denkt euch aus, wie ein Tag oder eine Woche auf Miros Planeten aussehen könnte. Was tun dort die Bewohner zu welchen Zeiten? Schreibt eine kleine Geschichte - vielleicht als Tagebuch - dazu.

Unterrichtsanregungen: Zu Besuch bei Tante Ute

Medien/Lernhilfen

Lehrerin: Tonbandaufnahme (S. 217), Sprechblasen für die Tafel (S. 217), Sprechblasen mit Lücken für die Tafel (S. 218), Folie 48 a und b (S. 219)
Kinder: Arbeitsblatt 24 (S. 220)
Für jede Gruppe: Fahrplan und Lückentext (S. 218)

Lernziele

Die Kinder sollen

- wissen, dass Zeitangaben Satzglieder sind.
- nach Zeitangaben die Fragen Wann ...? Wie lange ...? Wie oft ...? stellen.
- erkennen, dass Zeitangaben in bestimmten Sprachsituationen unverzicht-

bare Satzglieder sind.
- Zeitangaben in Sätzen bestimmen.
- Sätze mit Zeitangaben bilden.

Unterrichtsverlauf

Einstieg
Die Kinder hören eine kurze Tonbandaufnahme.

Jenny:	So, also eingepackt habe ich jetzt alles.
Mutter:	Prima, Jenny. Dann kann es ja morgen los gehen.
Jenny:	Ich freu mich schon so auf Tante Ute. Hoffentlich klappt nur alles mit der Zugfahrt nach München. Ich fahr schließlich das erste Mal ganz allein.
Mutter:	Das ist alles halb so schlimm. Welche Fragen hast du denn noch?

Die Kinder erzählen kurz von eigenen Reiseerfahrungen.
Lehrerin: Besprich mit deinem Partner, welche Fragen Jenny wohl noch zur Zugfahrt hat.
Abruf der Ergebnisse
Anheften der Sprechblasen:

Erarbeitung
Lehrerin: Ihr könnt euch sicher denken, wie diese Fragen genau beantwortet werden können.
Die Kinder vermuten, dass Jenny und ihre Mutter im Fahrplan nachlesen.
Die Lehrerin verteilt an die Gruppen je einen Fahrplan und einen Lückentext.
Lehrerin: Lest in der Gruppe den Fahrplan. Ergänzt dann die Lücken in den Sätzen.

Fahrplan für jede Gruppe

Bahnhof/Haltestelle	Uhr		Gleis
Weiden	an	08.02	3
	ab	08.10	2
Regensburg	an	09.45	5
	ab	09.57	6
München	an	11.43	8

Lückentext für jede Gruppe

So beantworten wir Jennys Fragen:

Der Zug fährt in Weiden ______________________________ ab.

Du musst ____________________ umsteigen.

Du kommst _____________________________ an.

Die Zugfahrt dauert __________________________________.

Die Lehrerin befestigt neben jeder Sprechblase an der Tafel die entsprechende Sprechblase mit dem Lückentext des Antwortsatzes.

Sprechblasen mit Lückentext

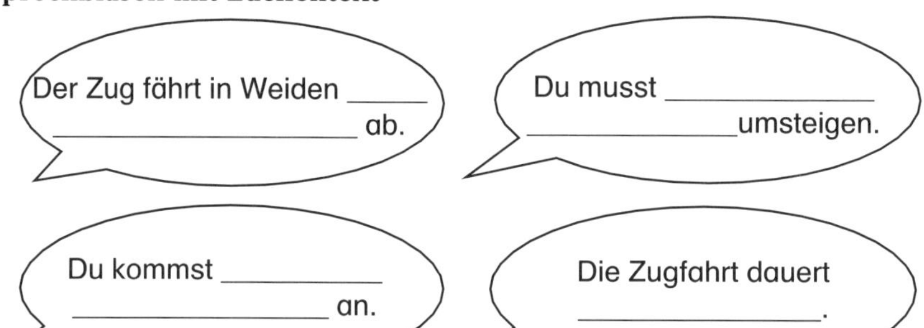

Sie trägt in die Sprechblasen die Ergebnisse der Gruppenarbeit ein.
Lehrerin: Die Fragen von Jenny haben etwas gemeinsam. Sicher wisst ihr, wonach Jenny fragt.
Die Kinder erkennen, dass Jenny nach Zeitangaben fragt.
Lehrerin: Jenny fragt mit bestimmten Wörtern nach der Zeit.
Die Fragewörter „Wann“, „Wie lange“ und „Wie oft“ werden farbig gekennzeichnet.

Die Kinder lesen die Wörter in den Antwortsätzen vor, die die Fragen beantworten. Diese Satzteile werden ebenso farbig markiert.
Lehrerin: Stell mit deinem Partner die Antwortsätze um. Schreibt eure Ergebnisse auf den Block.
Abruf der Ergebnisse
Lehrerin: Ihr wisst bereits, wie man die Wörter nennt, die beim Umstellen eines Satzes zusammenbleiben.
Die Kinder wiederholen, dass es sich dabei um Satzglieder handelt. Sie erkennen, dass die farbig markierten Wörter in den Antwortsätzen Satzglieder sind.
➔ Erkenntnis: Satzglieder, die auf die Fragen Wann ...? Wie lange ...? Wie oft ...? antworten, heißen Zeitangaben.
Lehrerin: Jenny kommt gut bei ihrer Tante an und verbringt schöne Urlaubstage bei ihr. Eines Abends ruft Jennys Freundin Yvonne an. Yvonne hat viele Fragen.

Folie 48 a:

Wann gehst du jeden Tag ins Bett?
Wie lange schläfst du jeden Tag?
Wie oft warst du schon im Schwimmbad?
Wann hat es bei euch geregnet?
Wann kommst du wieder nach Hause?

Lehrerin: Überlege mit deinem Partner, wie Jenny diese Fragen beantwortet haben könnte. Diese Wörter (Zeigen der Folie 48 b) helfen euch dabei. Antwortet in ganzen Sätzen. Schreibt die Zeitangaben farbig.

Folie 48 b:

sehr oft – am Freitag – spät – meistens bis neun Uhr – nur zweimal

Die Kinder lesen ihre Ergebnisse vor.
Lehrerin: Lest euch die Sätze ohne Zeitangaben vor.
Die Kinder erkennen, dass die Zeitangaben in den Sätzen unverzichtbar sind.
Lehrerin: In vielen Situationen sind Zeitangaben für ein vollständiges Verstehen unverzichtbar. Überlegt euch in der Gruppe, in welchen Situationen das der Fall ist.
Abruf der Ergebnisse

Übung: Arbeitsblatt 24

Name ______________________________ Arbeitsblatt 24

Ferien bei Tante Ute

1. Unterstreiche in jedem Satz die Zeitangabe.
   Die Fragen | Wann …? Wie oft …? Wie lange …? | helfen dir dabei.

> Jenny geht fast jeden Tag mit ihrer Tante ins Schwimmbad. Einmal in der Woche gehen sie ins Kino. Wenn sie in der Stadt einkaufen, essen sie manchmal noch ein Eis. Zweimal hat Jenny ein Museum besucht. Jenny freut sich jeden Tag besonders darauf, wenn sie nach dem Abendessen mit Tante Utes Hund spazieren gehen darf. Jenny ist meistens eine Stunde mit dem Hund unterwegs. Zum Glück regnet es selten.

2. Jenny schreibt einen Brief an ihre Freundin zu Hause.
   Ergänze die Sätze mit passenden Zeitangaben.

Liebe Yvonne,

ich gehe ____________ ins Schwimmbad.
Eis könnte ich ____________________ essen.
____________________ gehe ich mit meiner Tante einkaufen.
Dann kauft sie mir ____________ etwas Schönes.
Vor dem Fernseher sitze ich nur ____________ .
____________ schreibe ich ____________
____________ meine Erlebnisse im Tagebuch auf.
Ich bleibe noch ____________ hier.
Auch wenn es hier sehr schön ist, freue ich mich darauf,
dich ____________________ wiederzusehen.

> jeden Tag – selten – am Wochenende – häufig – am Abend – manchmal – drei Tage – eine Viertelstunde lang – am Vormittag

☆ Was machst du in den Ferien? Wann …? Wie oft…? Wie lange?
Schreibe Sätze mit Zeitangaben auf. Unterstreiche die Zeitangaben.

> Zeitangaben sind wichtige Satzglieder.
> Wir fragen nach der Zeitangabe:
> | Wann …? Wie lange …? Wie oft …? |

Sprachwerkstatt

Spiel: Der Kommissar

Die Kinder bilden einen Kreis um den Kommissar. Der Kommissar stellt Fragen nach Orts- und Zeitangaben. Wer nicht sofort eine passende Antwort hat, erhält einen Kreidestrich. Bei drei Strichen scheidet der Mitspieler aus oder ist der neue Kommissar.

Spiel: Kennst du das Klassenzimmer genau?

Eine Gruppe hat Gelegenheit, das Klassenzimmer eine bestimmte Zeit lang zu betrachten und sich möglichst genau alles einzuprägen. Dann werden diesen Kindern die Augen verbunden. Die andere Gruppe stellt Fragen nach den Orten einzelner Gegenstände im Zimmer.

Kartenspiel: Zeitangaben

Die Karten mit den Fragen und mit den Antworten werden gemischt und an die Mitspieler verteilt. Die Spieler ziehen reihum Karten voneinander. Sobald ein Spieler zu einer Fragekarte eine passende Antwortkarte besitzt, legt er sie als Paar ab. Sieger ist, wer zuerst keine Karten mehr hat.

Alternative 1: Memory (Alle Karten liegen verdeckt nebeneinander auf dem Tisch)

Alternative 2: Lustiges Frage- und Antwortspiel (Frage- und Antwortkarten verdeckt jeweils auf zwei Stapeln)

Wie oft feierst du deinen Geburtstag im Jahr?	Einmal.	Wie oft sollst du dir die Zähne putzen?	Zwei- bis dreimal täglich.
Wie oft regnet es in der Wüste?	Sehr selten.	Wie oft spielst du mit deinen Freunden?	Fast jeden Tag.
Wie oft frühstückst du?	Einmal am Tag.	Wann kannst du Schlitten fahren?	Im Winter.
Wann gehst du schlafen?	Am Abend.	Wann musst du nicht in die Schule gehen?	Am Wochenende.
Wann blühen die Narzissen?	Im Frühling.	Wann musst du keine Hausaufgaben machen?	In den Ferien.
Wie lange brauchst du für deine Hausaufgaben?	Ungefähr eine Stunde.	Wie lange schläfst du?	Meistens neun Stunden.
Wie lange kannst du die Luft anhalten?	Fast eine halbe Minute.	Wie lange hast du jeden Tag Unterricht?	Fünf bis sechs Stunden.
Wann färbt sich das Laub bunt?	Im Herbst.	Wann scheint die Sonne nicht?	In der Nacht.

Partnerspiel: Ortsangaben

Fertigstellung des Lernspiels:
Die beiden Karten werden auf die gegenüberliegenden Seiten eines aus Tonkarton gefalteten Daches geklebt.

Auf jeder Seite des Daches sitzt ein Kind. Abwechselnd liest jeweils ein Kind eine Frage vor. Der Partner formuliert die Antwort mit der angegebenen Ortsangabe und wird vom anderen Kind kontrolliert (kursiv gedruckte Lösung).

1. Wo warst du gestern? *Auf dem Spielplatz.*	2. Supermarkt Woher kommst du?
3. *Aus (Von) der Schule.* Italien.	4. Wohin stellst du die Milch? *In den Kühlschrank.*
5. neues Sportgeschäft Wo liegt die Kreide?	6. *In der unteren Schublade.* Schrank
7. Woher kommt deine Mutter? *Aus (Von) der Bäckerei.*	8. Marktplatz Wohin gehen wir?
9. *In den Park.* Balkon	1. Woher kommt dein Hund? *Aus dem Tierheim.*

1. Spielplatz Wohin gehst du morgen?	2. *In den Supermarkt.* Schule
3. Wohin fährst du in den Ferien? *Nach Italien.*	4. Kühlschrank Woher hast du deine Turnschuhe?
5. *Aus dem neuen Sportgeschäft.* Untere Schublade	6. Wohin soll ich das Buch legen? *In den Schrank.*
7. Bäckerei *Wo treffen wir uns?*	8. *Auf dem Marktplatz.* Park
9. Wo stehen deine Stiefel? *Auf dem Balkon.*	10. Tierheim

3.6 Sätze verknüpfen

Verschiedene Sprachsituationen

Deine Meinung ist gefragt
Die Kinder schreiben auf ein Plakat im Klassenzimmer, was sie gut oder schlecht finden, und begründen ihre Meinung.

Die besten Ausreden
Ein Kind schreibt eine Frage auf. Die übrigen Kinder formulieren Ausreden, die Bindewörter wie z. B. *da, weil, damit, dass* enthalten. Die Fragen und Ausreden werden in einem Klassenbuch gesammelt.

Gemeinsam geht es besser
Nach Katrins Geburtstagsfeier sieht es zu Hause chaotisch aus. Alle helfen beim Aufräumen. Beim Beschreiben des Vorgehens werden die Bindewörter (z. B. bevor, nachdem, während usw.) eingeführt.

Bastelanleitungen, Vorgangsbeschreibungen und Kochrezepte
Beim schriftlichen Ausarbeiten der Anleitungen und Rezepte werden Bindewörter verwendet.

Unsere Hobbys
Die Kinder schreiben in einem Klassenbuch auf, welche Hobbys sie haben und begründen dies.

Konfliktsituationen
Auftretende Konfliktsituationen werden sprachlich bearbeitet. Die Konfliktparteien schreiben auf, wie es zur Auseinandersetzung kam. In der Gruppe werden Begründungen und Motive für die konkreten Verhaltensweisen gesucht.

Überarbeiten von Geschichtenentwürfen
In Schreibkonferenzen werden Geschichten der Kinder gezielt auf das Verwenden von Bindewörtern hin überarbeitet.

Besuch aus dem All: Ninas Mutter schöpft Verdacht

Nina hat es sich gerade mit einem neuen Buch über das Planetensystem im Bett bequem gemacht, als ihre Mutter an die Tür klopft. „Hallo, meine Große“, begrüßt die Mutter Nina und setzt sich zu ihr auf das Bett. „Wir müssen unbedingt miteinander reden, Nina. Kannst du dich ein Weilchen von deinem Buch trennen?“, beginnt sie die Unterhaltung. Nina spürt, dass diese Unterhaltung wohl nicht ganz angenehm wird und klappt zögernd ihr Buch zu.

„Also, Nina, ich weiß ja, dass ich in den vergangenen Wochen nur wenig Zeit für dich hatte. Ich musste meistens lange arbeiten. Aber seit Papa in Amerika an seinem Forschungsprojekt arbeitet, hast du dich ziemlich verändert.“ Ninas Mutter macht nach diesem Satz eine Pause und sieht Nina nachdenklich an. „Mir sind da in letzter Zeit einige Dinge aufgefallen.

- Du bist sehr oft noch bis zum späten Abend im Gartenhaus.
- Die Tür des Gartenhauses ist immer zugesperrt.
- Jede Woche ist ein großes Glas Essiggurken verschwunden.
- Auf einmal leihst du dir ständig Bücher über das Weltall aus.
- Deine Lehrerin hat mir gestern erzählt, dass du oft sehr verträumt in der Schule bist.“

Nina wird es plötzlich ganz mulmig zumute. „Mutti scheint allmählich Verdacht zu schöpfen. Jetzt bloß ganz cool bleiben!“, schießt es ihr durch den Kopf. Dann räuspert sie sich kurz und versucht, ihre Mutter davon zu überzeugen, dass alles völlig harmlos ist.

- „ Ich bin oft so spät noch im Gartenhaus, weil ich an einer Überraschung zum Geburtstag für dich arbeite.
- Die Tür des Gartenhauses ist zugesperrt, damit du nichts von der Überraschung entdeckst.
- Ich brauche so viele Essiggurken, da meine Freunde und ich Essiggurken lieben und Essiggurken sehr gesund sind.
- Ich lese so viele Bücher über das Weltall, weil ich später Astronautin werden will.
- Ich bin so verträumt in der Schule, weil ich oft an Papa denken muss.“

Ninas Mutter scheint zwar nicht restlos überzeugt zu sein, dass alles in Ordnung ist. Aber für heute beendet sie jedenfalls die Unterredung. Sie streicht Nina übers Haar und meint: „In einigen Wochen ist Papa ja wieder zu Hause. Dann ist bestimmt alles auch für dich wieder einfacher. Und nun schlaf gut, mein Schatz.“ Aber Nina wälzt sich unruhig hin und her. Sie muss einfach noch einmal mit Miro darüber reden. Deshalb schleicht sie sich auf Zehenspitzen aus dem Haus. Miro versucht Nina zu beruhigen.

Du musst dir keine Sorgen machen.
Ich überprüfe noch das Antriebssystem.
Ich repariere das Steuerungssystem.
Ich fliege bald nach Hause.

Nina ist jetzt völlig durcheinander. Einerseits ist sie erleichtert, dass sie nicht nach einem neuen Versteck für Miro suchen muss. Andererseits wird ihr klar, dass die aufregende Zeit mit Miro langsam ihrem Ende zugeht. Weil ihre Gedanken wirr im Kopf herumkreisen, ruft sie ihre Freundin Julia noch an.

Ich muss mir keine Sorgen machen, dass ...
Miro überprüft das Antriebssystem, bevor ...
Er repariert das Steuerungssystem, damit ...
Er fliegt nach Hause, sobald ...

Nina fällt das Sprechen am Telefon sehr schwer. Mühsam schluckt sie immer wieder die Tränen hinunter und gerät ins Stocken. Julia versteht ihre Freundin sehr gut und versucht sie zu trösten.

Aufträge

1. Nina versucht, ihre Mutter zu beruhigen.
   Unterstreicht die kurzen Wörter, die Ninas Sätze verbinden (Bindewörter).
2. Nina fällt das Sprechen am Telefon schwer.
   Schreibt ihre Sätze zu Ende. Unterstreicht die Bindewörter.
3. Überlegt, wie Julia ihre Freundin trösten könnte.
   Spielt das Telefongespräch oder schreibt das Gespräch auf.

Unterrichtsanregungen: Unsere Klasse wird klasse

Medien/Lernhilfen

Lehrerin: Sprechblasen I und II für die Tafel (S. 227, 228), Gedankenblasen für die Tafel (S. 227), Sätze für die Tafel (S. 228)
Kinder: Arbeitsblatt 25 (S. 235)
Für jede Gruppe: Umschlag mit Auftragskarte, Satzstreifen und Wortkarten sowie ein Plakat (S. 229 ff.)

Lernziele

Die Kinder sollen

- wichtige Bindewörter kennen.
- wissen, dass Bindewörter zwei Sätze zu einem Satz verknüpfen.
- Sätze mit Bindewörtern verknüpfen.
- passende Bindewörter finden.

Unterrichtsverlauf

Einstieg

Lehrerin: In Kevins Klasse gibt es häufig Ärger. Immer wieder beschweren sich die Kinder bei der Lehrerin über einander. Oft versuchen die Klassensprecher, Streit zu schlichten.

Die Kinder bringen eigene Erfahrungen ein.

Lehrerin: Kevins Lehrerin Frau Schwarz bespricht dieses Problem im Morgenkreis mit den Kindern. Sie bittet die Kinder, Vorschläge zu machen, damit sich alle in der Klasse wohler fühlen.

Die Kinder machen eigene Vorschläge.

Erarbeitung

Lehrerin: Die Kinder in Kevins Klasse haben auch gute Ideen gesammelt.

Anheften der Sprechblasen I an der Tafel:

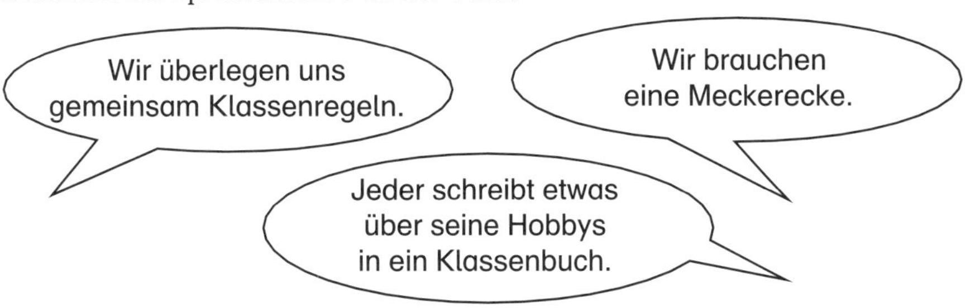

Lehrerin: Viele Kinder finden diese Ideen gut. Aber einige Kinder fragen nach. Sie wollen wissen, was dadurch in der Klasse besser werden soll. Kevin und seine Freunde suchen nach Argumenten.

Anheften der Gedankenblasen:

Wir wollen uns besser kennenlernen.

Lehrerin: Dann sprechen Kevin und seine Freunde mit ihren Klassenkameraden.

Anheften der Sprechblasen II:

Wir überlegen uns Klassenregeln, dass …

Wir richten eine Meckerecke ein, damit …

Wir legen ein Klassenbuch an, weil …

Die Kinder überlegen in Partnerarbeit, mit welchen Argumenten aus den Gedankenblasen sie die Sprechblasensätze ergänzen.
Sie tragen ihre Ergebnisse vor und ordnen die passenden Sätze den Lückensätzen zu.

Sätze für die Tafel:

jeder weiß, wie er sich richtig verhält.

jeder seine Meinung sagen kann.

wir uns besser kennenlernen wollen.

Die Lehrerin deutet auf die Sprechblasen I und die Gedankenblasen.
Die Kinder erkennen, dass in den Sprech- und Gedankenblasen Sätze stehen.
Lehrerin: Ihr habt gerade immer zwei Sätze miteinander verbunden. Dazu waren bestimmte Wörter nötig.
Die Kinder erkennen, dass die Sätze mit den Wörtern dass, damit, weil verbunden wurden.
Lehrerin: Zwei Sätze können mit einem Wort zu einem Satz verbunden werden. Die Wörter, die zwei Sätze miteinander verbinden, heißen Bindewörter. Die Bindewörter werden unterstrichen.

Übung

Lehrerin: Die Kinder in Kevins Klasse machen sich in den nächsten Tagen an die Arbeit. Sie haben sich ein wichtiges Ziel gesetzt.

Tafelanschrift: Unsere Klasse wird klasse

Lehrerin: Die Kinder in Kevins Klasse haben viele Ideen für dieses Ziel gesammelt.

Das Material für die Gruppenarbeit wird verteilt.

Die Gruppen bearbeiten die Aufträge.

Jede Gruppe trägt ihre Ergebnisse vor und befestigt ihr Plakat unter der Tafelanschrift „Unsere Klasse wird klasse“.

Arbeitsblatt 25

Material für die Gruppenarbeit:

Gruppe 1

1. Wählt jeweils zwei Sätze aus, die zusammenpassen.
2. Verbindet die beiden Sätze mit einem passenden Bindewort.
3. Schreibt die Sätze auf das Plakat.

Überlegt euch weitere Klassenregeln.
Formuliert dazu Sätze mit Bindewörtern.
Schreibt die Sätze auf euer Plakat.

Wir beschäftigen uns leise.
Der Unterricht beginnt.
Wir reden nicht dazwischen.
Ein Mitschüler erzählt etwas.
Wir melden uns.
Wir möchten etwas erzählen oder fragen.
Wir hinterlassen das Klassenzimmer sauber und verlassen es ruhig.
Der Unterricht ist zu Ende.
Wir arbeiten in der Freiarbeit leise zusammen.
Wir stören niemanden.
Wir wenden uns an die Klassensprecher oder die Lehrerin.
Wir können einen Konflikt nicht alleine lösen.
Wir beleidigen niemanden beim Streiten.
Auch Worte können verletzen.
Wir helfen einander.
Ein Mitschüler versteht eine Aufgabe nicht.
Wir lachen niemanden aus.
Jemand macht einen Fehler.

bevor	während	wenn	wenn	wenn	wenn	nachdem	damit	weil

Plakat für die Gruppe 1

Gruppe 2

1. Wählt jeweils zwei Sätze aus, die zusammenpassen.
2. Verbindet die beiden Sätze mit einem passenden Bindewort.
3. Schreibt die Sätze auf das Plakat.

☆ Gestaltet ein eigenes Plakat für eure Klasse.
Überlegt, was euch gefällt oder stört.
Verwendet für eure Sätze passende Bindewörter.

Ich fühle mich wohl.
Alle Kinder arbeiten leise in der Freiarbeit.
Ich finde es gut.
Wir können uns bei schwierigen Aufgaben einen Helfer suchen.
Unser Pausenhof ist immer sauber.
Wir sammeln nach der Pause Müll.
Es war ein interessanter Schultag.
Herr Kunz erzählte auf der Burg über das Leben der Ritter.
Ich bin sehr froh.
Fabian und ich sind wieder Freunde.
Ich bekomme keinen Brief von Sinan.
Ich habe ihm schon dreimal geschrieben.
Ich habe mich sehr geärgert.
Der Sportunterricht ist schon wieder ausgefallen.
Ich habe am Nachmittag wenig Zeit für meine Freunde.
Wir haben jeden Tag so viele Hausaufgaben.
Ich freue mich auf den Morgenkreis am Freitag.
Ein Kind aus unserer Klasse liest eine Geschichte vor.

wenn	dass	dass	weil	weil	weil	da	obwohl	als

Plakat für die Gruppe 2 (zweimal kopieren)

Deine Meinung ist wichtig.

Das finde ich gut.	Das finde ich schlecht.

Gruppe 3

1. Wählt jeweils zwei Sätze aus, die zusammenpassen.
2. Verbindet die beiden Sätze mit einem passenden Bindewort.
3. Schreibt die Sätze auf das Plakat.

☆ Legt ein eigenes Klassenbuch an.
Schreibt auf, was ihr in eurer Freizeit macht.
Fragt auch die anderen Kinder in der Klasse.
Verwendet für eure Sätze passende Bindewörter.

Ich spiele Fußball und schwimme oft.
Ich treibe gerne Sport.
Ich reite gerne.
Ich habe auf dem Ponyhof meine Ferien verbracht.
Ich gehe zweimal in der Woche mit Hunden aus dem Tierheim spazieren.
Wir können keinen Hund in der Wohnung halten.
Ich baue schon das dritte Modellflugzeug.
Mein Onkel hat mit mir ein Flugzeug gebastelt.
Ich übe jeden Tag auf der Gitarre.
Ich kann nächstes Jahr in der Schulband mitspielen.
Ich gehe jede Woche in die Stadtbücherei.
Ich lese am liebsten.
Ich habe schon zwei Prüfungen im Judoverein abgelegt.
Ich trainiere erst seit einem Jahr.
Ich treffe immer viele Freunde.
Ich gehe auf den Abenteuerspielplatz.
Ich besuche oft meine Tante auf dem Bauernhof.
Ich kümmere mich gern um Tiere.

weil	weil	da	da	nachdem	seitdem	damit	obwohl	wenn

Plakat für Gruppe 3 (zweimal kopieren)

Name ______________________________	Arbeitsblatt 25

In Kevins Klasse ist immer etwas los

1. Die Kinder erledigen ihre Klassendienste.
   Welche Sätze passen zusammen?
   Verbinde die Sätze mit treffenden Bindewörtern.
   Arbeite im Heft.

Tina und Julia putzen die Tafel.	Die Erde ist trocken.
Pascal und Ibrahim gießen die Blumen.	Die Pause ist vorbei.
Julia und Fabian bringen den Müll weg.	Der Unterricht beginnt.
Marc und Selina kümmern sich um die Klassenbücherei.	Der Abfallkorb ist voll.
Nazmiye und David teilen die Hefte aus.	Alle Kinder können sich Bücher ausleihen.

damit wenn nachdem bevor sobald

2. Auf dem Tagesplan steht Freiarbeit.
   Setze passende Bindewörter ein.

______________ Tobias am Computer eine lustige Geschichte schreibt, stempelt Simone Einladungskarten. Katrin erklärt Antonia eine Aufgabe, ________ sie die Geheimbotschaft entschlüsseln kann. Kevin und Anja führen ein Wasserexperiment durch, __________ sie sorgfältig die Anleitung dazu gelesen haben. _________ Daniel so laut redet, kann sich Jana nicht auf ihre Rechenaufgaben konzentrieren. Sarah freut sich, ________ sie mit Nela ein Würfelspiel machen kann. __________ Stefan die Geschichte schon zweimal gelesen hat, kann er die Fragen nicht beantworten. Er ist sehr froh, _______ Peter mit ihm den Text noch einmal liest.

damit als während obwohl weil nachdem dass

Mit einem *Bindewort* kannst du zwei Sätze miteinander verbinden.
Wichtige Bindewörter sind:

da, weil, damit, dass, und, oder, als,
bevor, nachdem, während, obwohl

Sprachwerkstatt

Spiel: Der heiße Stuhl

Ein besonders mutiges Kind sitzt auf einem besonderen Stuhl in der Kreismitte. Die anderen Kinder sagen zuerst alles, was ihnen gut an diesem Kind gefällt. Anschließend äußern sie Kritik. Jeder Satz beginnt mit ***Ich ...*** Die Lehrerin achtet darauf, dass jede Ich-Botschaft ein begründendes Bindewort enthält.

Alternativen: Nur positive Ich-Botschaften mit Bindewörtern sind erlaubt. Nicht die Person, sondern eine Geschichte oder ein Bild wird beurteilt.

Spiel: Wer wird Meister der Ausreden?

Die Karten liegen verdeckt auf einem Stapel. Reihum zieht jedes Kind eine Karte und liest den angefangenen Satz vor. Wer am schnellsten eine passende Ausrede findet, behält die Karte. Meister der Ausreden ist, wer die meisten Karten gesammelt hat.

Ich konnte gestern nicht kommen, weil ...
Ich lutschte Bonbons im Unterricht, damit ...
Ich machte keine Hausaufgaben, da ...
Ich habe ein Loch in der Hose, weil ...
Ich habe heute keine Schultasche dabei, damit ...
Ich bohre in der Nase, weil ...
Ich wasche mir heute die Hände nicht, damit ...
Ich habe verschlafen, weil ...
Ich habe das Gedicht nicht auswendig gelernt, da ...
Ich muss heute so oft schwätzen, damit ...
Ich komme heute zu spät nach Hause, weil ...
Ich habe mir heute die Haare nicht gekämmt, damit ...
Ich habe mir heute die Zähne nicht geputzt, damit ...
Ich bin heute zu spät in die Schule gekommen, weil ...
Ich habe den Bus verpasst, da ...
Ich habe dich nicht angerufen, damit ...
Ich blieb heute nach der Pause im Schulhof, weil ...
Ich habe keinen Füller dabei, damit ...
Ich habe alle Hefte zu Hause gelassen, weil ...
Ich habe keinen Geldbeutel dabei, damit ...
Ich esse keinen Spinat, weil ...
Ich gehe jetzt nach Hause, weil ...
Ich esse dein Pausenbrot auf, damit ...
Ich ziehe heute keine Schuhe an, weil ...
Ich setze mich heute nur auf den Boden, damit ...
Ich trage heute den ganzen Tag eine Sonnenbrille, da ...
Ich kann meine Kappe nicht abnehmen, weil ...
Ich habe die Geschichte nicht geschrieben, weil ...
Ich gehe heute nicht mit dem Hund spazieren, damit ...
Ich passe heute nicht auf meine kleine Schwester auf, weil ...

3.7 Wörtliche Rede

Verschiedene Sprachsituationen

Bühne frei
Die Kinder spielen zunächst Szenen mit Puppen oder Schattenfiguren, die sie mit dem Kassettenrekorder aufnehmen oder als Sprechblasengeschichten zeichnen. Anschließend schreiben sie zu den gespielten oder gemalten Szenen die Theatertexte in Dialogform.

Theatertexte zu Geschichtenvorlagen
Die Kinder schreiben Theatertexte in Dialogform zu bekannten Märchen und Erzählungen oder zu eigenen Geschichten.

Wir machen ein Hörspiel
Die Kinder schreiben zu Geschichtenvorlagen Texte in Dialogform. Diese Texte werden mit verteilten Rollen vorgelesen und mit einem Kassettenrekorder als Hörspiel aufgenommen.

Witze
Die Kinder schreiben zu bildlich dargestellten Witzen Dialoge und spielen sie vor.

Besuch aus dem All: Ein ganz besonderer Ausflug

Endlich sind Ferien. Julia und Pascal treffen sich bei Nina im alten Gartenhaus. Aber keiner weiß so recht, was sie machen könnten. Mit einer Ausnahme. Miro schraubt und hämmert wie immer an seinem Raumschiff herum. Nach einer Weile fängt Pascal zu gähnen an. Gelangweilt meint er: „Mensch, hier ist ja gar nichts los! Die anderen Kinder aus unserer Klasse sind in den Urlaub gefahren. Nur wir sitzen hier herum, weil unsere Eltern nicht frei haben.“ Julia nickt und fügt hinzu: „Wenn wir wenigstens einen Ausflug machen könnten.“ Nina stimmt ihrer Freundin zu: „Ja, ein Ausflug. Aber es müsste schon ein ganz besonderer Ausflug sein.“
Miro, der bisher so unheimlich beschäftigt tat, stupst Nina an und zeigt ihr seinen Sprachcomputer.

Ihr wollt ausfliegen?
Kein Problem.

Da beginnen die Kinder lautstark zu lachen. Als Miro seine Antennen beleidigt hängen lässt, erklärt ihm Nina, was ein Ausflug ist. Aber Miro bleibt hartnäckig.

Mein Raumschiff ist startklar.
Ein Rundflug über die Stadt ist möglich.

Auf einmal ist Pascal ganz munter: „Das wäre ja super. Ein Flug in Miros Untertasse ... äh Raumschiff!" Julia ist ganz aus dem Häuschen und jubelt: „Juhu, wir fliegen mit Miro über die Stadt! So einen Ausflug hat noch niemand aus unserer Klasse gemacht." Nina ist zwar von dieser Idee ganz begeistert. Aber sie hat auch ein wenig Angst, dass das Raumschiff gesehen werden könnte. Deshalb gibt sie zu bedenken: „Also, wenn wir das machen, müssen wir sehr vorsichtig sein. Niemand darf merken, dass wir unterwegs sind. Es muss außerdem ganz dunkel sein. Sonst weiß die halbe Stadt Bescheid."
Nach einer kurzen Beratung steht der Plan der Kinder fest. Sie treffen sich noch in dieser Nacht kurz nach 23 Uhr. Gespannt zwängen sie sich durch die kleine Öffnung des Raumschiffes. Pascal stellt fest: „Hier sieht es fast so aus wie im Raumschiff Enterprise." Doch Miro hat es eilig. Rasch erklärt er den Kindern, was sie beim Start machen sollen. Kurz darauf hebt das Raumschiff ab.

He, wir fliegen ja tatsächlich!

Ich hab auf einmal so ein Kribbeln im Bauch.

Zieh schnell den roten Hebel nach rechts.

Puh, das geht aber schnell nach oben!

Lass mich doch auch mal durch dieses Fenster schauen.

Drück den schwarzen Knopf vor dir.

Die vielen Lichter der Stadt sehen einfach super aus.

Lange nach Mitternacht landen die Kinder wieder in Ninas Garten. Mit vereinten Kräften schieben sie das Raumschiff ins Gartenhaus. Dann umarmen die Kinder Miro und Nina flüstert: „Miro, du bist ein toller Freund. Vielen Dank für diesen Ausflug. Den werden wir ganz bestimmt nie vergessen. Heute waren wir alle den Sternen etwas näher."

Aufträge:
1. In der Geschichte wird viel geredet.
   Unterstreicht alles, was geredet wird. Die Anführungszeichen helfen euch dabei.
2. Endlich hebt das Raumschiff ab.
   Überlegt, wer etwas sagt. Schreibt Begleitsätze mit Doppelpunkt.
   Schreibt die Sätze aus den Sprechblasen als wörtliche Rede mit Anführungszeichen auf.
   Schreibt so: Pascal sagt: „He, wir ..."
   Findet treffende Wörter für das Wort *sagen*.
3. Spielt die Geschichte im Raumschiff weiter. Nehmt euer Stück mit einem Kassettenrekorder auf. Schreibt eure Geschichte als Theatertext auf.

Unterrichtsanregungen: Vorhang auf

Medien/Lernhilfen

Lehrerin: Abfallmaterialien (alte Dosen, Schwämme, Bürsten usw.), Folie 49 (S. 240), Tonbandaufnahme (S. 240), Satzstreifen 1 und 2 (S. 241)
Kinder: Arbeitsblatt 26 (S. 242)

Lernziele

Die Kinder sollen
- den Fachbegriff ***wörtliche Rede*** kennen.
- wissen, dass vor und nach der wörtliche Rede Anführungszeichen gesetzt werden.
- den Begriff ***Begleitsatz*** kennen.
- erkennen, dass man dem Begleitsatz entnehmen kann, wer spricht.
- wissen, dass man nach dem vorangestellten Redebegleitsatz einen Doppelpunkt macht.
- Texte mit wörtlicher Rede und Begleitsätzen schreiben.
- treffende Verben aus dem ***Wortfeld sagen*** für die Begleitsätze verwenden.

Verbindung zu anderen Lernbereichen

Texte für andere gestalten und überarbeiten

Unterrichtsverlauf

Einstieg

Die Lehrerin zeigt Abfallmaterialien wie Dosen, alte Schwämme und Bürsten. Die Kinder stellen Vermutungen dazu an.
Lehrerin: Die Kinder in Daniels Klasse haben aus diesen Abfallmaterialien lus-

tige Puppen gebastelt. Sie wollen für das Klassenfest ein Puppenstück aufführen.
Tafelanschrift: Vorhang auf

Erarbeitung

Folie 49 mit den drei Abfallfiguren:

Die Kinder stellen zu den gezeigten Figuren eigene Vermutungen an.
Lehrerin: Daniel und seine Freunde Sebastian und Sarah haben die drei Puppen gebastelt. Sie nennen ihre Puppen Bürstenmonster, Dosendrache und Schwammriese. Daniel hat sich mit seinen Freunden ausgedacht, wie sich die drei lustigen Kerle auf dem Müllplatz kennen lernen. Sie spielen ihre kurze Geschichte den anderen Kindern vor.

Die Kinder hören eine kurze Tonbandaufnahme:

Dosendrache: He, was bist denn du für ein struppiger Kerl?
Bürstenmonster: Huhu, ich bin ein furchtbares Monster! Nimm dich bloß in Acht vor mir.
Schwammriese: Was ist denn das für ein Lärm? Seid still. Sonst lernt ihr mich kennen.

Die Kinder äußern sich dazu.
Lehrerin: Daniels Klassenkameraden sind begeistert. Simone meint: Das ist ein guter Anfang für unser Theaterstück. Wir dürfen die Texte auf keinen Fall vergessen.

Die Kinder überlegen, was man tun könnte, um sich die Geschichte zu merken.
Lehrerin: Die Kinder haben Wort für Wort aufgeschrieben, was die drei Puppen gesprochen haben.
Anheften der Satzstreifen 1:

„He, was bist denn du für ein struppiger Kerl?“
„Huhu, ich bin ein furchtbares Monster! Nimm dich bloß in Acht vor mir.“
„Was ist denn das für ein Lärm? Seid still. Sonst lernt ihr mich kennen.“

Die Kinder lesen die Satzstreifen.
Lehrerin: Wenn man Wort für Wort aufschreibt, was jemand sagt, nennt man das ***wörtliche Rede.*** Sicher sind euch besondere Satzzeichen bei der wörtlichen Rede aufgefallen.
Die Kinder zeigen die Anführungszeichen.
Lehrerin: Die Zeichen am Anfang und am Schluss der wörtlichen Rede heißen Anführungszeichen. Sie stehen am Anfang der wörtlichen Rede immer unten und am Ende immer oben.
Die Kinder markieren die Anführungszeichen farbig.
Lehrerin: Die Kinder in Daniels Klasse haben noch etwas vergessen.
Die Kinder erkennen, dass man so noch nicht weiß, wer etwas sagt.
Die Lehrerin zeigt die Satzstreifen 2 mit den Begleitsätzen.

Satzstreifen 2:

Der Dosendrache sagt:
Das Bürstenmonster sagt:
Der Schwammriese sagt:

Die Kinder lesen die Sätze und ordnen sie den Satzstreifen 1 an der Tafel zu.
Lehrerin: Diese Sätze begleiten die wörtliche Rede. Nur so weiß der Leser auch, wer spricht. Man nennt diese Sätze Begleitsätze. Sie haben das Satzzeichen gemeinsam.
Die Kinder erkennen, dass am Ende des Begleitsatzes ein Doppelpunkt steht. Sie markieren dieses Satzzeichen farbig.
Lehrerin: Daniel ist mit den Begleitsätzen noch nicht zufrieden. Er findet sie langweilig.
Die Kinder erkennen, dass es treffendere Verben für das Verb ***sagen*** gibt.
Lehrerin: Suche mit deinem Partner nach abwechslungsreichen Tunwörtern. Überlegt dabei, ob die Puppen laut oder leise sprechen.
Abruf der Ergebnisse
Die Lehrerin schreibt treffende Verben über das Wort *sagt* (siehe Satzstreifen 2).

Name ________________________________	Arbeitsblatt 26

Vorhang auf

1. Die drei lustigen Kerle treffen sich auf dem Müllplatz.
Schreibe die Texte in den Sprechblasen als wörtliche Rede auf.
Achte auf die Anführungszeichen.
Wähle treffende Tunwörter für die Begleitsätze aus.

Uh, uh, ich bin ein fürchterliches Monster!

Hi, hi! Du siehst gar nicht gruselig aus.

Werd ja nicht frech, sonst kratze ich dich.

He, aus dem Weg! Macht Platz für das Blechungetüm.

lachen brüllen fauchen drohen

Das Bürstenmonster ____________: ____________________

____

Der Schwammriese ____________: ____________________

____

Das Bürstenmonster ____________: ____________________

____

Der Dosendrache ____________: ____________________

____

2. Ein Gewitter zieht auf. Die drei Kerle flüchten unter eine alte Wanne.
Spiele die Szene mit deinen Freunden. Schreibe dann den Theatertext mit wörtlicher Rede und Begleitsätzen ins Heft.

Suche treffende Tunwörter zum Wortfeld *sagen*.

Spiele die Geschichte mit deinen Freunden weiter.
Schreibe den Theatertext in wörtlicher Rede dazu auf.

> Wenn ich Wort für Wort aufschreibe,
> was jemand sagt, heißt das wörtliche Rede.
> Am Anfang der wörtlichen Rede stehen
> die Anführungszeichen unten, am Ende oben.
> Begleitsätze begleiten die wörtliche Rede.
> Sie geben Auskunft, wer spricht.
> Nach dem Begleitsatz steht ein Doppelpunkt.

Übung
Lehrerin: Die Kinder in Daniels Klasse spielen die Geschichte weiter und schreiben dazu einen Theatertext mit wörtlicher Rede.

Arbeitsblatt 26

Sprachwerkstatt

Klassenbuch der kurzen Theaterstücke
Die Kinder sammeln bildlich dargestellte Witze und Comicstrips. Sie stellen mit Fingerdruck kurze Sprechblasengeschichten her. Zu dieser Geschichtensammlung schreiben sie Theatertexte in wörtlicher Rede. Die kurzen Stücke werden in einem Klassenbuch gesammelt und zum Beispiel als Wochenabschluss vorgespielt.

Satzzeichen bei der wörtlichen Rede
Der Text in Großbuchstaben ohne Anführungszeichen und Doppelpunkte wird laminiert. Die Kinder setzen mit einem wasserlöslichen Folienstift die fehlenden Satzzeichen ein. Die Selbstkontrolle erfolgt mit einem Lösungsblatt.

Alarm am Flussufer

Setze die Anführungszeichen für die wörtliche Rede und den Doppelpunkt nach dem Begleitsatz an der richtigen Stelle ein.

MARCO SCHREIT KOMM SCHNELL ZUM UFER. ICH HABE ETWAS MERKWÜRDIGES ENTDECKT.
LISA BEMERKT DAS SIND DIE NAGESPUREN VON EINEM BIBER.
ABER MARCO SCHÜTTELT DEN KOPF UND MEINT ICH HABE HIER NOCH NIE EINEN BIBER GESEHEN.
DOCH LISA ERKLÄRT BIBER WERDEN ERST AM ABEND UND IN DER NACHT RICHTIG MUNTER.
PLÖTZLICH RASCHELT ETWAS IM GEBÜSCH.
MARCO FLÜSTERT VIELLEICHT IST DORT EIN BIBER? ICH SEH MAL NACH.
LISA WARNT VORSICHT! WIR WISSEN NICHT, WAS IM GEBÜSCH IST.
MIT EINEM SATZ SPRINGT MARCOS HUND AUS DEM GEBÜSCH.
MARCO ERSCHRICKT UND BRÜLLT HILFE, EIN UNGEHEUER!
LISA LACHT NUR UND RUFT KOMM HER, BRAVES UNGEHEUER!

Alarm am Flussufer Lösungskarte MARCO SCHREIT: „KOMM SCHNELL ZUM UFER. ICH HABE ETWAS MERKWÜRDIGES ENTDECKT.“ LISA BEMERKT: „DAS SIND DIE NAGESPUREN VON EINEM BIBER.“ ABER MARCO SCHÜTTELT DEN KOPF UND MEINT: „ICH HABE HIER NOCH NIE EINEN BIBER GESEHEN.“ DOCH LISA ERKLÄRT: „BIBER WERDEN ERST AM ABEND UND IN DER NACHT RICHTIG MUNTER.“ PLÖTZLICH RASCHELT ETWAS IM GEBÜSCH. MARCO FLÜSTERT: „VIELLEICHT IST DORT EIN BIBER? ICH SEH MAL NACH.“ LISA WARNT: „VORSICHT! WIR WISSEN NICHT, WAS IM GEBÜSCH IST.“ MIT EINEM SATZ SPRINGT MARCOS HUND AUS DEM GEBÜSCH. MARCO ERSCHRICKT UND BRÜLLT: „HILFE, EIN UNGEHEUER!“ LISA LACHT NUR UND RUFT: „KOMM HER, BRAVES UNGEHEUER!“

Schnapp-Spiel: Welcher Begleitsatz passt zu welcher wörtlichen Rede?
Die Karten werden im Kreis ausgelegt. Wer zuerst ein passendes Paar aus Begleitsatz und wörtlicher Rede findet, behält die Karten. Gleiche Farbpunkte auf der Rückseite ermöglichen Selbstkontrolle. Sieger ist, wer die meisten Kartenpaare sammelt.

Sebastian flüstert:	Lisa schimpft:	Fabian warnt:
Simone bittet:	Ali klagt:	Tobias jubelt:
Sarah kreischt:	Jana stimmt zu:	Stefan stottert:
Christina fragt:	Franziska erklärt:	Selina lacht:

„Psst, jetzt müssen wir ganz leise sein.“
„He, kannst du nicht aufpassen!“
„Streichle den Hund lieber nicht. Er könnte beißen.“
„Hilf mir beim Aufräumen.“
„Immer haben wir so viele Hausaufgaben.“
„Juhu, heute ist hitzefrei!“
„Hilfe, eine Spinne!“
„Ich bin der gleichen Meinung.“
„Ha … hast d… du d… das a… auch ge… gehört?“
„Kommst du heute zu mir?“
„Wiewörter sagen, wie etwas ist.“
„Das war aber lustig.“

3.8 Bildliche Redensarten

Verschiedene Sprachsituationen

Pech gehabt
Die Kinder erzählen von Situationen, in denen sie Pech hatten. Sie sammeln bildliche Redensarten dazu und bauen diese in ihre Geschichtenentwürfe ein.

Gruselgeschichten
Die Kinder denken sich gruselige Geschichten aus. Sie sammeln bildliche Redensarten zum Thema „Angst" und verwenden diese beim Schreiben eigener Geschichten.

Überarbeiten von Geschichtenentwürfen
Die Kinder erarbeiten eine Sammlung bildlicher Redensarten. In Schreibkonferenzen achten sie darauf, dass ihre Geschichten besonders lebendig erzählt sind. Passende Stellen werden durch bildliche Redensarten ersetzt.

Besuch aus dem All: Nur nicht wörtlich nehmen!

Seit einer Stunde warten Nina und Miro im Gartenhaus auf Julia. Miro spielt gegen Nina Schach. Nina weiß: Wenn Julia nicht bald auftaucht und ihr hilft, hat sie verloren. Endlich kommt Julia und lässt sich völlig erschöpft auf einen Stuhl fallen. Nina schaut ärgerlich auf die Uhr und knurrt: „Mensch, wo bleibst du nur. Seit einer Stunde warte ich hier auf dich und zerbreche mir den Kopf beim Schach spielen. Wahrscheinlich habe ich gleich verloren. Kannst du nie pünktlich sein?"
Da schreit Julia los: „Jetzt platzt mir gleich der Kragen. Wenn du wüsstest, was bei mir heute schon alles los war. Zuerst habe ich verschlafen. Ich musste die Beine in die Hand nehmen, damit ich den Schulbus noch erwischte. Dummerweise habe ich vergessen, das Gedicht auswendig zu lernen. Ich saß auf glühenden Kohlen, als Herr Berger das Gedicht abfragte. Tatsächlich rief er mich auf. Mir rutschte das Herz in die Hose. Dann fiel mir überhaupt nichts mehr ein. In der Pause hat mir Lena mal wieder einen Bären aufgebunden. Die halbe Klasse hat sich über mich amüsiert. In Mathematik schrieben wir eine Probearbeit. Ich fiel aus allen Wolken, weil ich damit nicht gerechnet hatte. Beim Mittagessen hatte ich Streit mit meiner Mutter. Sie meinte, dass ich immer nur mit dem Kopf durch die Wand will. Ich

musste erst mein Zimmer aufräumen und alle Hausaufgaben machen, bevor ich aus dem Haus durfte."

„Stopp, stopp, das reicht, Julia", unterbricht Nina. „Du redest ja wie ein Wasserfall. Schau mal Miro an. Der sieht so merkwürdig aus."

Miro hat sehr aufmerksam zugehört und ist jetzt sehr besorgt um Julia. Auf dem Monitor seines Sprachcomputers erscheinen viele Fragen.

Hallo, arme Julia,
du hast heute viel Schlimmes erlebt.
Wie geht es deinem Kragen?
Läuft man wirklich schneller,
wenn man die Beine in die Hand nimmt?
Hast du dich verbrannt,
als du auf glühenden Kohlen sitzen musstest?
Wo ist dein Herz jetzt?
Hat dir der Bär nichts getan?
Sicher hast du dich verletzt,
als du aus den Wolken gefallen bist.
Tut dein Kopf noch sehr weh?
Wo gibt es hier einen Wasserfall?

Als die beiden Mädchen Miros Fragen lesen, brechen sie in lautes Gelächter aus. „Armer Miro, du hast alles wörtlich genommen. Was Julia gesagt hat, sind bloß solche Redensarten. Damit kann man sehr anschaulich ausdrücken, wie man sich fühlt oder was passiert ist", beruhigt Nina Miro.

Weil Miro Julia immer noch etwas zweifelnd ansieht, versichert sie ihm: „Mir geht es wirklich ganz gut. Ich hatte heute nur viel Ärger. Damit du wirklich ganz beruhigt bist, erkläre ich dir am besten, was mit den Redensarten gemeint ist."

Aufträge
1. Unterstreicht in der Geschichte alle Redensarten.
2. Malt zu den Redensarten Bilder.
3. Erklärt, was mit den Redensarten gemeint ist.
4. Überlegt euch Situationen, in denen ihr diese Redensarten gebraucht.

Unterrichtsanregungen: Die Mutprobe

Medien/Lernmittel

Lehrerin: Tonbandaufnahme (S. 247), Folienbild 50 (S. 248), Folienbild 51 (S. 248), Folienbild 52 (S. 249)

Für die Gruppe: Textblatt (S. 250), Bilder zum Textblatt (S. 251 ff.)

Lernziele

Die Kinder sollen

- wissen, dass man in bestimmten Sprech- oder Schreibsituationen bildliche Vergleiche verwendet.
- wissen, dass man solche Vergleiche bildliche Redensarten nennt.
- erkennen, dass man sich mit bildlichen Redensarten besonders anschaulich und lebendig ausdrücken kann.
- im Text bildliche Redensarten erkennen.
- den Redensarten Bilder zuordnen.
- zu Bildern passende Redensarten finden.
- die Bedeutung einiger bildlicher Redensarten erklären.
- einige Redensarten kennen.

Verbindung zu anderen Fächern

Sachunterricht: Sich selbst behaupten und nein sagen können (Prävention)

Unterrichtsverlauf

Einstieg

Lehrerin: Philipp bewundert Alexander sehr. Er will unbedingt zu Alexanders Clique gehören. Aber Alexander wehrt zunächst ab und meint: Wenn du zu uns gehören willst, musst du erst etwas ganz Besonderes machen. Du musst beweisen, dass du Mut hast.

Tafelanschrift: | Die Mutprobe |

Die Kinder vermuten, was Philipp machen muss.

Erarbeitung

Die Kinder hören eine kurze Tonbandaufnahme.

Tonbandaufnahme:

Alexander: Also, wenn du zu uns gehören willst, musst du schon zeigen, dass du Mut hast. Philipp: Das werde ich euch schon beweisen. Einige Jungen: Der traut sich doch nicht, dieser Angsthase. Alexander: Wir wollen ihm eine Chance geben. Einige Jungen: Also gut, wenn du meinst. Schließlich bist du der Boss. Alexander: Wir gehen morgen zusammen in den Supermarkt. Ich werde dir sagen, was du klauen sollst. Wenn du dich traust und dich nicht erwischen lässt, nehmen wir dich in unsere Bande auf.

Kurze Aussprache

Lehrerin: Auf einmal weiß Philipp nicht mehr so genau, ob er das will. Er erzählt seinem Freund Sebastian von diesem Gespräch. Sebastian ist völlig aufgebracht.

Folienbild 50:

Ich weiß gar nicht, was du an Alexander so toll findest.
Er wirft sein Taschengeld zum Fenster hinaus.
Ständig versucht er, den anderen einen Bären aufzubinden.
Den Lehrern tanzt er nur auf der Nase herum.
Wenn es nötig ist, vergießt er Krokodilstränen.
Immer will er mit dem Kopf durch die Wand.

Die Kinder lesen den Text.
Lehrerin: Was Sebastian über Alexander sagt, kann man auch zeichnen.
Die Lehrerin zeigt das Folienbild 51 mit bildlichen Darstellungen zu den Redensarten in der Sprechblase.

Folienbild 51:

Die Kinder ordnen die bildlichen Darstellungen den Redensarten zu.
Lehrerin: Natürlich meint Sebastian das nicht genauso, wie es auf den Bildern dargestellt ist. Aber er hat keine gute Meinung von Alexander.
Die Kinder beschreiben mit ihren Worten, was Sebastian meint.
➔ Erkenntnis: Sebastian drückt sich sehr anschaulich aus. Philipp kann sich gut vorstellen, was Sebastian meint. So etwas nennt man eine Redensart. Weil man das, was Sebastian sagt, auch in einem Bild darstellen kann, spricht man von einer bildlichen Redensart.
Lehrerin: Philipp ist noch unschlüssig. Da macht ihm Sebastian klar, dass er viel Ärger bekommen wird, wenn er beim Stehlen im Supermarkt erwischt wird. Aber Philipp schüttelt den Kopf und meint:

Folienbild 52:

Die Kinder überlegen, was Philipp wohl zu Sebastian gesagt haben könnte.
Lehrerin: Wie es am nächsten Tag weitergeht, könnt ihr selber nachlesen.
Die Gruppen erhalten ein Textblatt mit Arbeitsaufträgen und Bildern und bearbeiten es.
Abruf der Gruppenergebnisse
➔ Erkenntnis: Die bildlichen Redensarten machen die Geschichte spannender und lebendiger.

Übung/Weiterführung
Die Kinder legen eine Sammlung mit bildlichen Redensarten an und ordnen sie nach Themenbereichen. Sie verwenden diese Sammlung beim Überarbeiten ihrer Geschichtenentwürfe.

Spiele aus der Sprachwerkstatt

Die Mutprobe

Arbeitsaufträge:

1. Lest die Geschichte gemeinsam.
2. Ersetzt die unterstrichenen Stellen im Text durch Redensarten. Die Bilder helfen euch dabei.
3. Vergleicht beide Texte miteinander. Welcher gefällt euch besser? Begründet eure Meinung.
4. Wie beurteilt ihr Philipps Verhalten? Diskutiert in der Gruppe und begründet eure Meinungen.

Am nächsten Tag fährt Philipp mit Alexanders Clique in die Stadt. Er sitzt sehr unruhig im Bus. Im Supermarkt sehen sich die Jungen verschiedene Dinge an. Schließlich verlangt Alexander, dass Philipp einen kleinen Taschenrechner stehlen soll. Philipp ist sehr aufgeregt. Er überlegt, ob er nicht vorzeitig aufgeben soll. Unschlüssig und zögernd geht er um den Tisch mit den Taschenrechnern herum. Dann nimmt er einen der Taschenrechner in die Hand. Als plötzlich hinter ihm ein Mann ziemlich laut zu reden beginnt, erschrickt er fürchterlich. Schnell legt er den Taschenrechner zurück und läuft an der Kasse vorbei zum Ausgang. Alexander grinst und meint: „Das habe ich gleich gewusst. Unsere Clique ist eben eine Nummer zu groß für dich.“ Die anderen Jungen lachen nur. Aber Sebastian ist sehr erleichtert.

Am nächsten Tag fährt Philipp mit Alexanders Clique in die Stadt.

____

im Bus. Im Supermarkt sehen sich die Jungen verschiedene Dinge an. Schließlich verlangt Alexander, dass Philipp einen kleinen Taschenrechner stehlen soll. Philipp ist sehr aufgeregt. Er überlegt, ob

____.

____

um den Tisch mit den Taschenrechnern herum. Dann nimmt er einen Taschenrechner in die Hand. Als plötzlich hinter ihm ein Mann ziemlich

laut zu reden beginnt, ______________________________.

Schnell legt er den Taschenrechner zurück und läuft an der Kasse vorbei zum Ausgang. Alexander grinst und meint: „Das habe ich gleich gewusst. Unsere Clique ist eben eine Nummer zu groß für dich.“ Die anderen Jungen lachen nur. Aber Sebastian ______________________

____________________.

Bilder zum Textblatt für die Gruppenarbeit

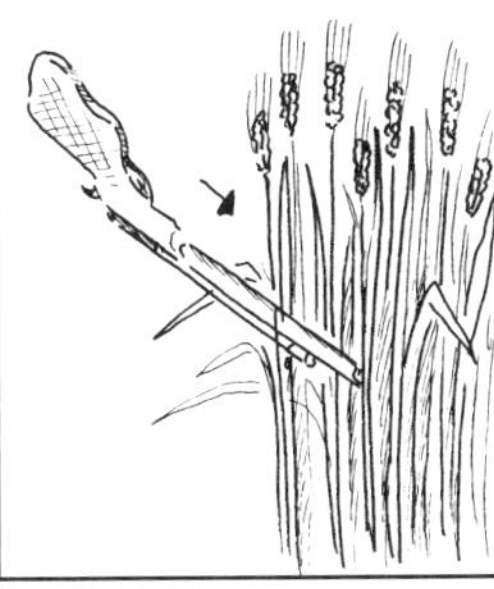

Sprachwerkstatt

Kartenspiel: Zuordnung von Bild und Redensart

Die Karten werden gleichmäßig an die Mitspieler verteilt. Reihum ziehen die Kinder Karten voneinander. Wer ein Paar aus einem Bild und der passenden Redensart dazu hat, legt es offen ab. Wer zuerst keine Karten mehr hat, ist Sieger.

Alternative: Die Karten mit den Redensarten werden auf die Rückseite der Bildkarten geklebt. Die Karten liegen auf einem Stapel mit der Bildseite nach oben. Wer zuerst die passende Redensart kennt, behält die Karte. Sieger ist, wer die meisten Karten gesammelt hat.

Er sitzt auf glühenden Kohlen.

Ihm rutscht das Herz in die Hose.		Ihm fällt ein Stein vom Herzen.
	Er malt den Teufel an die Wand.	
Er fällt aus allen Wolken.		Er vergießt Krokodilstränen.
	Er tanzt allen auf der Nase herum.	

Er steckt den Kopf in den Sand.	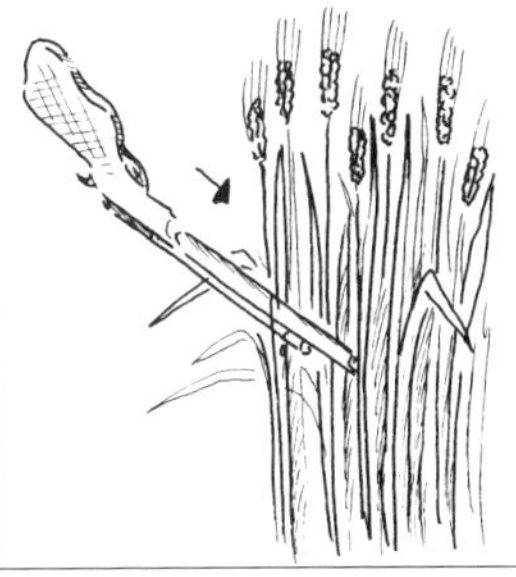	Er wirft die Flinte ins Korn.
	Er wirft das Geld aus dem Fenster.	
Er bindet jemandem einen Bären auf.	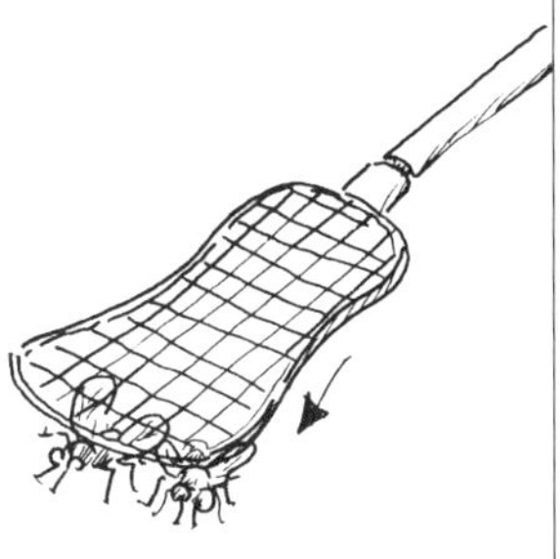	Er schlägt zwei Fliegen mit einer Klappe.

Terzett: Zuordnung von Bild, Redensart und Bedeutung
Das oben beschriebene Kartenspiel wird als Terzett gespielt. Dabei werden immer die drei zusammengehörenden Karten als Terzett abgelegt.

Alternative: Die Karten mit den Redensarten werden auf die Rückseite der Karten mit den Bedeutungen der Redensarten geklebt. Die Karten liegen auf einem Stapel mit den Bedeutungen der Redensarten nach oben. Wer zuerst die passende Redensart nennen kann, behält die Karte.

Karten mit den Bedeutungen der Redensarten

Er sitzt sehr unruhig auf seinem Platz.	Er erschrickt fürchterlich.	Er ist sehr erleichtert.
Er sagt etwas Schlimmes voraus.	Er ist völlig überrascht.	Er täuscht seine Tränen nur vor.
Er macht mit allen, was er will.	Er will etwas auf keinen Fall sehen.	Er gibt vorzeitig auf.
Er geht mit Geld sehr verschwenderisch um.	Er schwindelt jemanden an.	Er erledigt zwei Dinge auf einmal.

Besuch aus dem All: Miros Abschied

Heute ist ein ganz besonderer Tag für Nina – der letzte Schultag vor den Sommerferien. Gut gelaunt stürmt Nina ins Gartenhaus. Lachend fasst sie Miro an den Händen und tanzt mit ihm übermütig durch den Raum. „Geschafft, geschafft!", ruft sie immer wieder bis sie sich endlich atemlos auf einen Hocker fallen lässt. „Geschafft, geschafft. Ich habe es geschafft", wiederholt Miro strahlend. „Wieso du?", fragt Nina. „Ich habe doch Ferien. Verstehst du F wie frei von Hausaufgaben, E wie Erholung vom Schulstress, R wie Ruhe vor den Lehrern, I wie ..." „Stopp, stopp", unterbricht Miro Nina. „Ich ... ich habe es endlich geschafft. Mein Raumschiff ist startklar. Alles funktioniert. Ich habe heute die letzten Tests durchgeführt", fährt Miro stolz fort und deutet auf sein Raumschiff. „Jetzt werde ich bald meine Familie und meine Freunde wieder sehen. Ich freue mich schon so sehr auf meinen Planeten." Nina ist zunächst unfähig, irgendetwas zu sagen. Es ist ihr gerade so zumute, als ob ihr jemand den Hals zuschnürt. Was soll sie auch sagen? Dass sie sich freut? Sie hat Miro doch so gern. Er ist für sie ein ganz besonderer Freund. Und jetzt soll sie ihn nie wieder sehen? Plötzlich schluchzt Nina los. Das ist einfach zu viel für sie. Miro setzt sich still neben Nina und streichelt ihr immer wieder über den Kopf. „Nina, du bist doch meine beste Freundin hier auf der Erde. Aber versuch doch zu verstehen, dass ich jetzt nach Hause muss. Denk an den Kristall, den ich dir geschenkt habe. Er wird dich immer an unsere Freundschaft erinnern." Nach einer Weile meint Nina: „Aber du verabschiedest dich doch noch von Pascal und Julia?" „Selbstverständlich", antwortet Miro. „Ich starte um 0.24 Erdenzeit. Am besten treffen wir uns gegen Mitternacht hier. Bis dahin habe ich noch einige Dinge zu erledigen, damit dann tatsächlich alles klappt."

Als sich Nina, Julia und Pascal um Mitternacht im Gartenhaus einfinden, wissen sie zunächst nicht so recht, was sie sagen sollen. So sind sie froh, dass sie Miro dabei helfen können, das Raumschiff aus dem Gartenhaus zu schieben. Auf einmal kramt Miro eine CD-ROM hervor und erklärt. „Darauf habe ich das Wichtigste über die Erde gespeichert. Vielen Dank, meine lieben Freunde, dass ich so viel von euch lernen durfte. Besonders interessant ist eure Sprache. Meine Freunde zu Hause werden nicht schlecht staunen, wenn ich ihnen von euch und eurem schönen Planeten erzähle. Da holt Julia ein Freundschaftsbändchen hervor, drückt es Miro in die Hand und erklärt: „Das ist für dich, weil du ein guter Freund bist." Pascal bedankt sich bei Miro mit einem besonders schönen Stein aus seiner Sammlung. „Ich habe viel über deinen Planeten gelernt", fügt er leise hinzu. „Hab vielen Dank für alles." Schließlich überreicht ihm auch Nina ihre Geschenke. „Das

Glas Essiggurken, weil du die hier immer am liebsten gegessen hast. Das Foto von mir, damit du mich nicht vergisst. Und die Rose, weil ich dich einfach so lieb habe."
Wortlos umarmen die Kinder Miro. „Ich werde euch nie vergessen. Habt vielen Dank für eure Gastfreundschaft. Lebt wohl und in Frieden. Vielleicht sehen wir uns ja eines Tages wieder. Man kann nie wissen." Bei diesen Worten zwinkert Miro seinen Freunden zu, winkt ein letztes Mal und verschwindet dann in seinem Raumschiff. Kurze Zeit später beginnen einige Lichter zu blinken. Das Raumschiff hebt lautlos ab und verschwindet rasch im Nachthimmel. Die Kinder schauen noch eine Weile gebannt zum Himmel, bevor sie nach Hause gehen. Nina betrachtet in dieser Nacht lange in ihrem Zimmer Miros Kristall. „Wer weiß, vielleicht sehen wir uns eines Tages doch wieder. Bis dahin, machs' gut, Miro."

Aufträge:
1. Überlegt in der Gruppe, was ihr Miro zum Abschied schenken würdet.
2. Was wird Miro auf seinem Planeten über die Menschen und die Erde erzählen? Spielt die Szene.
3. Stellt euch vor, dass Miro eines Tages auf die Erde zurückkehrt. Schreibt eure Geschichte auf.

Die Autorin

Anna Merzinger, Lehrerin an der Grundschule Wiesau/Oberpfalz, Studium der Schulpsychologie, tätig als Betreuungslehrerin und in der Lehrerfortbildung. Weitere Veröffentlichungen im Oldenbourg Schulbuchverlag: Prögel Praxis 223 Sprache untersuchen im 1. und 2. Schuljahr, Prögel Praxis 228 Sommer in der Grundschule.